本书是2021年国家社会科学基金项目“数字公共媒介破解乡村治理碎片化困境的机制研究”（21BXW069）的最终成果

新媒体与认知传播系列丛书

媒介化整合治理：过程及机制研究

牛耀红 著

西安交通大学出版社
XI'AN JIAOTONG UNIVERSITY PRESS

图书在版编目(CIP)数据

媒介化整合治理:过程及机制研究 / 牛耀红著.
西安:西安交通大学出版社,2025.5.— ISBN 978-7-5693-4062-4

I. G206.2

中国国家版本馆 CIP 数据核字第 202505Q9X7 号

书　　名 媒介化整合治理:过程及机制研究
MEIJIEHUA ZHENGHE ZHILI:GUOCHENG JI JIZHI YANJIU
著　　者 牛耀红
责任编辑 赵怀瀛
责任校对 史菲菲
装帧设计 伍　胜

出版发行 西安交通大学出版社
(西安市兴庆南路 1 号　邮政编码 710048)
网　　址 http://www.xjtupress.com
电　　话 (029)82668357　82667874(市场营销中心)
(029)82668315(总编办)
传　　真 (029)82668280
印　　刷 西安五星印刷有限公司

开　　本 720mm×1000mm　1/16　**印张** 15.5　**字数** 247 千字
版次印次 2025 年 5 月第 1 版　2025 年 5 月第 1 次印刷
书　　号 ISBN 978-7-5693-4062-4
定　　价 85.00 元

如发现印装质量问题,请与本社市场营销中心联系。
订购热线:(029)82665248　(029)82667874
投稿热线:(029)82668133
读者信箱:326456868@qq.com

序言

Preface

党的十九大报告首次提出乡村振兴战略，将乡村发展提升至国家战略高度，标志着中国乡村社会将迎来一场深刻的历史性变革。然而，在历经七十余年现代化进程后，中国乡村已从费孝通先生笔下的“乡土社会”悄然步入“后乡土社会”。在工业化和城市化浪潮的冲刷下，传统村落共同体的稳定性逐渐瓦解，熟人社会的情感纽带与道义联系虽未完全消逝，却在流动性加剧、原子化蔓延、空心化凸显的现实中变得愈发脆弱。乡村治理不仅关乎数亿农民的生计与福祉，更牵动着国家现代化进程的均衡性与可持续性。在此背景下，如何重构乡村社会的组织性与公共性，实现从“治理有效”到“乡村善治”的跨越，成为亟待破解的时代命题。

传统乡土社会的治理逻辑根植于“生于斯，长于斯”的地缘血缘纽带，依赖长老权威、乡规民约与道德舆论的软性约束。然而，后乡土社会的结构性变迁彻底动摇了这一基础。青壮年劳动力的外流使村庄呈现“空心化”，市场经济观念的渗透加速了传统价值的凋零，村庄公共事务陷入“无人问津”或“议而不决”的困境。更严峻的是，乡村社会的“原子化”趋势削弱了集体行动能力，村民委员会与村民之间、村民与村民之间的联结日益松散，治理效能面临严峻挑战。面对这一变局，既有研究多聚焦于制度设计或资源输入方面，却忽视了对乡村社会内在动能的激活。行政主导的“项目制治理”虽能短期见效，却难以培育长效的内生秩序；技术工具的简单移植往往陷入“悬浮式应用”，无法与地方性知识深度融合。在此背景下，笔者提出一个核心问题：数字公共媒介如何通过重构主体关系、重塑公共空间，推动乡村社会从“碎片化”走向“整合性治理”？

《媒介化整合治理:过程及机制研究》一书正是对这一命题的学术回应。笔者以"数字公共媒介"为切入点,试图探寻技术赋能下乡村社会再组织化的可能路径。研究的起点源于对现实问题的深切关注:在传统治理资源式微、村庄公共性流失的后乡土社会中,数字技术能否成为弥合裂痕、激活内生力量的催化剂?当"流动"成为乡村社会的常态,如何在动态中重建稳定、在离散中凝聚共识?这些问题既关乎乡村治理的理论创新,也指向乡村振兴的实践方向。

笔者采用多案例民族志研究方法对湖南湘西小溪村、四川邛崃陶坝村、安徽黄山甘棠社区的数字乡村治理实践进行了连续比较分析,建构了数字公共媒介参与乡村治理的"理想模型"。研究发现,数字公共媒介从重构主体、强化交流、建构共识、促进行动四个方面推动了乡村有效治理。重构主体是指数字公共媒介将村两委、中间组织、村民等多元主体纳入到数字公共媒介中,形成了媒介化合作网络。强化交流是指数字公共媒介推动了村两委和村民的纵向交流以及村民间的横向交流,从而强化了社会关联。建构共识是指治理主体利用数字公共媒介培育公共精神,建构社区认同,重塑共同体意识。促进行动是指基于数字公共媒介形成的线上和线下行动成为参与村庄公共事务的新形式。笔者将此过程和机制命名为"媒介化整合治理"。

媒介化整合治理为"流动中国"提供了一种独特的连结和团结方式,即"媒介化连结"和"媒介化团结"。"媒介化连结"是指通过数字公共媒介将乡村多元主体连结在一起,这种"松散连结"的方式有助于保持乡村的基本活力。同时,数字公共媒介能够生产公共舆论,培育公共精神,促进公共行动,成为了乡村建构内生秩序的重要场域,从而实现"媒介化团结"。乡村正是在这种"媒介化连结"和"媒介化团结"的互动中不断生产"社区性"和"公共性"的。对基于数字公共媒介的"社区性"和"公共性"要持续进行维护和动员,以推动村两委、村民等多元主体互动,同时要对社区公共价值进行维护,如此才能协调"社区性"和"公共性"。因此,媒介化整合治理实则是通过重建"社区"的方式实现乡村善治,内在逻辑是"重新组织起来",其中心任务是保证"媒介化连结"和"媒介化团结"的互动共生，核心内容是调整“社区性”和“公共性”的关系，最终形成一种既有活力又有秩序的数字化公共生活。

笔者用五年时光勾勒了中国数字乡村治理的现代化图景。2018—2022年间，研究团队深入全国多个省份，目睹数字化浪潮如何激活基层治理的末梢神经，感动于中国基层民众的执着探索与创造性应用。

最后，谨以此书献给所有为中国乡村默默耕耘的实践者与思考者。乡村振兴道阻且长，唯愿本书的微薄探索，能为破译乡村善治的密码提供一缕星光。

笔　者

2025年4月

目录

Contents

绪 论

治理是一个西方学术概念,但是笔者探讨的核心问题"秩序"在中西方都会被使用。治理的目的就是维持一种均衡的社会秩序。秩序是人类社会中与混乱和冲突相对的一种均衡状态。社会中不同力量的对抗经常会导致矛盾和失序。人类始终在追求秩序的均衡。乡村秩序主要指农村社会结构要素之间平稳有序地互动,乡村社会处在相对稳定和均衡的状态①。因此,乡村治理研究是以理解乡村秩序如何维系、乡村社会如何发展为核心问题的多学科综合研究②。费孝通先生始终关注中国乡村秩序问题,其核心问题意识是:在生产力水平低下、社会较为静止的农耕社会,主要由家庭和家族组成、主要社会关系是血缘和地缘的社区,如何维系长期稳定的生产和生活秩序③。然而,改革开放后,随着城市化、工业化、市场化迅速发展,封闭的乡村大门逐渐打开,不论是居民收入、生活条件、消费习惯,还是社会风俗、文化传统,都发生了巨大变化,中国传统乡土特性在现代化冲击下不断削弱,乡村开始进入"后乡土社会"④。在此背景下,"流动的村庄"成为常态,乡村由"熟人社会"转变为"半熟人社会",传统道德观念、村规民约效力逐渐弱化,个体意识增强,公共观念衰落,礼治和德治逐渐让位于法治,同时社会矛盾纠纷日增,社会整合难度增大。因此,笔者研究的问题是:在农村社会流动性增强,农村"原子化"问题凸显,传统价值逐渐凋敝,村庄公共舆论逐渐式微的"后乡土社会",如何整合乡村社会,实现乡村善治。

第一节 研究背景及研究意义

一、研究背景

(一)后乡土社会的来临

后乡土社会是指与乡土社会相对应的社会结构及文化形态。随着中国

---

① 贺雪峰:《乡村治理与秩序》,华中师范大学出版社 2003 年版,第 201 页。

② 贺雪峰、董磊明、陈柏峰:《乡村治理研究的现状与前瞻》,《学习与实践》2007 年第 8 期,第 116 - 126 页。

③ 陈柏峰:《"走出乡土"的"后乡土中国":评陈心想著作〈走出乡土〉》,《学术界》2017 年第 10 期,第 239 - 245 页。

④ 张诚:《失落与再造:后乡土社会乡村公共空间的构建》,《学习与实践》2018 年第 4 期,第 108 - 115 页。

城乡社会发生变革，学者认为用来解释中国传统乡村社会结构及文化特征的乡土社会理论已经不能完全适用于当下，因此提出了后乡土社会理论。后乡土社会是指“在乡土性特征部分维续的情况下，乡村社会结构所发生的转型”①。具体而言，乡土社会的村落共同体、熟悉关系和情感与道义联系在后乡土社会仍然存续，但不同于乡土社会的“超稳定结构”，后乡土社会带有流动性、异质性和市场化的特征②。

“乡土社会”一词最早出自费孝通先生的《乡土中国》一书，他认为中国基层社会是“乡土性的”，乡土社会是一个熟人社会，是一个“没有陌生人的社会”，是一个静止的没有流动的社会，人们生于斯，长于斯，老于斯。他说：“这里讲的乡土中国，并不是具体的中国社会素描，而是包含在具体的中国基层传统社会里的一种特具的体系，支配着生活的各个方面。”③“乡土社会”一词对中国传统乡村社会与文化进行了高度概括和凝练，是我们理解中国乡村社会结构以及乡土文化的一个重要视角，是理解中国很多乡村现象以及问题的底层逻辑。

然而，随着中国现代化以及城市化的推进，中国的乡土社会正在发生着巨变，传统的乡土社会理论已经无法准确解释当前的中国乡村社会结构以及文化特征。变化后的乡土社会被称为“后乡土社会”，具有与传统乡土社会明显不同的特征。第一，乡土社会从“不流动性”转变为具有“流动性”。费孝通先生所言的“乡土社会”中，“不流动性”是重要基础，正是因为“不流动性”带来的稳定社会结构才形成了乡土社会的各类文化特征。然而，伴随着市场化、城市化、工业化发展，以及近当代中国农村人口大幅增长，人均土地已经不足以支撑村民在土地上谋生，因此农村大量人口向城市迁移，其中既包括进城务工的农民，也包括进城求学的农家子弟。第二，传统乡土社会固有的规则和社会秩序不再。传统乡村“熟人社会”的“人情”“面子”逻辑逐渐让位于市场化逻辑。因此，村民的行动逻辑不再主要依靠“情分”，而是依

① 陆益龙：《后乡土中国的基本问题及其出路》，《社会科学研究》2015 年第 1 期，第 116－123 页。

② 闫彩霞：《后乡土社会背景下乡村振兴的策略与路径：基于内生发展的分析视角》，《兰州学刊》2019 年第 4 期，第 173－183 页。

③ 费孝通：《乡土中国 生育制度》，北京大学出版社 1998 年版，第 6 页。

靠“利益”，甚至宗族内部以及兄弟之间都开始以理性计算彼此的交往规则。长此以往，最终导致以血缘、地缘观念认同的乡土社会逐渐分裂为以核心家庭为单位的“原子化”村庄。村庄的社会关联度逐渐降低。第三，乡土社会的传统意识解体，村庄舆论失效。乡土社会秩序的维系力量从礼俗和道德让位于法治。随着乡土社会流动性增强，乡村逐渐由熟人社会转变为半熟人社会，建立在血缘和地缘基础上的社会交往逐渐让位于依据职业、兴趣、爱好而形成的社会交往。由于缺乏熟人社会的制约，传统道德观念、规范礼仪的约束力逐渐下降，“无讼社会”转变为诉诸法律的社会。村民公共意识逐渐下降，个体私利化意识逐渐增强，村民之间的矛盾时有出现，导致基层社会整合难度增加。

（二）乡村振兴战略实施

改革开放 40 多年来，我国农村建设取得了巨大成就，但是依然存在发展滞后以及不均衡等问题。新时代我国社会主要矛盾已经转化为人民日益增长的美好生活需要和不平衡不充分的发展之间的矛盾。城乡发展不平衡、农村发展不充分已经成为决胜全面建成小康社会的最大制约和突出短板[①]。因此，党的十九大报告首次提出实施乡村振兴战略，乡村发展迎来了新一轮历史机遇。实施乡村振兴战略，旨在满足农民应对新挑战和追求新目标、乡村探索新模式和创建新景象、政府担当新使命和谋求新合力的要求，提高“三农”发展的质量和效率，补齐“三农”发展不协调、不平衡、不充分的短板，促使“三农”工作跃上新台阶，让广大农民更平等、更好、更多地分享中国发展与改革的红利。实施乡村振兴战略也是全面建成小康社会的需要，基本实现社会主义现代化的需要，建成社会主义现代化强国的需要[②]。

乡村振兴战略有五个总要求，即“产业兴旺、生态宜居、乡风文明、治理有效、生活富裕”，涉及政治、经济、社会、文化、生态等诸方面。其中“治理有效”在诸多因素中占据举足轻重的地位，既是乡村振兴题中应有之义，也是

---

① 郭晓鸣、张克俊、虞洪：《实施乡村振兴战略的系统认识与道路选择》，《农村经济》2018 年第 1 期，第 11－20 页。

② 李周：《乡村振兴战略的主要含义、实施策略和预期变化》，《求索》2017 年第 12 期，第 44－50 页。

推动其他因素有效实现的重要保障。这不仅是对乡村发展目标和方向的调整，也意味着治理方略的转变①。现实中有很多在资源短缺情况下通过有效治理实现脱贫致富的案例。全体村民在村两委带领下，心往一处想，劲往一处使，从而使得乡村从“一穷二白”变为“产业兴旺”。在这个过程中，以党建引领为核心的乡村治理发挥了重要作用。可以说，实现乡村振兴，治理有效是关键。

那么，在乡村振兴战略背景下，乡村治理应该采用何种模式呢？对此，国家早就提出了“党委领导、政府主导、社会参与、全民行动”的基层治理模式，同时坚持以“德治”“法治”“自治”相结合的模式推动基层治理。然而，现实基层治理似乎总有些“一头热”问题，即党委和政府比较积极，而村民却始终无法参与到治理之中。《中华人民共和国宪法》就规定了村民委员会是基层群众性自治组织，然而自我管理、自我教育、自我服务的机制始终难以建立。其中原因很多，但是如何提供村民自治的平台，如何完善村民利益表达机制，如何提供有效的决策和监督机制是亟待解决的关键问题。

（三）数字乡村战略提出

2019 年 5 月，中共中央办公厅、国务院办公厅印发的《数字乡村发展战略纲要》指出，“数字乡村是伴随网络化、信息化和数字化在农业农村经济社会发展中的应用，以及农民现代信息技能的提高而内生的农业农村现代化发展和转型进程，既是乡村振兴的战略方向，也是建设数字中国的重要内容”。《数字乡村发展战略纲要》为我国农村数字化发展绘制了蓝图。2020 年，党的十九届五中全会进一步提出，“要加强数字社会、数字政府建设，提升公共服务、社会治理等数字化智能水平”。这进一步指明了利用数字技术促进社会治理的方向。

徐旭初指出，“智治”引领的乡村治理新模式为乡村振兴提供了保障。乡村振兴离不开农村基层党组织的引领，要巩固完善农村基层党组织、村民自治组织及其他基层经济组织、社会组织，建立更加有效、充满活力的乡村

---

① 闫彩霞：《后乡土社会背景下乡村振兴的策略与路径：基于内生发展的分析视角》，《兰州学刊》2019 年第 4 期，第 173－183 页。

治理新机制,健全自治、法治、德治相结合的乡村治理体系。而在数字技术加持之下,乡村治理正逐步从以单向管理为主走向"智治"引领的"四治融合"协同治理方式,为"治理有效"提供了重要驱动力①。

随着新一代技术快速发展,我国城市数字化建设突飞猛进。然而,数字乡村建设发展仍处于起步阶段,城乡数字鸿沟依然巨大,总体发展水平有待提高。我们应积极抓住数字乡村建设发展窗口期,加快推进数字乡村建设与乡村振兴有效对接,努力开创农业农村现代化新局面。尤其是对于如何借助数字媒介促进乡村治理需要进行深入探讨和研究。

二、研究意义

(一)理论意义

笔者研究了数字公共媒介嵌入乡村社会结构以及影响乡村治理的过程和机制。这对于推动"媒介化"理论的本土化研究会有所助益。

中国数字媒介发展迅猛,媒介早已嵌入中国社会结构之中,深刻影响了人们生活的方方面面,即中国的媒介化进程早已开始。不过,"媒介化"理论却并非产生于中国,这个概念是一个舶来品。如何在中国社会语境中研究"媒介化",构建更具效力的本土化解释框架,更好解释中国的媒介现象,解决更具中国特色的现实问题,这是"媒介化"研究带给中国新闻传播学研究者的挑战和机遇。

中国传播学者早已对"媒介化"展开了实证研究。比如,孙信茹教授以云南一个普米族村寨作为调查和实践的个案,分析了媒介参与实践一年多过程中的得失利弊。研究发现,村民参与媒介实践活动的意义在于增强边缘性群体在发展活动中的发言权和决策权,进而寻找乡土社会"自有"的发展脉络,发掘当地人特有的"地方性知识",发掘自身独特的传播模式②。还有学者通过对历史的考察对"媒介化"进行了实证研究,比如黄旦教授在《报

---

① 徐旭初:《推动数字乡村与乡村振兴全面对接》,《中国社会科学报》2021年1月19日,第8版。

② 孙信茹、杨星星:《媒介化社会中的少数民族村民传播实践与赋权:云南大羊普米族村的研究个案》,《现代传播》2012年第3期,第23-28页。

纸革命:1903 年的〈苏报〉——媒介化政治的视角》一文中,通过对《苏报》在 1903 年的实践考察,提出了“媒介以自身逻辑改变和形塑政治”的观点[①]。这些研究对于我们理解基于中国现实的“媒介化”具有重要意义。

但是总体而言,我国的“媒介化”研究缺乏更深入的本土化探究。首先,缺乏对不同群体的媒介化过程的研究,比如缺乏对老年人、农民、农民工、青少年等群体进行深入分析。其次,在研究范式上缺乏对“媒介化”理论的情景性研究。“媒介化”的实质是媒介嵌入公众日常生活实践的过程,只有在具体情景中进行细微观察才能更加深切地理解“媒介化”的多样纬度。再次,缺乏对媒介逻辑与政治逻辑、文化逻辑、经济逻辑关系的深入研究。“媒介化”会促使各类权力关系发生转变,那么对此过程如何发生以及会产生什么影响,需要深入探究。如何在中国数字化发展的大背景下去理解“媒介化”,这是“媒介化”研究进一步发展的需要。笔者于 2016 年开始研究数字公共媒介,在甘肃省陇南市、湖南省湘西土家族苗族自治州、四川省邛崃市、安徽省黄山市等地农村进行了深度调研,亲历了我国多地农村“媒介化”发展过程。本书的价值在于将“媒介化”放置在可供观察的乡村社区情景中进行过程性研究,从而为“媒介化”本土化研究作出一定贡献。

(二)现实意义

本书通过数字公共媒介与乡村治理多案例研究,为我国乡村治理提供创新性解决路径,为基层社会治理碎片化困境提供媒介化解决方案。同时本书为 2019 年发布的《数字乡村发展战略纲要》提供案例支持,对乡村振兴也具有一定指导意义。

乡村治理是国家治理的基础,事关国家的经济发展与社会稳定。但是,当前我国实行的“乡政村治”模式并没有很好整合乡村社会。并且伴随着城市化、工业化、市场化对乡村的持续冲击,乡村社会出现了“原子化”“空心化”“离散化”等问题,最终导致了乡村治理碎片化困境,具体表现为治理主体碎片化、治理理念碎片化、治理空间碎片化、信息资源碎片化、事务管理碎

---

① 黄旦:《报纸革命:1903 年的〈苏报〉——媒介化政治的视角》,《新闻与传播研究》2016 年第 6 期,第 22-45 页。

片化等[①]。如何应对碎片化困境已经成为当前我国乡村治理的重要难题。

数字公共媒介为乡村治理创新带来了契机。数字公共媒介是指基于互联网技术,可供公众互动交流并参与公共事务的开放性媒介。数字公共媒介的公开、互动以及参与属性同治理提倡的透明、回应、主体多元等要求高度契合。2019 年 5 月,国家发布《数字乡村发展战略纲要》,明确指出要实现"互联网+社区"模式向农村延伸,运用互联网技术助推乡村治理能力现代化。笔者研究的"为村"平台[②]具有社区性、参与性、公共性、开放性特点,围绕党务、村务、事务、服务、商务设计五大功能板块。村民注册后可进行发帖、点赞、评论、议事等操作。该数字平台可供村两委进行党务公开、村务公开、财务公开,从而提高村两委公开度和透明度;村民通过"书记信箱"可以直接向村党支部书记投诉、咨询,村党支部书记可以通过"书记公开信"向村民发起倡议、交心沟通,从而有效改善干群关系;村两委也可以召集村民在"议事厅"中共同讨论村庄公共事务,有利于促进基层民主;村民还可在"村友圈"中发帖,向全体村民展示日常生活工作动态,加强感情交流,增强社区认同。当前,"为村"平台已经成为"宣传政策法规的窗口""百姓参政议政的载体""联系党群干群的纽带""群众反映诉求的平台""创新基层治理的手段"。因此,本书对创新乡村治理模式、破解乡村治理碎片化困境具有较强的现实意义。

第二节 理论综述

一、乡村治理研究及乡村治理碎片化研究

(一)乡村治理研究

乡村治理是治理在乡村场域中的应用。因此,把握乡村治理要建立在对治理的理解之上。20 世纪 90 年代以来,在西方学术界,特别是在经济学、政治学和管理学等领域,"治理"一词十分流行。如治理问题研究专

---

① 段尧清:《以数字化转型应对基层治理碎片化》,《国家治理》2020 年第 10 期,第 15-18 页。

② "为村"平台是基于微信开发的"互联网+乡村"平台,村民可以注册、发帖、评论以及参与村务。

家鲍勃·杰索普所言,“过去15年来,它在许多语境中大行其道,以至于成为一个可以指涉任何事物或毫无意义的‘时髦词语’”[①]。何谓治理,学术界始终有不同看法。全球治理理论主要创始人之一詹姆斯·罗西瑙(James Rosenau)在代表作《没有政府的治理》中明确指出:治理与政府统治不是同义语,它们之间有重大区别。他将治理定义为一系列活动领域里的管理机制,它们虽未得到正式授权,却能有效发挥作用。治理与统治不同,治理是指一种由共同目标支持的活动,这些管理活动的主体未必是政府,也无须依靠国家强制力量来实现。换句话说,与政府统治相比,治理内涵更加丰富。它既包括政府机制,同时也包括非正式、非政府机制[②]。从这一定义可知,治理强调从传统的政府统治转向强调非政府力量参与的多元主体共治。这一理论视角的兴起超越了国家与社会、自由主义与国家主义两相对立的传统,形成了一种新型的国家与社会关系分析框架。

乡村治理相关研究文献可谓汗牛充栋,但基本上都是在国家与社会关系视角下展开。从国家中心视角看,乡村治理实践是国家政权建设及其制度建构的结果。现代国家的形成伴随着“政权建设”,其核心表现之一便是国家的强制力量随着官僚体系下沉[③]。我国传统社会“皇权不下县”,基层社会主要依靠乡绅和宗族力量实现自治。晚清和民国时期,伴随着国家政权建设,基层政权逐渐开始了“半官僚化”。中华人民共和国成立以后,随着人民公社体制的设立,国家政权完成了对基层社会的全面整合。这虽然实现了国家对基层的有效管理,但是也限制了基层的积极性和能动性。改革开放以后,国家权力逐渐退场,乡村治理逐渐形成了“乡政村治”的治理模式。近些年中央和各地则通过构建党组织领导下的自治、法治和德治相结

---

① 鲍勃·杰索普:《治理的兴起及其失败的风险:以经济发展为例的论述》,《国际社会科学杂志》1999年第2期,第31-48页。

② Rosenau,J.,Governance without government,Cambridge University Press,1995,p.5.

③ 吕德文:《迈向城乡共治的乡村治理新格局:基于P县的田野发现》,《广西师范大学学报(哲学社会科学版)》2021年第6期,第21-32页。

合的乡村治理新体系，完善“乡政村治”模式[①]。总体而言，新中国成立以来，乡村治理体系是国家治理体系的重要部分，乡村治理逻辑始终遵循国家权力的逻辑运作。

然而，治理作为一种新型的处理国家与社会关系的方法，在实施时还应注重对于社会层面的关注。尤其在乡村治理领域，“社会”是一个容易被忽视，但需要被重视的领域。通过文献梳理发现乡村治理研究要么淹没在具体事务研究中，缺乏对治理本质的深入探究，要么就是想当然地希望构建多元主体的治理格局。之所以会出现以上问题，根源在于缺乏对“社会”的重视，表现在实践中就是虽然始终强调共同治理，但是基层民众的参与始终不足。因此，笔者对于乡村治理的研究更多放置在“注重和持续地建设社会”基础之上。这对于我们重新理解基层治理、社区治理、乡村治理具有重要意义。在此视域下，乡村治理的中心任务正是促进村民广泛参与，通过丰富和畅通的社会连结，培育和增进社会团结，构建既有活力又有秩序的公共生活，才能实现十九届四中全会提出的“建设人人有责、人人尽责、人人享有的社会治理共同体”的目标[②]。

（二）乡村治理碎片化研究

碎片化又称“巴尔干化”，这一概念最早用于传播学，后广泛应用于政治学、经济学、社会学等领域。不同语境下的碎片化有不同含义，根据一些学者的定义，治理语境下的碎片化特指在面对共同社会问题时，不同职能部门间各自为政、缺乏沟通与协调的分割状态[③]。

治理碎片化包含哪些方面呢？从现有文献看，主要包括治理结构碎片化、治理空间碎片化、治理理念碎片化、信息资源碎片化等方面。这些弊端在乡村社区层面同样不同程度地表现出来。治理结构碎片化主要是指在复合型、多元化的基层治理结构下，基层治理缺乏统一明确的治理主体，各主

① 吕德文：《迈向城乡共治的乡村治理新格局：基于 P 县的田野发现》，《广西师范大学学报（哲学社会科学版）》2021 年第 6 期，第 21－32 页。

② 冯仕政：《社会治理与公共生活：从连结到团结》，《社会学研究》2021 年第 1 期，第 10－25 页。

③ 闫冰：《城市社区治理的碎片化及其整合：协同治理的视角》，《郑州大学学报（哲学社会科学版）》2021 年第 54 期，第 27－32 页。

体间权责不匹配、功能互补不够，无法形成治理合力[①]。治理空间碎片化是指由于旧城改造、房屋拆迁等工程，不同功能区、新旧社区、贫富地区交错并置，呈现物理空间碎片化的现象[②]。在乡村地区则表现为外出务工村民分布于全国各地，村内留守老人和儿童居多，从而导致治理空间已不再局限于乡村社区内部，而是呈现碎片般散落于全国的状态。治理理念碎片化是指由于群体阶层分化严重，各群体间文化认知、价值观念差异巨大，不同组织和个体对于基层治理的目标、方式、途径及治理图景意见不一，难以形成共识。信息资源碎片化是指信息供给端建立的信息系统具有局域性、部门性和机构性的特征，由于信息管理主体分割、信息重复采集、信息存储标准不一致，企业、公民和社会组织无法从中得到回应。

为何会出现治理碎片化问题？主要有以下几方面原因。一是社会经济基础改变。单位制解体、住房商品化、劳动力市场的构建、土地城市化瓦解了传统社会管理模式的社会与经济基础。市场经济下生产要素自由流动，使得个体在空间上重组或重聚，形成了类型繁多、规模不等的居住共同体，逐渐演变成为碎片化社会[③]。二是原有治理体制与社会发展不适应。在自上而下治理体制中，政府权力过度分层，导致治理责任下沉，社区负担加重，社区自我修复能力下降[④]。三是社会自治意识相对淡薄，自治能力欠缺。传统“家庭本位”观念和中央集权的政治文化使公共精神发育不足，居民公共参与能力较弱，自治组织缺乏专业人才[⑤]。

那么如何破解治理碎片化困境呢？目前，学术界普遍以“整体性治理”策略作为破解治理碎片化困境的救治方案。整体性治理（holistic-governance）缘起于 20 世纪 90 年代，它从公民需求和现实问题出发，以协

① 李德：《从“碎片化”到“整体性”：创新我国基层社会治理运行机制研究》，《吉林大学社会科学学报》2016 年第 5 期，第 90－99 页.

② 龚志文、孙慧哲：《城区社会治理的碎片化分割及其矫治：以北京市房山区治理创新实践为例》，《天津行政学院学报》2020 年第 1 期，第 79－86 页。

③ 李强、葛天任：《社区的碎片化：Y 市社区建设与城市社会治理的实证研究》，《学术界》2013 年第 12 期，第 40－50 页。

④ 尹浩：《碎片化社区的多维整合机制研究》，《社会主义研究》2015 年第 5 期，第 110－118 页。

⑤ 陈文：《城市社会“碎片化治理”的生成机理与消解逻辑》，《经济社会体制比较》2017 年第 3 期，第 54－63页。

调、整合、责任为机制，依托新的信息技术对碎片化的治理层级、治理功能、公私部门关系及公共管理信息系统进行有机整合，使其不断从分散走向集中、从部分走向整体、从破碎走向联合①。具体有以下几种思路。龚志文和孙慧哲提出"组团式发展"思路，以枢纽型社会组织有机整合各治理主体，根据各组织性质精确匹配职权，构建网格化信息管理平台，实现资源快速流通和利用②。韩志明提出借助党建引领的政治势能，整合多元治理主体，坚持问题导向，将党建工作与问题解决有机结合，塑造价值共识，搭建信任网络，实现对碎片化治理的权威性重组③。尹浩提出建立包括以项目为载体的政府功能整合机制、以社区联合体为载体的自组织整合机制、以资源对接平台为载体的组织网络整合机制，三者形成"倒三角"关系，提升社区治理水平④。胡那苏图借鉴日本社区治理经验，明确了政府、居委会、社区组织和社会组织多元治理主体的角色定位，构建多元治理主体协动机制⑤。杜春林和张新文分别从宏观、中观、微观三个层面构建了乡村公共服务供给的基本框架，即以制度规范为主的中央层面的协调机制、以资源整合为主的地方层面的整合机制、以价值保障为主的基层组织的信任机制⑥。

但是，从目前文献看，较少有学者从数字公共媒介角度展开研究。数字公共媒介是一种可以供公众进入并发表言论的公共空间，尤其伴随着村民外出务工、村庄逐渐离散化，数字公共媒介实则为村庄建立了一个虚拟的公共空间，为村民共同在场提供了机会，从而有利于对乡村社会的整合，因此笔者将从这个角度展开研究。

---

① 龚志文、孙慧哲：《城区社会治理的碎片化分割及其矫治：以北京市房山区治理创新实践为例》，《天津行政学院学报》2020年第1期，第79-86页。

② 龚志文、孙慧哲：《城区社会治理的碎片化分割及其矫治：以北京市房山区治理创新实践为例》，《天津行政学院学报》2020年第1期，第79-86页。

③ 韩志明：《面向治理碎片化的再组织化：基层党建引领的治理优势及其效能》，《治理现代化研究》2021年第5期，第80-89页。

④ 尹浩：《碎片化社区的多维整合机制研究》，《社会主义研究》2015年第5期，第110-118页。

⑤ 胡那苏图：《我国社区治理"碎片化"整合机制探析》，《行政与法》2020年第3期，第82-90页。

⑥ 杜春林、张新文：《乡村公共服务供给：从"碎片化"到"整体性"》，《农业经济问题》2015年第36期，第9-19页。

二、公共领域研究及乡村公共空间研究

(一)公共领域研究

早期公共领域概念特指“资产阶级公共领域”,是一种诞生于封建社会末期的特殊形态。那时西欧宫廷权力衰弱,市场文化逐渐兴起。在此背景下,有一种开放的私人小群体,他们在身份平等的基础上,理性交流彼此观点。在他们影响下,形成了“公众意见”(public opinion)和带有自治性,独立于国家和市场的“市民社会”(civil society)。

汉娜·阿伦特最早提出“公共领域”概念。她按照“公/私”二元对立逻辑将现实人类活动世界区分为三个领域,即私人领域、社会领域和公共领域①。她认为公共领域作为人们言行表达和自我呈现的舞台具有政治参与意涵②。但新的“社会领域”吞噬了私人领域和公共领域间的界限,并将公民逐出政治领域,转而形成由专家和官僚组成的作为代替的政治体系。她认为官僚机构盛行会使公民失去政治身份和政治行动,导致公共领域衰亡③。这一思想也为哈贝马斯建构国家与公共领域的对立关系奠定了基础。

哈贝马斯继承了阿伦特的公/私分野理论,从历史演进中对公共领域概念进行具体建构,即“代表型公共领域”阶段、“资产阶级自由主义公共领域”阶段和“社会福利国家转型时期的公共领域”阶段。他将17、18世纪西欧资产阶级社会出现的俱乐部、咖啡馆、沙龙等供人们自由讨论公共问题的场所视作公共领域的“理想类型”④。不过,他的“公共领域”凸显了政治功能⑤,强调了国家权力与公共领域的对立⑥。但哈贝马斯所指出的公共领域的单一性和整体性与现实中的复杂性和多元性相悖,因此遭到诸多学者批判。

---

① 王宝霞:《阿伦特的“公共领域”概念及其影响》,《山东社会科学》2007年第1期,第14-17页。

② 菲利普·汉森:《历史、政治与公民权:阿伦特传》,刘佳林译,江苏人民出版社2004年版,第75页。

③ 朱士群:《公共领域的兴衰:汉娜·阿伦特政治哲学述评》,《社会科学》1994年第6期,第68-72页。

④ 李怀:《哈贝马斯的“公共领域”及其现代启示》,《西北师大学报(社会科学版)》2002年第6期,第84-88页。

⑤ 邵培仁、展宁:《公共领域之中国神话:一项基于哈贝马斯公共领域文本考察的分析》,《浙江大学学报(人文社会科学版)》2013年第5期,第82-102页。

⑥ 尤尔根·哈贝马斯:《公共领域的结构转型》,曹卫东、王晓珏、刘北城等译,学林出版社1999年版,第2页。

查尔斯·泰勒提出了“现代性公共领域”。与哈贝马斯的“经典公共领域”不同，“现代性公共领域”具有外在于政治的“世俗化”特征，人们不再以“上帝理念”等形而上的秩序为行动前提，“公共领域由人们的共同行为构成，别无其他”①。现代性公共领域一方面打破了整体性空间，成为经由媒介多元“嵌套”的“元主题公共领域”。另一方面，它协调了公/私二元对立关系，立足于不受公权力干涉的私领域，却跨越私人之藩篱致力于公共事务。另外，它模糊了国家与公共领域间泾渭分明的状态，二者可相互渗透并进入现代民主制中。但泰勒的这一构想被认为具有乌托邦色彩，因为具有“政治碎片化”倾向，易出现分离主义危机②。

杜赞奇使用公共领域理论探讨了中国晚清的市民社会问题。他指出，正是缺少强大的国家力量促使中国进行现代转型，从而抑制了市民社会发展。中国共产党取得政权后，进行了“艰苦有效的国家建设”③，为市民社会的生长提供了稳定环境，进一步推动了国家完善其管理方式和法制建设。这一过程无不体现“社会与国家二者并立”④的思想。玛丽·兰金基于中国语境界定了中国公共领域。她指出，资产阶级公共领域不适用于中国历史。中国公共领域一般由官方和平民共同承担，“中间舞台”概念似乎更有利于理解二者关系，国家与社会互相渗透交叠，而非中间有一条界线⑤。

美籍华人黄宗智突破西方国家与社会二元对立视角，基于中国传统乡村治理，他提出“第三领域”，认为研究中国乡村治理应采用三分观念，即存在一个国家与社会都参与其中的第三空间⑥。纵览中国“近代—现代—当代”的“第三领域”演变史，黄宗智用哈贝马斯所提到的“国家的社会化”和

---

① 张容南：《一种解释学的现代性话语：查尔斯·泰勒论现代性》，上海人民出版社 2011 年版，第 155 页。

② 王新生、宁乐锋：《现代公共领域及其特性：查尔斯·泰勒的公共领域概念评析》，《江海学刊》2008 年第 4 期，第 33－39 页。

③ 邵春霞、彭勃：《谁的“公共领域”？——概念运用的困惑与修正》，《新闻大学》2007 年第 2 期，第 46－51页。

④ 杜赞奇：《从民族国家拯救历史：民族主义话语与中国现代史研究》，王宪明、高继美、李海燕等译，社会科学文献出版社 2003 年版，第 141 页。

⑤ 黄宗智：《中国研究的范式问题讨论》，社会科学文献出版社 2003 年版，第 216－218 页。

⑥ 黄宗智：《集权的简约治理：中国以准官员和纠纷解决为主的半正式基层行政》，《开放时代》2008 年第 2 期，第 10－29 页。

“社会的国家化”进行分析，即国家机构纳入了社会的调解机制，如“乡镇政府下属的法律服务所”，社会机构转化为正式或半正式的政府机构，如“村级非正式首事自治转化为如今的村两委”。此中的核心则是国家和社会的“二元互动合一”①。公共领域理论的引入为我们理解中国的乡村公共空间提供了理论视角。

（二）乡村公共空间研究

乡村公共空间，亦被称为村落公共空间，该理论最早可溯源至汉娜·阿伦特的公共领域概念。她认为人们围绕公共事务进行的言行表达与自我呈现构成了公共领域。哈贝马斯随后完善了这一概念的理念架构，强调公众可以在如咖啡馆、沙龙之类的空间中自由表达他们的意见。如今我们所提及的乡村公共空间，虽沿袭自西方，但仍保有一定程度的中国特色。目前学界较为认可的是曹海林提出的界定——乡村公共空间就是指社区内的人可以自由进入并进行各种思想交流的公共场所，以及社区内普遍存在着的一些制度化组织和制度化活动形式②。乡村公共空间具有提供公共产品和服务、促进社会交往、培育社会资本、增进社会关联等多重功能③，亦可以维护乡村社会关系，促进乡村社区发展，满足当前乡村建设的需要④。它不仅是乡村文明的简单载体，更是映射某个乡村兴衰史的一面镜子，反映了它的传承与变化⑤。依据公共交往类型及其承载空间场所的不同，可以在中观层面将乡村公共空间划分为信仰性、生活性、娱乐性、生产性及政治性五类：信仰性公共空间是指祠堂、寺庙、教堂等，生活性公共空间主要包括农村的红白喜事聚集地、集市、人情往来的场所等，娱乐性公共空间是指以农家书屋、

---

① 黄宗智：《重新思考“第三领域”：中国古今国家与社会的二元合一》，《开放时代》2019 年第 3 期，第 12－36 页。

② 曹海林：《村落公共空间与村庄秩序基础的生成：兼论改革前后乡村社会秩序的演变轨迹》，《人文杂志》2004 年第 6 期，第 164－168 页。

③ 张诚、刘祖云：《失落与再造：后乡土社会乡村公共空间的构建》，《学习与实践》2018 年第 4 期，第 108－115 页。

④ 李嘉妍、阎瑾、王京：《我国乡村社区公共空间研究现状与思考》，《城市规划》2019 年第 43 期，第 128－134页。

⑤ 王勇、李广斌：《裂变与再生：苏南乡村公共空间转型研究》，《城市发展研究》2014 年第 21 期，第 112－118 页。

文化广场为代表的乡村文化空间，生产性公共空间是指在村庄内部生产活动中形成的生产联系及其空间形式，政治性公共空间则是村民参与管理村庄等公共事务的场所①。依据其型构动力的不同，可将乡村公共空间分为正式的公共空间与非正式的公共空间两种类型：正式的公共空间主要受行政力量驱使，而非正式的公共空间则是由村庄内部自发形成②。依据其时代特征的不同，则可以划分为传统乡村公共空间和现代乡村公共空间③。

在当前社会背景下，由于城市化进程不断加快，农村人口不断流失，传统乡村公共空间呈现衰落和萎缩趋势④。公共性缺失是传统公共空间衰落的根源，主要表现在村民参与的公共性不足、空间发展理念的迷失、公共议题失语等方面⑤。郭明通过对两种不同类型的村庄——村民流失型与村民流入型村庄进行多案例分析，得出部分乡村由于农村流出人口的增加，导致村内公共空间冷清，而流入人口增加的乡村又因为难以形成共享记忆，很难聚合起新的公共空间⑥。因此，如何重建乡村公共空间是一个十分重要的议题。学者们普遍认为，多元主体参与、村庄内精英的带头以及建造新型的公共空间，是重建乡村公共空间的主要因素⑦⑧，但这种重建的策略多停留在物理层面，重视对线下空间的重构与建造，只能满足村庄内部现有人员的需求，不能解决外出人员难以参与公共空间事务讨论的难题。

---

① 张良：《乡村公共空间的衰败与重建：兼论乡村社会整合》，《学习与实践》2013 年第 10 期，第 91 - 100 页。

② 曹海林：《乡村社会变迁中的村落公共空间：以苏北窑村为例考察村庄秩序重构的一项经验研究》，《中国农村观察》2005 年第 6 期，第 61 - 73 页。

③ 张诚：《城市化进程中乡村公共空间的流变与重构》，《城市发展研究》2021 年第 28 期，第 58 - 64 页。

④ 李增元、周平平：《乡村社区公共空间变迁及社区治理变革》，《学习与实践》2016 年第 12 期，第 102 - 110 页。

⑤ 张诚、刘祖云：《乡村公共空间的公共性困境及其重塑》，《华中农业大学学报(社会科学版)》2019 年第 2 期，第 1 - 7 页。

⑥ 郭明：《乡村振兴视野下村庄公共空间的萎缩及解释：基于 F 村与 H 村的双案例分析》，《中央民族大学学报(哲学社会科学版)》2019 年第 46 期，第 83 - 90 页。

⑦ 鲁可荣、程川：《传统村落公共空间变迁与乡村文化传承：以浙江三村为例》，《广西民族大学学报(哲学社会科学版)》2016 年第 38 期，第 22 - 29 页。

⑧ 颜德如、张玉强：《“接点治理”：乡村振兴中的公共空间再造——基于上海市 Y 村的空间治理实践》，《理论探讨》2020 年第 5 期，第 160 - 167 页。

随着移动互联网的发展,数字媒介为重建乡村公共空间提供了契机,已有部分学者对数字媒介重建乡村公共空间的路径进行了探索。吴海琳、周重礼以长江中游的D村为例,探讨了由上级政法机关所建的村级微信群衍生出新型"行政外生型"网络空间的可能性,认为它体现了中国乡村空间的实用性[①]。徐琴基于对Q村的党群微信群的案例分析,认为村民可以利用数字公共空间实现"微自治",从而充分发挥村民主体性作用[②]。总体而言,目前有关数字媒介重建乡村公共空间的研究并不多,需要展开深入研究。

三、媒介化研究与媒介化治理研究

(一)媒介化研究

媒介技术,尤其是数字媒介的发展以及人们对新媒介使用的普及为媒介研究提供了一个新的理论视角。传统"媒介研究"通常关注媒介传递的信息对个体以及社会的影响,媒介本身被视为个体与社会、文化分离的中介性因素,例如以英尼斯、麦克卢汉等学者为代表的媒介理论学派强调特定媒介形式对社会的单向形塑力量[③],从而带有技术决定论色彩。

随着新媒介技术的发展,现代社会已然被媒介所"浸透",媒介交织在社会组织生活的各个方面,例如当下人们对手机等媒介的使用。这促使学者重新思考媒介与社会实践的关系,引发了欧陆传播学界开启从"媒介研究"到"媒介化研究"的转向[④]:媒介不再仅仅作为静态的中立工具角色,也不具备决定社会形态变化的地位,媒介实践被视为一种动态性变化过程,能够在介入特定社会结构后凭借自身媒介逻辑重塑社会结构形态。

何为"媒介化"? 即媒介效力渗透到社会、文化等各领域,通过重构既有

---

① 吴海琳、周重礼:《微信群对乡村公共空间的重构:以D村"行政外生型"网络空间为例》,《河北学刊》2020年第40期,第178-184页。

② 徐琴:《"微交往"与"微自治":现代乡村社会治理的空间延展及其效应》,《华中农业大学学报(社会科学版)》2020年第3期,第129-137页。

③ 戴宇辰:《"旧相识"和"新重逢":行动者网络理论与媒介(化)研究的未来——一个理论史视角》,《国际新闻界》2019年第4期,第68-88页。

④ 戴宇辰:《媒介化研究:一种新的传播研究范式》,《安徽大学学报(哲学社会科学版)》2018年第2期,第147-156页。

规则使之适应“媒介逻辑”的过程。媒介逻辑是指媒介制度性和技术性的运作模式，包括如何在规则下运作以及如何分配资源①。目前学界对媒介化存在不同的理解，但总体来看，是对媒介、传播的变化与文化、社会变化间关系的把握与反映②。

媒介与社会文化场域的交织带来三个研究领域的变革：在宏观领域，媒介“去本质化”研究要求考察媒介对社会传播渠道的形塑力量，探究社会机制在媒介逻辑影响下演变的历史性过程③；在中观领域，媒介机构被“机制化”，成为独立于政治、文化、经济的“社会机构”；在微观领域，媒介不再仅仅作为“传播工具”，而要与个体实践相关联④。

这导致出现了两种研究传统：一是将媒介“机制化”，即将其视为“独立社会机构”；二是将媒介“情境化”，将其视为一种社会情境。将媒介视为“独立社会机构”的研究者以 Stig Hjarvard 为首，他们认为媒介提供了“其他社会机制和参与者的交往手段”⑤：媒介介入家庭、组织、政治等社会机构的交往互动，以其自身形塑互动方式，并且基于对各个网络节点的联通掌握了一定的交往分配资源。通过考察媒介对游戏产业、宗教信仰、政治选举等活动的渗透过程，Hjarvard 将媒介化总结为“社会或文化活动中的核心要素采取了媒介的形式”⑥。此外，还有学者考察时尚产业、旅游消费、新闻报道等领域的媒介化进程。

由于媒介技术日新月异，媒介逻辑需要被放置于具体历史文化语境中进行考察。Couldry 指出数字媒介带来了全新的交流情境⑦，人们通过网络

---

① Hjarvard, S., “Mediatization of society: A theory of the media as agents of social and cultural change”, Nordicom Review, 29, 2008, p. 113.

② 常江、何仁亿：《安德烈亚斯·赫普：我们生活在“万物媒介化”的时代——媒介化理论的内涵、方法与前景》，《新闻界》2020 年第 6 期，第 4－11 页。

③ Asp, K., “Medialization, media and mediarchy”, Nordicom Review, 11(2), 1990, p. 48.

④ 戴宇辰：《媒介化研究：一种新的传播研究范式》，《安徽大学学报（哲学社会科学版）》2018 年第 2 期，第 147－156 页。

⑤ Hjarvard, S., The mediatization of culture and society, London: Routledge, 1995, p. 21.

⑥ Hjarvard, S., From bricks to bytes: The mediatization of a global toy industry. In I. Bondebjerg & P. Golding. (Eds.), European culture and the media, Bristol, UK: Intellect Books, 2004, p. 48.

⑦ Couldry. N., “Mediatization or mediation? Alternative understanding of the emergent space of digital storytelling”, New Media & Society, 10(3), 2008, pp. 373－391.

开展社会实践,丰富了参与公共活动的可能性。而媒介作为公共技术连接个人实践的理论则追溯至 Roger Silverstone 的媒介“驯化”研究:个体在利用技术满足私人目的同时,技术对人体机能的延伸使得个体参与到公共空间中①。Maren Hartmann 在此基础上提出媒介作为物品、信息之外的“情境”维度:在使用个体媒介时能够建构跨越界限的交往环境,形成一定程度的公共空间活动②。个人交往活动皆基于媒介技术与现代社会相连接,在长期渗透中建构出新的社会文化交往情境,即“媒介化”③。Heep 进一步将媒介化研究与行动者网络理论的共时性研究相勾连,认为新兴媒介和与其相应的媒介实践相互交织,研究者需要在特定媒介化情境中描绘行动者踪迹,探寻媒介技术发展对现实的影响④,这也为媒介化研究中的民族志考察提供了参考。

媒介化研究弥补了传统媒介研究相对关注技术自身,忽视历史文化、社会情境的问题,重点关注媒介对当代社会文化不同领域的渗透与动态重构,进而指示出新的可能:媒介化介入改变着现实交往活动,人们基于媒介技术的实践重塑了建构社会的方式。

国内媒介化研究始于 20 世纪 90 年代末,并在本土化过程中进行了研究创新。在宏观层面,有学者基于“媒介空间化”与“空间媒介化”趋势探究媒介进化与空间建构的规律⑤;在中观层面,有学者研究了公共舆论场域以及家庭、工作单位等社会文化机构的媒介化⑥;在微观层面,有学者聚焦社会实践主体如何使用媒介技术参与社会文化建构,例如考察媒介使用对乡村

---

① Hepp, A., Cultures of mediatization, Cambridge: Polity, 2013, p. 55.

② 戴宇辰:《“旧相识”和“新重逢”:行动者网络理论与媒介(化)研究的未来——一个理论史视角》,《国际新闻界》2019 年第 4 期,第 68 - 88 页。

③ Hepp, A., Krotz, F., “What‘effect’do media have? Mediatization and process of social - cultural change”, ICA Conference, May 24 - 28, 2007, p. 2.

④ 戴宇辰:《“旧相识”和“新重逢”:行动者网络理论与媒介(化)研究的未来——一个理论史视角》,《国际新闻界》2019 年第 4 期,第 68 - 88 页。

⑤ 李彬、关琮严:《空间媒介化与媒介空间化:论媒介进化及其研究的空间转向》,《国际新闻界》2012 年第 5 期,第 38 - 42 页。

⑥ 施蒂格·夏瓦、刘君、范伊馨:《媒介化:社会变迁中媒介的角色》,《山西大学学报(哲学社会科学版)》2015 年第 5 期,第 59 - 69 页。

生活互动、变迁的影响[①]。从总体来看,已有媒介化研究涉及宏观叙事与理论构建,在微观层面则以个案研究为主,缺少聚焦于特定社会文化情境中公共数字媒介对社会形塑作用的研究。

(二)媒介化治理研究

媒介化治理,从字面上理解即经由媒介化开展的治理。对"媒介化"的理解将决定我们对于"媒介化治理"如何理解。从事媒介化研究的学者认为,网络化社会来临彰显的是社会形态的变革,整个社会结构围绕信息化逻辑发生了重构。进而,由新传播技术引发的革命使得"现代社会已然完全由媒介所'浸透'(permeated),以至于媒介再也不能被视为一种与文化和其他社会制度相分离的中立性要素",媒介已然"穿透"社会生活的方方面面[②]。因此,媒介化治理是指媒介作为一种"动态"逻辑嵌入治理的过程。

目前,学术界对媒介化治理的研究集中在国家[③]以及社会两个层面。笔者重点从社会层面关注媒介化治理,按照场景维度,媒介化治理可以放置在城市和乡村中展开研究。有学者认为,城市中的媒介化治理本质上是一种从行动者网络体系入手,将城市的融合特征与社会主体的行为选择联系起来,解释如何通过具有数字化技术的社会化结构影响主体人的选择行为,进而重构资源配置方式,形成增长新动能的社会文化技术逻辑。城市大脑是媒介化治理在城市层面的新样态,通过城市系统相应的内部结构要素改革,助推精准、高效的行政执行落地,实现了均等、公正的行政权力配置,完善了以人民为中心的公共服务集成[④]。在媒介化乡村中,媒介逻辑对乡村社会各个场域以及各个层面,如生活样式、资源结构、文化形态等诸多方面产生了效力和影响。有学者通过多案例解读,揭示自媒体对乡村社会的影响机理。有学者从生活、资源、文化媒介化的角度分析了媒介逻辑对乡村社

---

① 孙信茹、杨星星:《"媒介化社会"中的传播与乡村社会变迁》,《国际新闻界》2013年第7期,第87-93页。

② 戴宇辰:《媒介化研究:一种新的传播研究范式》,《安徽大学学报(哲学社会科学版)》2018年第42期,第147-156页。

③ 虞鑫、兰旻:《媒介治理:国家治理体系中的媒介角色——反思新自由主义的传播与政治》,《当代传播》,2020年第6期,第1-5页。

④ 史文静:《基于深度融合的媒介化城市治理系统研究》,《中国出版》2021年第24期,第1-2页。

会的渗透与影响，但是对媒介逻辑对乡村政治参与和社会治理的影响机制还缺乏全面系统的研究[①]。从上述文献可知，当前对于媒介化治理的研究更多集中在治理层面，缺乏对中介变量“社会”的考察，而这其实是理解媒介化治理的基础。

从这一角度理解媒介化治理就对媒介特性提出了要求。施蒂格·夏瓦就认为，媒介化的结果，既取决于语境，也取决于媒介的特质[②]。有学者以电视问政为研究对象，探究媒介技术如何为呈现开放治理、公开问责等诉求提供可供性。电视问政是中国体制赋予民众借助电视媒体参与地方治理的组织模式，也是媒介化治理在中国可行并实际开展的设计模板。但在电视问政中，参与主体是被选择入场的，而非自我选择入场，媒体组织扮演的是受命协作的角色，媒介逻辑服从于政治逻辑[③]。在“事业性质、企业管理”的体制下，电视等传统媒体参与社会治理仍有较大局限性。还有学者以安徽省乡镇电影院建设运营作为研究对象，探讨安徽省的乡镇电影院作为文化设施在乡镇的文化治理中的功能与效果。安徽省乡镇电影院的建设历程呈现出组织、制度与仪式的媒介化要素特征，但政策主导仍然是主要推动力量[④]。

综上所述，传统媒体因参与性不足导致“穿透性”欠缺，因此建立在此基础上的媒介化治理效果有限。随着技术的发展，数字媒介在社会组织与协调动员方面逐渐发挥了重要作用。社交媒体等新媒体具有“去中心化”的传播特质，助推了传播资源泛社会化和传播权力全民化[⑤]。在以社交媒体为载体的媒介化治理新阶段，公民的参与自主性和治理活力将得到进一步加强和释放。因此，需要从数字媒介这一角度切入，深入研究媒介化治理。

---

① 李烊、刘祖云：《媒介化乡村的逻辑、反思与建构》，《华南农业大学学报（社会科学版）》，2021 年第 4 期，第 1－10 页。

② 施蒂格·夏瓦：《文化与社会的媒介化》，刘君、李鑫、漆俊邑译，复旦大学出版社 2018 年版，第 23 页。

③ 闫文捷、潘忠党、吴红雨：《媒介化治理：电视问政个案的比较分析》，《新闻与传播研究》2020 年第 11 期，第 1－19 页。

④ 张铮、林天强、刘钰潭：《电影院作为乡镇媒介化治理实践的研究：文化治理视野下安徽省乡镇电影院建设与运营》，《当代电影》2020 年第 8 期，第 1－4 页。

⑤ 胡远珍、吴诗晨：《中国媒介治理研究的历史演进与发展趋势》，《新闻与传播评论》2021 年第 6 期，第 10－12 页。

第三节 研究对象

本书以数字公共媒介“为村”平台的实践为研究对象。“为村”平台是腾讯公益慈善基金会打造的“互联网＋乡村”平台,核心特征是充分应用互联网社交平台设计能力和技术能力,希望能够“连接公益,共生未来”。同时,得益于党和政府推动的“万企帮万村”精准扶贫行动,“为村”项目诞生之初,得以在全国迅速推广,成为数字化扶贫扶智典型案例①。

一、项目背景

“消除贫困,改善民生,逐步实现共同富裕”是中国共产党始终孜孜以求的奋斗目标。中国共产党百年反贫困历程可以分为四个阶段。一是新民主主义革命反贫困时期:此时主要以“耕者有其田”为目标,以革命方式带领人民反贫困。二是社会主义道路探索反贫困时期:国家通过全面恢复经济,大力发展各项经济事业,建立最基本的社会保障救济制度,实现了低水平普惠性减贫。三是改革开放反贫困时期:随着经济高速发展,国家组织了大规模有计划的专项开发式扶贫,取得了显著成果。四是中国特色社会主义新时代反贫困时期:党的十八大以来,党中央提出了精准扶贫政策,改变了传统的粗放式扶贫方案,把脱贫攻坚摆在治国理政的重要位置,彻底解决了困扰中华民族几千年的绝对贫困问题,创造了人类发展史上的奇迹②。21世纪以来,中国反贫困行动逐渐具有了“参与式”特点,除政府外,社会组织、企业等各方力量都参与到了扶贫之中。笔者研究的“为村”平台就是因腾讯公益慈善基金会对自身扶贫行动的反思而创建的数字公共平台。总体而言,腾讯扶贫行动可分为三个阶段的探索。

① 吕鹏、房莉杰等:《寻找座头鲸:新时代背景下社会企业如何实现创新?》,社会科学文献出版社2020年版,第53页。

② 黄承伟、杨进福:《中国共产党百年反贫困的历史经验》,《西安交通大学学报(社会科学版)》2021年第7期。

1. 阶段一(2009—2012 年):传统捐赠阶段

这一阶段的扶贫行动被称为“筑梦新乡村计划”,这是腾讯公益慈善基金会 2009 年发起的一个西部乡村公益帮扶计划,主要在贵州黎平县、雷山县,云南迪庆藏族自治州等地开展乡村公益活动,探索利用互联网优势,汇聚公益力量,推动西部乡村教育、文化、经济综合发展。教育复兴计划,即主要在乡村学校捐建集网络、多媒体、图书和课堂于一体的标准化教室,以及“筑梦书屋”“筑梦乐园”,希望以此助力乡村师生跨越数字鸿沟。文化复兴计划,即在乡村捐建“筑梦学堂·社区文化中心”多媒体活动室,并以此为活动基地,引导村寨百姓,特别是妇女成为文化传承主体,并借助广大网友的落地互动,对文化故事进行记录和在线分享传播。经济复兴计划,即通过在电商平台开辟面向帮扶地的网上“筑梦商城”,推广、销售经过文化设计、包装的农副产品及手工艺品,为文化传承获得持续的经济支撑。这一阶段仍以传统的捐赠模式为主①。

2. 阶段二(2012—2014 年):文化保育模式

这一模式同上一阶段以简单捐赠为主的模式不同,而是已经深入到了乡村社会内部,发现了乡村传统文化的价值,通过文化保育方式促进乡村发展。对这一阶段模式的探索始于腾讯公益慈善基金会成员的挂职经历,长时间深入农村为基金会成员了解当地传统乡村文化提供了契机。2012 年,黎平县铜关村进入了腾讯的视野,这个当时在百度地图上都还查无此地的村庄,却保留着令世人叹为观止的“侗族大歌”。侗族是五十五个少数民族之一,他们有自己的语言“侗话”,有自己的服装“侗装”,有自己的歌曲“侗族大歌”,却没有自己的文字。侗族的历史文化、风俗习惯、生产劳作、婚丧嫁娶都被古歌师记录在了歌曲之中。侗族大歌在过去是“功能性”极强的一种文化存在,是侗族人社交的重要手段,如果不会唱歌,青年男女很有可能找不到结婚的对象,所以侗族人千百年来都遵循着白天劳动,晚上学歌、唱歌

---

① 吕鹏、房莉杰等:《寻找座头鲸:新时代背景下社会企业如何实现创新?》,社会科学文献出版社 2020 年版,第 53 页。

的传统习俗。然而,随着社会的发展,以歌传情会友这一功能逐渐丧失,侗族大歌也失去了传承的基础,因其无法创造直接的经济价值,年轻人不再愿意学歌、唱歌,外出务工后更是失去了唱歌的环境。随着老歌师的故去,很多村庄侗族大歌的传承之路正在逐步消亡,而人与人之间也失去了一个重要的情感纽带。同时,这些曾经拥有灿烂非物质文化遗产的村庄,却仍然挣扎在贫困线下。2012 年 7 月,“筑梦新乡村计划”步入了一个新阶段:开始寻找视觉设计师、建筑设计师、环境艺术设计师、互联网 UI 设计师,共同策划一场跨界公益实践——要将“生态博物馆”“服务设计”“为多数人设计”和“互联网”等概念植入铜关村这个实验基地,为这个小村庄设计一个既能支持侗族大歌保护、传承,又能吸引城市人来此旅游,聆听侗族大歌、感受侗族文化和传统农耕文化并为之创造收入的平台。腾讯公司把这个项目命名为“铜关侗族大歌生态博物馆”①。

2015 年 8 月,历经三年建设,铜关侗族大歌生态博物馆正式落成运营。铜关侗族大歌生态博物馆借鉴源自法国、发展于英美的“生态博物馆”理念,还融入了日本的“一村一品”理念及台湾地区的“社区营造”理念,整合多方资源“为多数人设计”,在绿水青山间通过“服务设计”的方式,打造了一个以体验式深度旅游为支柱,以侗族大歌文化保护传承为主题的乡村可持续发展样板。2016 年,博物馆正式开门迎客,当年即实现营收平衡,2017 年旅游和农副产品营收近 200 万元。铜关村从 2011 年人均年收入不足 1800 元的贫困村,到 2015 年人均年收入超过 3200 元,摘掉了贫困村的帽子。不过,铜关侗族大歌生态博物馆项目虽然总体成功,但是这种“捐建+运营”的模式复制难度较大②。

3. 阶段三(2014 年至今):“互联网+乡村”公益模式

2014 年,腾讯公益慈善基金会开始探索“互联网+乡村”模式,这是国家“互

① 陈晓圆:《连接为乡村:腾讯公司帮扶黎平县脱贫纪实》,微信公众号“为村贵州黎平铜关村”,2021 年 4 月 16 日。

② 吕鹏、房莉杰等:《寻找座头鲸:新时代背景下社会企业如何实现创新?》,社会科学文献出版社 2020 年版,第 56 页。

联网+”战略在乡村的实施，也是腾讯公益慈善基金会对于多年来扶贫行动的反思。这一阶段腾讯公益慈善基金会的扶贫策略不再是“输血”，而是希望通过互联网技术激活乡村内生动力从而“造血”。研究结果表明，传统扶贫手段始终面临贫困人口的参与困境。扶贫先扶志，这才是扶贫项目成功的关键①。

贵州省黎平县铜关村是“为村”平台上线的第一个村庄。铜关侗族大歌生态博物馆项目落成以后，为了宣传乡村旅游，腾讯公司为铜关村创建了一个微信公众号，这让铜关村成为了中国偏僻乡村里的首个“移动互联网村”。铜关村由 4 个自然寨组成，全村共有 460 户，侗族村民占到了 93%。铜关村和全国各地很多村庄一样，青壮年普遍外出打工，村里以留守老人和儿童居多，村民人均年收入很少。然而，一场未来会席卷全国的移动互联网实验就在这样一个西部贫困山村展开。2014 年，铜关村的移动互联网基础设施可谓是“一穷二白”，村里只有 2.5G 网口，95%的村民没有见过智能手机，更不用说使用智能手机了。在这样基础薄弱的小山村开展移动互联网实验可见难度有多大，一切都要从头开始。因此，腾讯公益慈善基金会邀请中国移动公司在铜关村架设了一台 4G 基站，中兴通讯公益基金会则为村民捐赠了智能手机，中国移动公司还为参与“移动互联网村改造实验”的村庄赠送了连续 20 个月的每月 1G 的流量。腾讯公益慈善基金会还制作了互联网使用教学课程。在移动互联网培训过程中发现，当时这种流动性村庄普遍存在干群关系紧张、矛盾较多的情况，主要是因为大量村民外出务工，村两委与村民沟通渠道缺乏，经常因沟通不畅而产生误会。于是，腾讯公益慈善基金会为铜关村申请了微信服务号，并且开发了村务公开、财务公开、书记信箱、支书日记、赶集②等基本板块，形成了“为村”公共平台雏形③。

自从铜关村开通了移动互联网，很多空巢老人学会了使用智能手机和外出务工子女视频聊天。通过培训，不识字的老奶奶、老爷爷都学会了用手

① 吕鹏、房莉杰等：《寻找座头鲸：新时代背景下社会企业如何实现创新?》，社会科学文献出版社 2020 年版，第 55 页。

② “为村”平台用于村民横向交流的板块最早命名为“赶集”，2018 年以后改名为“村友圈”。

③ 吕鹏、房莉杰等：《寻找座头鲸：新时代背景下社会企业如何实现创新?》，社会科学文献出版社 2020 年版，第 57 页。

机上网。通过微信群调动30多位村民共同“寻牛”,村民们利用微信群建立了“大寨侗歌队”,成为宣传非物质文化遗产侗族大歌的重要力量……谁也没想到村民们演绎出了这么生动的故事。原来移动互联网在乡村可以发挥这么大的能量。因此,腾讯公益慈善基金会决定在全国推广“为村”平台。2015年8月19日,腾讯“为村”平台面向全国发布。经过多年发展,“为村”平台已经成为目前我国覆盖范围最广的乡村数字公共平台之一。截至2023年1月1日,全国30个省、229个市、891个区县、2588个乡镇中的17410个村庄(社区)开通了“为村”平台。

二、功能介绍

“为村”平台是依托微信开发的智慧乡村平台,以“互联网+乡村”的创新模式,围绕党务、村务、商务、服务、事务设计五大功能板块(见图0-1)。下面简单介绍和本书相关的“党务”“村务”“村友圈”三个板块。

图0-1 陶坝村“为村”平台首页

“党务”板块包括“支部风采”“党务公开”“组织生活”“党员日记”“书记信箱”“振兴日记”等子板块（见图 0－2）。其中最为重要的是“党务公开”“书记信箱”和“党员日记”。“党务公开”是村两委公开重要事项的子板块，通过全国“为村”平台大数据可知这个板块在多数村庄受关注度最高。“书记信箱”是村党支部书记和村民直接交流沟通的子板块，有“书记公开信”和“群众来信”两种类型。“书记公开信”是书记写给村民的信，既可以针对近期工作进行安排部署，也可以发表感想，甚至可以展示书记的个人生活。“群众来信”是村民写给书记的信，从全国各地“为村”平台来看，写信内容包括投诉、咨询、批评、表扬等各种形式。“书记信箱”在村庄治理中发挥了重要的沟通交流和减压阀作用。“党员日记”是村党支部党员记录参与村庄公共事务、参加党建学习活动、发表个人心得等内容的子板块。

图 0－2 “为村”平台板块

“村务”板块包括“村委风采”“村务公开”“议事厅”“村内活动”（内含“活动报名”“投票评选”“问卷调查”等）。其中“村务公开”“活动报名”“问卷调查”受关注度较高。“村务公开”子板块主要用于村委会公开村庄重大事项,村民对该子板块关注度较高。“活动报名”是村庄发起各类活动时使用的子板块,村民可以在活动下方点击报名。“问卷调查”使用场景较多,比如进行农村社保购买情况调查、村庄未体检老人登记调查、村庄经济普查等时都可以使用该子板块。该子板块可以极大提高信息收集效率。“议事厅”的功能类似于网络论坛,是村民进行实时议事的子板块。这个子板块因本书研究对象陶坝村村民的提议而设立,具体情况在陶坝村个案中重点介绍。

“村友圈”顾名思义就是村民之间的“朋友圈”,调研中很多村民称之为“大朋友圈”。2015 年,这个板块叫作“赶集”。社会学研究将“集市”作为一种公共空间,因此“赶集”实际就是构建村民互动交流的公共空间,这也是“为村”平台中村民横向交流的板块。村民每天在这个板块中分享每日见闻、美图美景、心情感受等图片和信息,其他村民可以在图片下方进行点赞和评论。在数字媒介时代,这已经成为社区社交的重要方式。“为村”还会适时在这个板块推出各种话题,供全国村民共同互动,比如“说出全村的希望”“我和书记的故事”“晒一晒身边的感动”“基层党员的一天”等话题都具有较高参与度。

“为村”平台的板块设计实则是为村庄内各类人群设定了“角色脚本”,党支部书记、村主任、驻村干部、村会计、党员、管理员甚至“三农”专家等均可以在“为村”平台发挥自己的作用和能量。比如村党支部书记可以在“书记信箱”中查看群众来信并回应提问和建议,在“党建之家”中建立线上党支部,组织党员活动,在“村委日记”中发布工作动态让村民了解村党委情况。村民则可以在“村友圈”中和村友分享信息,通过“书记信箱”向村两委反映问题,在“村委日记”和“村务公开”中了解村两委工作动态。扶贫干部还可以通过“为村”平台为工作留痕。总之,“为村”平台为村庄中各类人群都提供了角色任务,为他们参与村庄事务提供了机会和空间(见图 0-3)。

图 0－3 “为村”平台中的角色

上文已经对“为村”平台板块和村庄内各类人员身份角色进行了介绍，下面用“为村”平台官方的几个比喻再次回答“为村”平台是什么，以期呈现一个更感性的认知：这是咱村的大广场，乡邻趣事和家常闲话都上这来聊；这是咱村的大屏幕，党务、村务、财务，都上这来看；这是咱村的大礼堂，村内事务和集体活动，都上这来办；这是咱村的大集市，农家好货、好景、好手艺，都上这来卖。

第四节 研究设计

一、方法论

笔者采用的研究方法可以归属为“案例研究法”大类，其“准实验法”的本质是本书重要的方法论。案例研究法是社会科学研究方法中较为常见的一种研究方法，这种研究方法在社会学、人类学、教育学、公共管理学以及医学研究等领域被广泛使用。然而，学术界对何谓案例研究法却莫衷一是。很多较早的社会科学教材没有把案例研究法当作正式的研究方法，常常将案例研究法看作其他研究方法的前期探索阶段①。还有就是将案例研究与民族志研究或参与式观察等“实地考察”相混淆。因而，早期教材中关于案例研究的讨论，实际上局限于对参与式观察或作为资料收集过程的实地考察的描述，未能对案例研究的定义做出进一步探讨②。经典的“案例研究”的定义由罗伯特·K. 殷于 1978 年提出，即案例研究是一种经验主义的探究，它研究现实生活背景中的暂时现象；在这样一种研究情境中，现象本身与其背景之间的界限不明显，研究者只能大量运用事例证据展开研究。罗伯特·K. 殷认为，案例研究法是进行社会科学研究的方法之一。其他研究方法还包括实验法、调查法、历史分析法以及有关经济或数据模型等的文本分析法。与其他研究方法相比，案例研究法更适用于以下三种情形：①主要问题是“怎么样”“为什么”；②研究者几乎无法控制研究对象；③研究的重点是当前的现实现象③。罗伯特·K. 殷在《案例研究：设计与方法》一书中写道：“如果你的研究问题是寻找对一些既有现象的解释，例如一些社会现象如何形成，如何运行，那么选择案例研究法很贴切。如果你的研究问题需要对某一社会现象作纵深描述，那么选择案例研究法也非常贴切。”④罗伯

---

① 罗伯特·K. 殷：《案例研究：设计与方法》，周海涛等译，重庆大学出版社 2019 年版，第 20 页。

② Judd, Smith, E., Kidder, L., Research methods in social relations, 5th ed, New York: Holt, Rinehart and Winston, Inc, 1986, p. 16.

③ 罗伯特·K. 殷：《案例研究：设计与方法》，周海涛等译，重庆大学出版社 2019 年版，第 4 页。

④ 罗伯特·K. 殷：《案例研究：设计与方法》，周海涛等译，重庆大学出版社 2019 年版，第 6 页。

特·K. 殷认为案例研究最关键的优势是超越孤立的变量研究，比起实验研究以及问卷调查研究等变量研究，进行案例研究时，能够深度关注案例，能够深入了解更广范围的情境和其他复杂情境①。

传统社会科学研究中单案例研究确实占据主导地位，尤其在人类学中，对单一“个案”或地点内所发生的事情进行理解与解释是传统民族志研究者的任务，目的是了解当地现状，可能针对一个人、一个家庭、一个正式组织、一个社群，乃至整个文化。不过，有很多研究者在探索多个案例。过去二十年中，针对有关复杂场所的研究在增加。研究者采用多个案设计，采用多重方法。研究多个案的一个原因是要提高概括性，让其他人确信，某一描述清晰的场所中出现的事件和过程，并非个体独有。从更深层来看，是想了解跨个案的过程与结果，探究当地的条件是怎样限定了过程与结果，进而发展出更细致的描述和更有力的解释②。

多案例研究相较单案例研究具有一定优势，因为即使只做一个仅有两个案例的研究，得到可靠结果的概率都要比通过单案例研究得到可靠结果的概率高。比如，从两个案例或实验中分别得出的分析结论，都将比从单一案例或实验中得出的结论更为可信。同时使用多案例研究，还可以避免单案例研究设计通常所受到的批判，即单案例研究设计有时反映的是个案的一些非普遍性、人为性的情况，而不是某些充分可信的方面，比如，为接触到一些关键受访者或特殊信息所采用的特殊途径，往往会不知不觉造成结论与事实的背离③。

虽然在传统观念中，案例研究法是一种“软”研究方法，但是却在应对各种挑战中逐渐完善，转变成一种“硬”研究方法④。之所以成为一种“硬”研究方法，是因为案例研究法从方法论上等同于“准实验法”。在应用实验法时，通过设置实验组和对照组，在保证两组某些要素相似的前提下，通过施加刺激以考察干预和结果之间的关系。由于实验法在现实研究中很难开

① 罗伯特·K. 殷：《案例研究方法的应用》，周海涛等译，重庆大学出版社 2020 年版，第 4 页。

② Matthew B. Miles 等：《质性资料的分析：方法与实践（第二版）》，张芬芬译，重庆大学出版社 2008 年版，第 234 页。

③ 罗伯特·K. 殷：《案例研究方法的应用》，周海涛等译，重庆大学出版社 2020 年版，第 153 页。

④ 罗伯特·K. 殷：《案例研究：设计与方法》，周海涛等译，重庆大学出版社 2019 年版，第 4 页。

展,因此学术界提出了准实验法。准实验法和实验法同样遵循基于在控制相关因素的前提下寻找因果关系的原则,但是却放宽了很多条件。首先,应用实验法时,需严格设置实验组和对照组,但是应用准实验法时,一般是在既有条件下设置实验组和对照组;其次,应用实验法时,需尽可能控制干扰要素,但是应用准实验法时,无须严格执行。因此,按照准实验法原则就可以在现实事件中寻找因果关系。比如从时间维度比较研究对象前后的差异,以及从空间维度比较研究对象在不同地域的差异,从而探寻现象间的因果关系。总之,社会科学研究方法的核心是受控分析比较,因此,案例研究法和准实验法大同小异①。无论是针对单案例,还是针对多案例,研究者都需要考虑构造合理的比较平台,即在控制相关条件因素的情形下通过比较分析来探寻现象间的因果联系②。

按照这一逻辑,应用案例研究法时就必须遵循严格的操作步骤,而不是任意为之。因此,一些学者认为虽然有人应用它做了一些实证研究,但可能由于不太清楚它本身的研究逻辑,看起来积累了一些成果,可是研究过程和结论却值得商榷③。案例研究法有其"设计研究方案时必须遵循的逻辑","是只有所要研究的问题与其环境相适应时才会使用的方法,而不是无论什么环境下都要生搬硬套的教条"④。尤其是在进行多案例研究时应当遵循复制法则,每个案例都必须经过精挑细选,要么对能够产生同样结果的案例进行逐项复制(寻找同类案例),要么对预期有不同结果的案例进行差别复制(寻找相反案例)。进行多案例研究时遵循的复制原则与多元实验(multiple experiments)中的复制法则类似。例如,通过某次实验取得重大发现后,学者将会重复进行第二次、第三次甚至更多次与此相同的实验对之进行验证、检验。有些重复实验可能要一模一样地复制前次实验条件,而另

① 张杨波:《重构案例研究方法的逻辑:基于受控比较视角下的方法论探索》,《浙江学刊》2011 年第 1 期,第 189 - 184 页。

② 张杨波:《重构案例研究方法的逻辑:基于受控比较视角下的方法论探索》,《浙江学刊》2011 年第 1 期,第 189 - 184 页。

③ 张杨波:《重构案例研究方法的逻辑:基于受控比较视角下的方法论探索》,《浙江学刊》2011 年第 1 期,第 189 - 184 页。

④ Platt,J. ,"Case study in American methodological though",Current Sociology,40,1992,pp. 17 - 48.

一些重复实验可能会有意改变某些非关键性的条件，来考察是否能得到同样的实验结果。只有通过了这种复制性实验（检验），原有的实验结果才能被认为是真实的，因而也才有继续进行研究和解释的价值[①]。

二、研究方法

基于以上方法论分析，笔者将在准实验法原则的指引下，使用多案例民族志方法进行研究。布洛维在《拓展个案法》（*The Extended Case Method*）一书的第四章节“多案例民族志：对国家社会主义消亡的追踪”中就提出了多案例民族志（multicase ethnography）研究方法，并对该研究方法进行了初步介绍，然而该方法却并没有得到民族志研究者的广泛关注。不过，多案例民族志研究的提法以及注重案例间差异比较的做法却值得学术界重新关注。笔者认为可以将规范的案例研究思维注入其中，发展一种新的多案例民族志研究方法。

多案例民族志研究是布洛维在《拓展个案法》基础之上对民族志研究全球化问题进行的方法创新。布洛维在对国家社会主义消亡研究中首次尝试使用了多案例民族志研究方法。他基于在美国、匈牙利和俄罗斯等地的调研、比较和分析，修正了市场资本主义和国家社会主义等理论[②]。在研究过程中，他将多案例民族志研究和多点民族志研究进行了对比以突出该研究方法的独特之处。他指出，马库斯使用多点民族志研究方法考察汤加人的移民过程，追踪移民到达的不同地域，将不同区域的人物、事件连成一线，以观察全球化对移民的影响。因此，马库斯更加注重全球化过程中跨越国家、民族边界的有关整合、联系的方面。虽然这似乎超越了封闭的空间场域，但实际上依然遵循传统人类学对同一案例研究的逻辑。多案例民族志研究则不再注重多点间的“联系”，而是注重案例间的“差异”。因此，布洛维通过寻找案例间差异的方式完成了多案例民族志研究。

笔者认为可以将案例研究的求同法和求异法注入多案例民族志研究，

---

① 罗伯特・K. 殷：《案例研究：设计与方法》，周海涛等译，重庆大学出版社 2019 年版，第 71－72 页。

② Burawoy, M., The extended case method: Four countries, four decades, four great transformations, and one theoretical tradition, University of California Press, 2009, pp. 198－244.

发展新的多案例民族志研究方法,如此,多案例民族志研究方法会更加完善。在进行案例比较时,根据不同情况使用分析归纳法和连续比较法逻辑,既可以寻找案例间的共同因素,也可以寻找案例间的差异因素,从而使得多案例民族志研究方法成为一种可进行多向度比较、抽象以及建构理论的方法。另外,使用多案例民族志方法时,不再追求从个案到整体、从微观到宏观的外推逻辑,而是关注"中层理论"建构。这显然也是超越民族志个案研究的一种路径,有利于加深对相同类型案例的认知,探索了一种民族志研究"走出个案"的中观路径。而对于一般和宏观的认知有时需要在时间长河中探索,不可能在一项研究中完成,因为没有任何一种视角、任何一条路径、任何一种策略能够全面、彻头彻尾、从一般到特殊、从宏观到微观地看清世界①。

笔者将使用连续比较法进行资料分析。分析归纳法(analytic induction method)和连续比较法(constant comparative method)是质性研究中处理多元案例材料的分析方法。这两种方法不仅可以对整个研究进行设计,而且也是发展理论的方法②。

分析归纳法的本质是求同法,即寻求众多案例的共同之处。分析归纳法强调第一个个案 A 的信息的丰富性和典型性。因此,比较合适的抽样策略是最大目的抽样,即按照研究目的抽取能够为研究问题提供最大信息量的研究对象③。收集到第一个案例材料时进行分析并初步建构理论模型 T_1。由于这种研究路径强调信息的丰富性,因此研究者可采用三角互证法,从不同侧面获取更多资料,还可以选择与该案例相似的案例 A′,并继续获取信息从而丰富理论模型 T_1。随后就在同类现象中选取研究对象 B 进行分析,并且同理论模型 T_1 进行对比,发现二者之间的相同点,从而建构出新的理论模型 T_2。接下来继续进行目的抽样,找到个案 C 和 D。随着对新个案的纳入,理论模型被不断修正。依此类推,每增加一个新案例,理论模型就

---

① 风笑天:《个案的力量:论个案研究的方法论意义及其应用》,《社会科学》2022 年第 5 期,第 140 - 149 页。

② 林小英:《分析归纳法和连续比较法:质性研究的路径探析》,《北京大学教育评论》2015 年第 1 期,第 16 - 39 页。

③ 陈向明:《质的研究方法与社会科学研究》,教育科学出版社 2000 年版,第 103 页。

会更加“精简”。当然，每次修正理论时都要检视前面所有个案是否依然与修改后的理论模型相符。另外，还需要有意识地寻找“非同类现象”个案，从而确定理论适用的边界和范围，最终将理论模型修正为 T_0。具体研究路径见图 0－4。

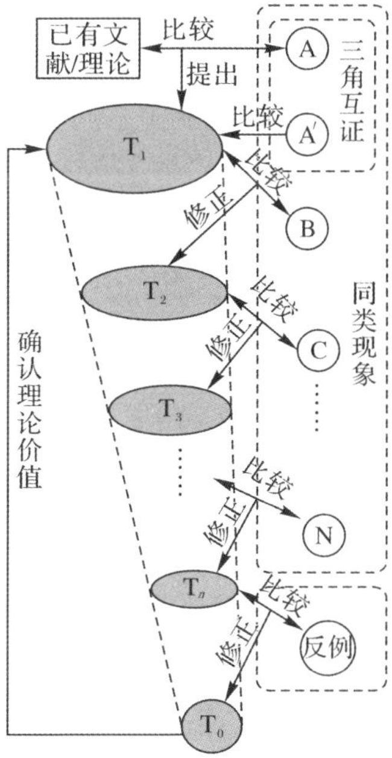

图 0－4 分析归纳法的研究路径①

连续比较法的本质是求异法，即寻找案例中的不同之处。连续比较法第一个案例抽样的原则是便利原则，这同分析归纳法使用最大目的抽样不同。获得第一个案例资料后进行初步分析，然后建立理论模型 T_1。随后根据第一个案例分析的结果进行理论抽样。理论抽样（theoretical sampling）是一种建立在概念、主题之上的资料收集方法，这些概念和主题也来自资料。与传统抽样不同的是，理论抽样对资料的回应不是在研究开始之前确定。概念来自分析中的资料，围绕这些概念的问题推动了新一轮的资料收

① 林小英：《分析归纳法和连续比较法：质性研究的路径探析》，《北京大学教育评论》2015 年第 1 期，第 16－39 页。

集[①]。根据理论抽样确定案例 B 并发现不同要素,并将新要素加入模型中形成新理论模型 T_2。然后,继续根据理论抽样不同的维度去寻找案例 C 和 D,再次将案例中的新要素纳入理论模型中。同样,在比较分析中寻找反例,以确定理论模型的边界,最终建构理论模型 T_0。这个理论模式与任何案例都不吻合,却对每个案例都具备解释力,这就是韦伯所指出的"理想模型"[②]。具体研究路径见图 0-5。

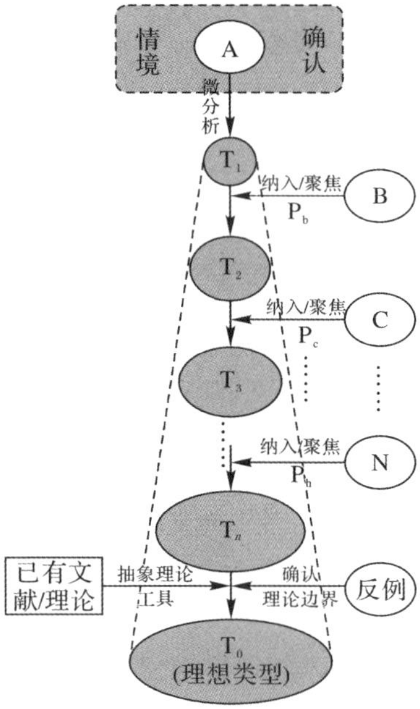

图 0-5 连续比较法的研究路径

使用分析归纳法的过程像漏斗的形状:理论模型一开始是宽泛的(在顶端),而在最后(底部)是更为聚焦和更为特定的方向,即发现所有案例的"共同要素"。比如,我们对 10 名优秀大学生进行分析,研究什么因素决定了他们能够出类拔萃。最初的因素肯定五花八门、种类繁多,包括学习方法、学习习惯、家庭环境、学校资源等各类因素。但是通过不断分析,最终确定的

① 林小英:《分析归纳法和连续比较法:质性研究的路径探析》,《北京大学教育评论》2015 年第 1 期,第 16-39 页。

② 林小英:《分析归纳法和连续比较法:质性研究的路径探析》,《北京大学教育评论》2015 年第 1 期,第 16-39 页。

共同因素是“学习能够让他们获得心灵体验”。使用连续比较法的过程则像一束光：理论模式一开始时是狭窄的（在顶端），而在最后（底部）是更为包容、覆盖面更广的方向[①]。我们还以分析优秀大学生何以出类拔萃为例，通过A学生获取的因素是学习习惯，通过B学生获取的因素是学习方法，通过C学生获取的因素是家庭环境，通过D学生获取的因素是学校资源，然后综合起来就成为优秀大学生的“集体缩影”。笔者按照连续比较法进行研究，通过对治理绩效良好的数字公共媒介进行比较分析，从而发现治理的最优路径。

三、研究步骤

罗伯特·K.殷在《案例研究：设计与方法》一书中介绍了采用复制法进行多案例比较研究的过程（见图0-6）。多案例研究设计的第一步是理论假设，理论假设可以来源于既有理论，或者直接借鉴理论，也可以对既有理论进行整合和演绎。在设计和收集资料的过程中，确定研究类型和选择案例是最重要的两个环节。比如，当确定以差别复制模式研究时，在案例选择环节就要选择那些能够产生不同结果的案例。在研究过程中，对每个案例都要完成一次“整体”研究，如果首次实证结果并发现了初步的因果关系，那就具备了展开后续研究的基础。随后按照“差别复制”原则，寻找建构理论的不同要素。最后，根据研究需要可进行多轮案例复制，直到获得比较可靠的结果。最终在撰写报告时对单案例研究和跨案例研究都要进行汇报。

在众多研究方法中，案例研究法对于社会科学发展具有不可替代的作用。案例研究法作为一种实证研究方法，不仅可以通过严谨的案例比较进行因果推断，还能通过对案例细节的深描揭示因果机制[②]。

---

① 林小英：《分析归纳法和连续比较法：质性研究的路径探析》，《北京大学教育评论》2015年第1期，第16-39页。

② 蒙克、李朔严：《公共管理研究中的案例方法：一个误区和两种传承》，《中国行政管理》2019年第9期，第89-94页。

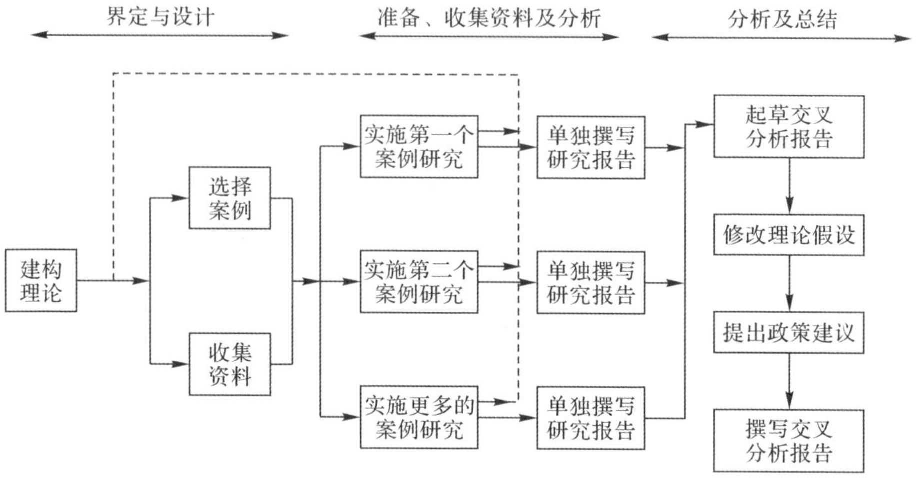

图 0-6 多案例比较研究步骤

四、案例选取

本书是基于之前研究进行的扩展研究。笔者于 2016 年开始在甘肃省陇南市康县冯村研究“为村”平台。调研即将结束时,笔者询问关键报道人马宝贤(化名)①,冯村“为村”平台是否是最佳模式,他给出了否定回答。他说:“冯村‘为村’平台中村两委参与不足,而且村两委和‘为村’平台管理团队之间有矛盾,双方始终没有形成合力。”笔者继续追问:“那‘为村’平台最佳模式是什么?”他说:“村两委应该定期进行党务村务公开,村民通过平台能够向村两委反映问题,遇到重大问题时村两委问计于民,并且在平台中同村民进行交流协商。”当时,笔者听到这段话时略有惊讶,这样一位几乎不可能接触政治学理论的农民竟然深谙“协商民主”理论的精髓,他的这番话成为了激励笔者随后开展调研的动力。

2018 年,笔者在其他地区调研时发现,马宝贤设想的“为村”平台理想模式确实在多地落地生根。为了深入了解我国数字乡村实践,笔者决定扩大调研范围。2018 年至 2021 年,笔者先后在全国 21 个村庄开展调研,具体如下:湖南省湘西土家族苗族自治州小溪村、四川省邛崃市陶坝村、安徽省黄山市甘棠社区、安徽省黄山市朝阳村、陕西省西安市焦岱街村、陕西省西

① 根据研究伦理规范,笔者对研究对象全部进行了化名。

安市老虎沟村、甘肃省陇南市花桥村、甘肃省陇南市严家坝村、湖南省湘西土家族苗族自治州比耳村、重庆市武隆区犀牛寨、四川省广汉市金九村、内蒙古自治区乌兰察布市黄旗滩村、内蒙古自治区乌兰察布市东沟门村、内蒙古自治区乌兰察布市阿拉善村、广东省汕尾市南门社区、山东省菏泽市丹阳街道武寺社区、陕西省延安市杨家岭村、陕西省咸阳市柴家窑村、山西省忻州市河边一村、甘肃省定西市中城社区、陕西省汉中市钟楼村。调研期间，课题组成员同村两委班子成员、留守村民、“为村”平台管理员及县乡相关负责人进行了深度访谈，参与了部分“为村”平台活动，并通过微信、电话等方式同外出村民进行谈话。另外，课题组还对全国各地 63 个“为村”平台进行了线上调研，通过网络浏览、线上访谈、在线参与等方式了解“为村”平台运营情况及其治理实践。

调研发现，全国各地“为村”平台模式各不相同，那么该如何理解和区分这些“为村”平台呢？我们根据村两委和村民参与度高低两个维度划分了四种“为村”平台模式：①村两委和村民参与度都高，称之为合作治理模式；②村两委参与度高，村民参与度低，称之为政务发布模式；③村两委参与度低，村民参与度高，称之为公民主导模式；④村两委和村民参与度都低，称之为无效平台模式（见图 0－7）。

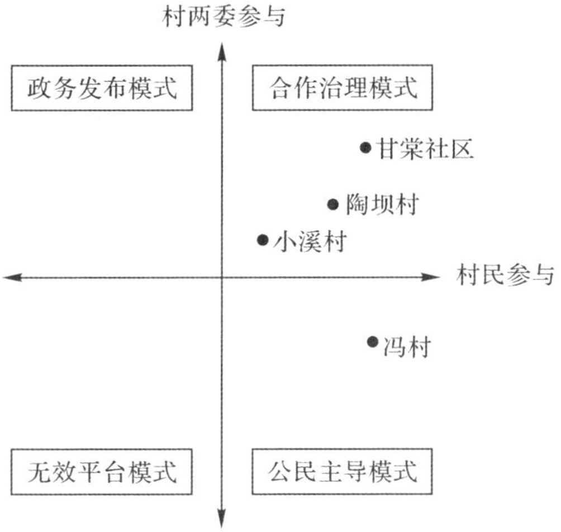

图 0－7 “为村”平台治理模式

为了整体判断全国“为村”平台中这四种模式的占比,笔者结合“为村”平台星级指数排名[①]和研究团队的考察判断,梳理出了各种类型村庄的数量以及比例(见表 0-1)。

表 0-1 各类“为村”平台治理模式数量、比例及代表性村庄[②]

“为村”平台治理类型	数量	比例	代表性村庄
合作治理模式	157	0.90%	小溪村、陶坝村、甘棠社区
公民主导模式	113	0.65%	冯村、比耳村
政务发布模式	2952	16.95%	黄旗滩村、钟楼村
无效平台模式	14188	81.49%	……

从表 0-1 可知,合作治理模式和公民主导模式这两种模式占比最低,绝大多数属于政务发布模式和无效平台模式。因此,这即是笔者研究的缘起,“为村”平台最佳的模式——合作治理模式的数字化治理机制是什么?这种模式能够为其他模式的村庄带来什么借鉴?

笔者之前研究的冯村的“为村”平台属于公民参与模式,这种模式下村民参与积极性较高,基于数字公共媒介还形成了“为村”团队,在乡村治理中发挥了重要作用。但是村两委参与不足使得基于数字公共媒介的“协商”和“沟通”无法实现。因此,按照逻辑指引,笔者选取的第一个案例必须呈现村两委这一行动主体要积极参与。由此,我们选择了湖南省湘西土家族苗族自治州的小溪村。通过研究发现,由于小溪村村两委的积极参与,村民基于“为村”平台和村两委的纵向“交流”成为可能。不过,虽然选取的第一个案例小溪村的村两委积极参与,但是村民参与度却并没有达到理想状态。这也为选取第二个研究案例确定了标准。因此,选取村两委和村民参与度均高于小溪村的四川省邛崃市陶坝村作为第二个案例。这个村庄中,村民的主体性得到了发挥。村民通过“书记信箱”向村两委反映问题,村两委还组织村民在“为村”平台“议事厅”中讨论公共事务,还有村民在“为村”平台开

① “为村星级体系”用于综合评估村庄“为村”平台运营水平,划分为实习、一星至五星 6 个等级。主要根据五个维度进行评定:①平台基础运营水平;②平台内容质量;③村庄“村有好货”或“为村一起卖”店铺运营水平;④村庄微信公众号运营水平;⑤认证村民活跃度。

② 截至 2023 年 3 月 31 日,全国共有 17410 个村庄开通“为村”平台。

通话题引导村庄公共舆论，可以算是“为村”平台的典范。不过，陶坝村的“为村”平台还缺乏“为村”团队这个行动主体，笔者称之为“互联网自组织”，即基于数字公共平台形成的自治中间组织。这个组织在笔者之前调研的冯村“为村”平台运营中发挥了重要作用。那么，这类组织在村两委主导的“为村”村庄中扮演什么角色？能够发挥什么作用？因此，在这种逻辑指引下，笔者将安徽省黄山市甘棠社区作为第三个案例。

第五节 本书结构

一、公共传播的分析框架

数字公共媒介属于公共传播研究领域。学术界对公共传播有不同理解，有学者将公共传播等同于大众传播，有学者将公共关系和公共传播相关联，显然这些理解都抹杀了公共传播的独特性。随着互联网的兴起，传统传播结构发生了彻底变革，“人人都有麦克风”的众声喧哗时代使得公共传播形态逐渐显露，公共传播的学术图谱正在逐渐清晰。从广义上讲，面向公众且有关公共利益的传播，都可称为公共传播。在新媒体环境下，公共传播是指个体、组织等多元主体在由不同属性媒介构成的开放式传播网络中，围绕公共议题展开沟通对话而形成的知识、图像、符号和信息流。严格来讲，公共传播并非一种特定的传播形态。公共传播与大众传播、组织传播、人际传播等通常意义的传播形态相比，其主体、结构及空间更具有开放性和不确定性①。

胡百精教授认为移动互联网背景下公共传播基本要素包含以下几个方面：主体——多元主体；价值规范和实践准则——公共性；内容——公共议题及背后的公共权力和公共利益；发生场域——公共领域；目标和预期效果——认同、共识、承认②。通过这个认知框架，可对公共传播有更加全面的认知。不过笔者认为胡百精教授忽视了“交流对话”这个要素，交流在公共传播中具有重要地位，是促进公共性和认同生成的重要动因。尤其是笔者在研究冯村“为村”平台时，缺乏对纵向层面的村两委和村民之间的交流对话进行研究。因此，应将交流这个要素加入公共传播体系。另外，有学者

① 冯建华：《公共传播：在观念与实践之间》，《现代传播》2017 年第 7 期，第 21－25 页。
② 胡百精：《公共传播研究的基本问题与传播学范式创新》，《国际新闻界》2016 年第 3 期，第 61－80 页。

研究社区公共传播时发现，“行动”也是公共传播的一个重要维度，很多公共行动缘起于公共传播。因此，笔者基于以上分析提出一个“4＋X”的公共传播模型假设，即“主体、交流、共识、行动＋X”。笔者根据前期研究指引提出了“主体、交流、共识、行动”的四要素结构。但是需要在新的公共传播案例中悬置这一结构，如果有新的要素进入则将其纳入分析结构之中。

二、本书的框架结构安排

本书主要由以下部分组成。

绪论部分主要介绍研究缘起、研究背景、研究意义、理论综述、研究对象以及研究设计。在研究缘起部分介绍了本书的问题意识，即在“后乡土社会”背景下如何重构秩序以及如何实现有效治理。本书的研究意义即在理论层面能够对“媒介化”进行实证的过程性研究，现实意义是对于促进数字乡村战略以及乡村振兴战略具有一定参考价值。在研究设计部分重点介绍了具有“准实验”性质的多案例民族志研究方法，并对收集资料和分析资料的过程进行了详细介绍，然后根据案例研究法的原则选择了案例，并根据以往的公共传播研究提出了分析框架。

第一章是乡村治理问题及碎片化困境概述。在“乡村治理问题整体概述”中，主要从“治理主体”“治理客体”“治理方式”三个方面分析当前我国乡村治理面临的主要问题。接着主要介绍治理主体碎片化、治理理念碎片化、治理空间碎片化、信息资源碎片化、事务管理碎片化等，并且还分析了造成乡村治理碎片化困境的成因。

第二章是小溪村数字化治理机制和元分析。主体维度是重点介绍数字公共媒介对乡村治理主体的重构。小溪村村两委完成了“数字化迁移”，赋予村民参与治理的机会，使村民成为了重要治理主体。交流维度可分为纵向层面和横向层面。在纵向层面，村两委在“为村”平台定期进行党务公开和村务公开，经常发布村两委工作动态，遇重大事宜征求村民意见；村民通过“书记信箱”向村两委反映问题，形成了沟通互动态势。在横向层面，村庄留守村民和外出村民基于“为村”平台重新聚集在公共空间之中。随后，村两委借助“为村”平台培育村庄共同体意识并开展线上线下行动，对乡村社区从不同维度进行了整合。

第三章是陶坝村数字化治理机制及跨案例分析。根据小溪村案例研究指引，选择村两委和村民参与度均较高的陶坝村作为第二个案例。该案例中，村民参与乡村治理的主体性更强，村民通过“书记信箱”建言献策，普通村民在“为村”平台中开通话题引导公共舆论，村两委和村民在“为村”平台“议事厅”中商讨重要事宜。通过跨案例分析发现，小溪村“为村”平台更接近“大众传播”模式，是一种村两委借助“为村”平台影响村民的模式。而陶坝村村民由于主体意识更强，因此更加能够同村两委形成协商互动，是一种更加接近“公共传播”的模式。因此，陶坝村村两委基于“为村”平台开展的治理实践更加深入。

第四章是甘棠社区数字化治理机制及跨案例分析。根据陶坝村案例研究指引，第三个案例不仅需要村两委和村民参与度较高，而且还需要一个中间组织——“为村”平台管理团队参与其中，因此笔者选取甘棠社区作为第三个案例。该案例中村两委、“为村”平台管理团队和村民共同形成了一个“治理共同体”。甘棠社区的团队成为了连接村两委和村民之间的一个“有机中间组织”，发挥着上传下达的作用，这同冯村的团队和村两委之间形成的“竞争”模式有很大不同。由此，甘棠社区治理共同体借助“为村”平台开展协商交流，建构社区共识，促进公共行动。因“上下一心，齐心合力”，甘棠社区“为村”平台成为研究案例中治理效能最强、参与实际工作最多的“为村”平台。

第五章是媒介化整合治理：流动社会的新型治理方式。本章集中呈现了 T_1、T_2、T_3 理论模型的生成过程，并对它们进行了集中比较。笔者将基于数字公共媒介形成的治理过程称为“媒介化整合治理”。笔者提出了乡村治理本质是“社区再造”的研究思路，即通过数字公共媒介赋权多元主体，通过交流、共识、行动等路径重建社区关系，重塑社区认同，实现乡村社区连接和团结的统一、社区性和公共性的统一，形成一种既有活力又有秩序的数字化公共生活。

第六章是数字化治理效能提升对策与建议。这章分为“针对整体发展规划的对策”和“针对不同治理类型的对策”两个部分。针对整体发展规划的对策分为做好顶层规划、加强基础支撑、优化媒介设计、夯实操作路径四个方面，针对不同治理类型的对策分为面向“政务公布模式”村庄的对策、面向“公民主导模式”村庄的对策、面向“无效平台模式”村庄的对策三个方面，从而对如何提升数字化治理效能提出了全面的对策和建议。

第一章

乡村治理问题及碎片化困境概述

在乡村振兴战略背景下，大量资源投入乡村，需要乡村发挥良好的衔接协调作用。同时，随着政府公共服务下沉，乡村要承接更多的民生服务工作，因此这就迫切需要提升乡村治理能力。然而，这对“后乡土社会”相对脆弱的乡村治理能力提出了挑战。当前，我国乡村治理困境，尤其是乡村治理碎片化问题已经成为制约乡村振兴的重要因素。

第一节　乡村治理问题整体概述

乡村治理属于国家治理在农村基层领域的实践，乡村治理兼具“国家性”和“基层性”。乡村治理一方面服务于国家治理能力的提升，国家通过乡村基层组织为农民提供良好的公共服务；另一方面促进基层自治能力提升，将农民组织起来参与基层治理公共事务，鼓励农民通过民主协商方式探讨村庄公共事务治理方案。然而，乡村有效治理不是空中楼阁，它需要解决“谁来治理”“治理什么”“如何治理”这三个问题，即“治理主体”“治理客体”和“治理方式”的问题[①]。当前，我国乡村治理在这些方面依然还存在诸多问题，具体如下。

一、治理主体问题

笔者将乡村治理限定在乡村社区层面之内，对县乡政府以及社区外部组织不加以考察，因此治理主体主要包括村两委、村民、农村社会组织等。在本节，笔者将从基层干部治理能力不足、村民没有成为真正治理主体、农村社会组织无法有效发挥作用三个方面展开论述。

（一）基层干部治理能力不足

农村基层干部作为党在农村工作事务的领导者和实践者，是贯彻落实党中央最新方针举措的神经末梢，也是推进乡村振兴战略的重要把手。其治理能力如何，事关党的执政根基，事关村民幸福指数，事关乡村振兴工程

① 陈鹏：《夯实乡村振兴的治理根基》，《光明日报》2021年3月30日，第2版。

的如期完成[1]。然而,当前我国农村基层干部治理能力还存在不足,主要表现为治理理念陈旧、政治素养不够过硬、群众基础不够扎实、文化根基不够深厚、互联网技能偏弱等,这些问题相互羁绊、相互交织,制约了乡村社会发展。

一是基层干部治理理念陈旧。乡村振兴战略实施以来,乡村治理面对的形势和任务更加复杂。但部分村干部仍未转变“治理观念”,依然按照过往的“熟人社会”原则行事,习惯用“经验”和“关系”解决问题,无法有效处理应对新型社会事务,这就使得治理效能无法提高。二是部分基层干部政治素养不够过硬。部分基层干部党性不足,将宗旨意识弃之如敝屣,甚至藐视党纪国法,借用职务权力大肆敛财[2]。三是群众基础不够扎实。部分基层干部逐渐脱离群众,“只唯上,不唯下”现象严重,缺乏带领群众共同致富的决心和信心,而且还比较注重自身利益,并非为群众干实事、谋福利。四是文化根基不够深厚。基层干部文化水平较低,知识结构、年龄结构不合理。现在无论是乡镇,还是村委会,大专以上学历的干部相对较少,村级干部的学历主要以初高中为主。这会导致部分村干部对政策解读有误,工作失误时有发生。五是互联网技能偏弱。伴随着移动互联网的发展,数字乡村建设也被提上日程,部分村干部年龄较大,互联网使用能力差,使得数字乡村建设进程面临重重阻碍,尤其缺乏借助互联网进行协商治理的能力,这就使得乡村数字化建设发展较为缓慢。

(二)村民没有成为真正治理主体

实现乡村有效治理,村民参与是前提,而且村民应成为乡村治理主体。2019 年,中共中央办公厅、国务院办公厅印发的《关于加强和改进乡村治理的指导意见》指出,要加强和改进乡村治理,深化村民自治实践,发挥农民在乡村治理中的主体作用[3]。然而,当前我国基层治理运行中,村民参与始终

① 童成帅、周向军:《提升农村基层干部治理能力的实现理路:基于乡村振兴战略的分析视角》,《西南民族大学学报(人文社会科学版)》2021 年第 9 期,第 185 - 193 页。

② 童成帅、周向军:《提升农村基层干部治理能力的实现理路:基于乡村振兴战略的分析视角》,《西南民族大学学报(人文社会科学版)》2021 年第 9 期,第 185 - 193 页。

③ 中共中央办公厅、国务院办公厅:《关于加强和改进乡村治理的指导意见》,《中华人民共和国国务院公报》2019 年第 19 期,第 11 - 16 页。

不足，还没有发挥治理的主体作用。

近年来，各级政府以及村级组织均在探索如何促使村民发挥治理主体作用的措施和路径，其中不乏有益探索。比如，当前在部分地区乡村治理实践中出现的“村民说事”“村民议事”等协商民主形式就是对探索村民成为治理主体的尝试。有些地区通过完善参与制度、规范参与流程、强化参与激励，保障了村民对涉及自身利益的事项具有表达权、知情权、参与权以及监督权，从而促进了村民对于基层公共事务的真正参与，而且涌现出了一些优秀基层协商民主案例，比如温岭模式等。然而目前这类案例数量总体偏少，很多地区村民政治参与依然不足，主要有以下几方面原因。

(1)核心参与群体大量流失。随着城市化和工业化快速发展，城乡差距持续拉大。农村因就业环境差、基础设施缺失、医疗教育水平难以保障等原因，大量青年流向城市，从而导致了村庄空心化。村内多是留守老人和儿童，这部分人群参与治理能力相对不足、参与治理意愿不强。部分村庄甚至难以选举出合格的村委会，更遑论积极参与治理。

(2)村民民主自治意识淡薄。部分村民认为村内事务管理应归村干部和政府负责，因此不愿介入乡村各项事务治理之中。另外，伴随着基层事务复杂化、多样化，行政压力也下沉至村两委，村内事务管理的行政化趋势明显，在政策实施过程中出现了村委会替村民做主的现象，这让不少村民在参与治理过程中感受不到被重视。这种单向度的治理也在一定程度上挫伤了村民参与乡村事务治理的积极性。

(3)缺乏有效的民主参与途径。虽然我国乡村治理实践中涌现出了很多民主参与创新形式，但是总体而言数量偏少、范围较窄。参与治理的本质是政治形式的创新，需要考验基层干部的政治胸怀、政治智慧以及创新精神。但是多数村庄将村民排斥在民主参与之外，没有探索出良好的民主参与模式，这就导致即使有部分村民有心参与，但却无门。

(三)农村社会组织无法有效发挥作用

社会组织应是治理结构中的重要力量，可以推动公权和私权的合作①。

---

① 芦恒：《“抗逆力”视野下农村风险管理体系创新与乡村振兴》，《吉林大学社会科学学报》2019 年第 1 期，第 101－110 页。

乡村建设不能依靠单一的公权治理或私权自治,而是需要社会组织嵌入以实现社会共治,即在乡村治理中弥合公权与私权间的断裂,形成政府、社会组织、农民组成的联动网络,引导各自发挥优势①。党的十八大以来,一系列中央政策都明文指出,社会组织是中国社会治理的重要力量,《中华人民共和国乡村振兴促进法》亦要求支持、规范和引导农村社会组织发展,为社会组织嵌入乡村建设提供正当性②。然而,当前我国农村社会组织存在数量不足以及参与有限等问题。

一是当前我国农村社会组织数量总体偏少。近年来,在政府和民间的共同努力下,农村社会组织发展进入了"繁盛期"。据统计,我国农村社会组织有 200 多万个,主要包含经济合作组织、公益组织、互助组织等③。然而,我国农村社会组织数量同城市社会组织相比还是略显不足。而且,我国农村社会组织还存在着严重的区域发展不平衡问题,很多中西部农村甚至缺乏种植养殖合作社,其他公益组织以及互助组织则更少,因此在乡村治理中发挥作用也就无从谈起。二是农村社会组织在乡村治理中难以发挥协同作用。这主要是因为农村社会组织存在"资源之困""成长之困""信任之困"④,从而使得农村社会组织很难在乡村治理中发挥协同作用。"资源之困"是指部分农村社会组织由村民自发组织成立,因此组织规模较小,缺乏持续资金来源,还有很多农村社会组织没有正式注册并且没有固定资金收入。因此这类组织本身缺乏可持续性,要求其发挥治理效能就更是奢望。"成长之困"是指很多农村社会组织难以独立发展。党的十八大以来,政府开始探索与社会组织互动开展社会治理的模式,鼓励社会组织承接政府购买服务。但是其中 70%的农村社会组织最终只沦为了政府外包服务的衍生物,这些农村社会组织随着政府购买项目的结束而解散,难以成为可以持续参与乡村治理的社会组织。"信任之

① 李南枢、何荣山:《社会组织嵌入韧性乡村建设的逻辑与路径》,《中国农村观察》2022 年第 2 期,第 98-116 页。

② 李南枢、何荣山:《社会组织嵌入韧性乡村建设的逻辑与路径》,《中国农村观察》2022 年第 2 期,第 98-116 页。

③ 刘义强:《构建以社会自治功能为导向的农村社会组织机制》,《东南学术》2009 年第 1 期,第 79-85 页。

④ 章晓乐、任嘉威:《治理共同体视域下社会组织参与农村社会治理的困境和出路》,《南京社会科学》2021 年第 10 期,第 62-67 页。

困”是指政府与群众对农村社会组织的信任还没有完全建立。角色信任是社会组织参与乡村治理的重要动力，但是，目前政府对于农村社会组织参与乡村治埋普遍存在矛盾心态，一方面希望农村社会组织可以参与乡村治理，但另一方面持有不信任态度，因此在经费分配上明显不足。综合上述原因，目前我国农村社会组织在参与乡村治理方面还存在不足。

二、治理客体问题

乡村治理客体包含乡村秩序建设中的各类重点问题。笔者主要从和数字公共媒介相关的农村公共服务供给不足、农村公共文化发展滞后、村民公共意识逐渐淡薄三个方面介绍，对于农村扫黑除恶、农业生态治理、村庄集体经济等方面不再赘述。

（一）农村公共服务供给不足

农村公共服务包括养老、教育、医疗、环境、人居等方面，这些是提升农民幸福感和获得感的重要因素。国家自取消农业税后，我国农村进入了后农业税时代。随着农民经济负担的减轻以及收入的增加，农民对于公共服务的需求也逐渐升级。然而，当前基层政府在农村公共服务供给方面存在资金投入减少、供给主体单一、多元主体不可协同等问题。

首先，政府投入力度不足。农村公共服务具有公共物品属性，同时由于向农村地区供给的服务具有收益周期长、回报率低、资源配置效率低等弊端，因此很难完全通过市场化机制进行供给，这就决定了政府应该是农村公共服务供给的重要主体。然而国家自农业税改革以来，县级政府因财政负担有所增加，降低了对农村公共服务的供给。周黎安、陈祎通过对 1997—2005 年县级面板数据进行分析，得出税费改革加重了县级政府财政负担，导致了中长期公共服务供给下降的结论，认为上级政府若在平衡调节中不减少甚至增加对县级政府的支付转移，将会有效缓解县级政府的财政压力，且上级政府应承担更多公共服务支出责任①。不过，随着乡村振兴战略的

① 周黎安、陈祎：《县级财政负担与地方公共服务：农村税费改革的影响》，《经济学（季刊）》2015 年第 2 期，第 417－434 页。

实施,政府对农村公共服务的供给力度逐年增加,然而农村公共服务总体而言回报率较低,政绩见效较慢,不容易引起地方政府重视。因此,政府总体对农村公共服务投入的力度不足。

其次,社会化主体参与严重不足。社会化主体同样应该参与到农村公共服务供给之中。社会化主体主要包括农村自治组织、农业龙头企业、社会公益组织以及农户家庭等。范逢春等基于协同治理理论,提出应构建农村公共服务多元主体"动态协同治理模型"。这一模型将政府、自治组织、私人部门、第三部门及公民五大治理主体纳入其中,依据各自角色进行分工,并形成动态协同合作[①]。然而,当前政府依然是我国农村公共服务供给体系的主体,自治组织、私人部门、第三部门等组织整体参与情况并不理想。因此,在推动乡村治理现代化进程中,还需要进一步促进社会化主体参与其中。

再次,多元供给主体难以形成合力。当前存在政府主导供给模式的官僚化困境、自主供给模式的资源困境和委托供给模式的监督困境,从而导致供给主体不能形成协同合力,农村公共服务供给越来越碎片化,因此应超越单一模式思维,整合多方力量和各种资源,形成一种多元合作的结构安排,以解决任何一方或双方都无法解决的问题。其核心是希望通过多元合作策略参与农村公共服务供给。然而从各地调研情况来看,目前这种多元合作模式的成功案例并不多,因此还需要进一步展开探索。

(二)农村公共文化发展滞后

公共文化是乡村治理的重要领域,然而当前我国农村公共文化发展依然滞后,严重制约乡村发展以及乡村振兴。公共文化是指由政府主导、社会参与形成的普及文化知识、传播先进文化、提供精神食粮、满足人民群众文化需求、保障人民群众基本文化权益的各种公益性文化机构和服务的总和。农村公共文化是指农村文化中满足农民公共文化需求的部分,主要表现为以下四个方面:一是具有较强公共性的农村文化设施,比如图书馆、阅览室、

---

① 范逢春、谭淋丹:《城乡基本公共服务均等化制度绩效测量:基于分省面板数据的实证分析》,《上海行政学院学报》2018 年第 1 期,第 53 - 64 页。

文化活动中心等；二是有利于提高农民素质的文化活动，比如科学技术培训、各种技能培训等；三是满足农民日常基本文化权利的活动，比如观看电影、电视剧以及各种戏剧等；四是优秀本土文化，比如民俗文化、民间工艺等。改革开放以来，我国乡村文化发生了重大变化，一是公共文化日渐衰落，二是私性文化不断发展。因此，这严重背离了乡村振兴对“乡风文明”的要求。当前，我国农村公共文化主要存在以下一些问题。

(1)农村公共文化服务供需存在一定偏差。我国各地在农村公共文化建设初期，比较注重公共文化服务产品数量的提升，忽略了公共文化服务质量。但是随着农村经济社会稳步发展，农民需要更高质量的精神文化生活。还有很多地区对于如何建设公共文化缺乏思路，依然采用“灌输”方式为村民提供公共文化服务，因此无法满足村民需求。

(2)农村公共文化建设资金投入不足。这个问题在不同地区有不同表现，主要有以下问题。一是农村公共文化投资巨大，但是部分地区经济实力较弱，因此投入资金有限。二是很多地方政府将农村公共文化视为“软实力”，投资周期长，见效却很慢，因此就常常被忽视。三是虽然各地对农村公共文化建设投入了大量资金，但是随着农村社会发展，村民对于农村公共文化的需求与日俱增，这就导致这方面的投入略显不足。

(3)农村公共文化建设人才较为匮乏。专业人才队伍是建设农村公共文化的重要支撑。但是很多农村地区因各种因素制约，难以建立专业化的农村公共文化人才队伍，因此需要加大对相关人才的培养和引进。在人才培养方面，我国很多农村地区缺乏完善的农村公共文化人才培养机制，人才队伍的整体素质还有待提升。在人才引进方面，我国农村地区的各方面条件还存在诸多不足，因此对优秀公共文化人才缺乏足够吸引力，很难引进高素质人才。

(三)村民公共意识逐渐淡薄

村民的公共意识淡薄已经成为当前我国乡村发展中普遍面临的问题。村民缺乏公共意识会造成基层社会的碎片化，从而也无法有效对接国家乡村振兴战略。调研发现，当前中国小农户的分散和弱化情况严重，维系村民之间的情感连接和互助机制正在消散。这个现象受到了家庭联产承包责任制的实施、农村社会“空心化”以及市场化对乡村的冲击等多种因素影响。

家庭联产承包责任制促使村民开始分化。20 世纪 80 年代,我国开始实行土地承包责任制,这项制度调动了村民的积极性,获得了广大村民的欢迎。其实,土地承包责任制并非单一政策,国家还倡导统分结合。但是直到如今,中国经济已经发生了翻天覆地的变化,而“集体所有,统一经营”的格局始终没有建立起来,这也就加速了村民公共意识的衰落。

农村社会“空心化”也促使村民公共意识弱化。改革开放以来,乡村青年的集体外流成为常态,乡村逐渐呈现“空心化”状态,这种社会结构给乡村治理带来了极大挑战。村民向城市的流动源于对资源和利益的追逐,在利益驱动下,传统以血缘关系及宗族关系为纽带的社会关系逐渐式微,逐渐转变为联系日益减少的个体。游离在原本的亲族关系和村庄之外,使得村民整体呈现离散化、原子化状态①。这对村民的公共意识产生了极大冲击,使得村庄共同体逐渐走向衰落,为乡村治理带来了更大挑战。

公共意识的缺失导致现如今大部分群众在面对村内公共事务时表现得较为淡漠。尤其在农业税取消后,市场交换的规则深入人心,村民无法正确界定个体与集体间的权利界限,利益化取向变得更为严重②。村民逐渐对参与公共事务失去了兴趣,这种负面效应也进一步呼吁乡村社会的再组织化形成,期待村民们重新拥有集体意识。然而,乡村再组织化的形成涉及价值整合、利益整合和主体整合三个部分,整体过程较为复杂③。对于缺乏内生动力的大部分乡村而言,这无疑困难重重。

村民公共意识淡薄为乡村治理带来了严峻挑战。村民是乡村治理结构中的关键主体,如果村民没有相应的公共意识,任何集体行动和合作行动都会事倍功半。

---

① 刘启英:《乡村振兴背景下原子化村庄公共事务的治理困境与应对策略》,《云南社会科学》2019 年第 3 期,第 141 - 147 页。

② 吴蓉、施国庆:《后税费时代乡村治理问题与治理措施:基于文献的讨论》,《农业经济问题》2018 年第 6 期,第 117 - 128 页。

③ 张新文、郝永强:《党建引领乡村治理共同体建构的行动逻辑与实践路径》,《学习论坛》2022 年第 2 期,第 93 - 100 页。

三、治理方式问题

治理方式解决的是如何治理的问题。只有应用科学合理的方式才能有效促进乡村善治。综合各种实践探索发现,坚持自治、法治、德治“三治”融合以及配合基于数字技术的“数治”是契合乡村治理需求的有效方式。德治是柔性约束,法治是刚性约束,自治是内生约束,数治是外生约束。当前,这四种治理方式主要存在以下问题。

(一)“自治”机制亟需完善

当前,村两委的“准行政化”较为严重,逐渐消解了其自治属性。改革开放以来,国家权力逐渐“退场”,城市化、市场化对乡村产生深刻影响。现代化发展改变了乡村社会结构,同时解构了乡村内生秩序均衡的基础。传统社会关系正在解体,现代社会关系尚未建立,这就是农村社会危机和村庄失范的重要原因[①]。村民委员会是国家推动乡村民主自治的重要制度设计,但是村民委员会“准行政化”趋向日益严重,村民自治制度像是浮在乡村治理水面上的一层油,看似热热闹闹,实则作用有限[②]。村民委员会本应成为乡村社会治理的“头”,却成为国家基层行政的“脚”,没有很好发挥村民自治功能。

有学者调研发现,当前中西部农村的村级工作有 1/3 以上的内容是完成上级政府下达的报表、材料总结等文字工作。为了提高村两委工作能力,部分地区实行了“村干部坐班制”,将村干部变成了“全职干部”,参照公务员制度管理村两委干部。还有部分地区要求全面推进村支书和村主任“一肩挑”,强化乡镇对村民委员会的管理。另外,随着农村改革的推进,越来越多的村级工作从自治事务转变为行政工作,比如村庄环境整治,部分地区基层政府投入了大量资金改善村庄人居环境,这就出现了“政府干,农民看”的现

① 贺雪峰、仝志辉:《论村庄社会关联:兼论村庄秩序的社会基础》,《中国社会科学》2002 年第 3 期,第 124－134 页。

② 贺雪峰、董磊明:《中国乡村治理:结构与类型》,《经济社会体制比较》2005 年第 3 期,第 42－50 页。

象,农民反而认为整治村庄环境是政府而非自己的责任①。因此,村两委的“准行政化”倾向削弱了其自治能力,反而不利于基层治理的有效开展。

正是这种“行政下压”的趋势,促使农村基层组织为提高行政效率,寻求社区积极分子以及村民小组的助力,从而形成了以农村基层组织为主导、社区积极分子配合的协作关系。乡村治理的主体变为了少数精英村民,大部分的普通村民被排除在外。这也预示着,完成行政任务是农村基层组织的首要工作,实现多元主体自治仍有较大困难②。此外,以过度行政化的方式进行乡村治理,往往在治理过程之中缺乏能动性和弹性政策,农民的需求未能得到满足,同时也在一定程度上造成了对行政资源和财政资源的浪费③。

(二)“德治”引领需要加强

当前,我国农村社会治理中“德治”作用日渐衰落,没有很好发挥“德治为基”的传统。因此,在我国乡村社会重建“德治”系统显得尤为重要。

传统中国治理除国家的行政力量之外,在基层社会更多依靠自治和道德的力量。费孝通先生认为,乡土中国是“无诉”社会,由“长老”实施“礼治”,同时也存在国家的“自上而下”的权力治理。可以概括为:以传统道德为基础的乡村士绅治理为主,以国家“自上而下的权力”“横暴的权力”的治理为辅④。然而,改革开放以来,随着市场化对农村观念的持续冲击,传统道德约束日渐消弭,而“私利文化”却盛行,这就导致了乡村社会失序。但村庄失范并不意味着村庄完全丧失规范和秩序,而是表征村庄公共治理机制失衡,村庄社会控制机制的功能失调⑤。比如农村中曾存在公共物品供给中的“搭便车”行为、公共事务“无人问津”、道德沦丧、灰黑势力猖獗等现象。

---

① 桂华:《迈向强国家时代的农村基层治理:乡村治理现代化的现状、问题与未来》,《人文杂志》2021年第4期,第122-128页。

② 徐琴:《乡村社会的行政化整合:表征、根源与效应——基于社会行动理论的分析》,《求实》2022年第6期,第75-90页。

③ 田孟:《制度变迁中的中国乡村治理生活化转向》,《深圳大学学报(人文社会科学版)》2022年第4期,第15-25页。

④ 邓大才:《走向善治之路:自治、法治与德治的选择与组合——以乡村治理体系为研究对象》,《社会科学研究》2018年第4期,第2-38页.

⑤ 陈文正:《生存剥夺、村民行动与村庄失范:浙东A村的个案分析》,《中共浙江省委党校学报》2009年第3期,第67-71页。

笔者研究的村落曾经与闫云翔笔下所描述的“既没有传统，又没有社会主义道德……出现了道德与意识形态真空的情况”[①]相比有相似之处。这些问题对我国基层社会稳定及发展均带来严峻挑战。乡村失序虽然在不同地区有不同表现，但上述现象仍具有普遍性。以上问题虽然由多种因素造成，但是德治缺位是重要原因。

德治是实现乡村治理的“软约束”，是乡村社会存在的无形规则，往往以村规民约的形式存在。在德治化进程中，文明的乡风和认同度高的内部规则在约束治理主体越界行为的同时，无形中也提高了治理主体的道德文化素质[②]。但是，这种内在约束机制必须依赖于村庄良好的公共舆论机制，而公共舆论机制的形成要依靠公共空间的作用。传统乡村社会中存在大量村落公共空间，比如寺庙、祠堂、院落、麦场、水井、茶馆等场所是村庄重要的公共交往领域，是村规民约和村庄精英施加影响的重要场所，是乡村社会秩序、规则建立和社会整合的中介[③]。但是随着现代性对农村产生深刻影响，村庄面临“空心化”“原子化”困境，村落公共空间逐渐衰落。这就导致村庄内部的公共舆论机制逐渐失效，随之而来的是德治机制的失效。因此，发挥德治功能的前提是要重建或者复兴乡村社区公共空间。

（三）“法治”机制仍不健全

法治是实现乡村治理的“硬约束”，法治是悬挂在乡村社会中的有形规则，它诉诸法律条文和文本。它存在的意义是对超出内部规则边界的乡村治理事务进行管理，或是对仅凭内部规则无法解决的乡村事务进行治理[④]。“法治”可以弥补乡村治理中“德治”的不足，不仅可以对越轨行为

---

① 阎云翔：《私人生活的变革：一个中国村庄里的爱情、家庭与亲密关系（1949—1999）》，上海：上海书店出版社 2006 年版，第 260 页。

② 侯宏伟、马培衢：《“自治、法治、德治”三治融合体系下治理主体嵌入型共治机制的构建》，《华南师范大学学报（社会科学版）》2018 年第 6 期，第 141 - 146 页。

③ 陈新民、王旭升：《电视的普及与村落“饭市”的衰落：对古坡大坪村的田野调查》，《国际新闻界》2009 年第 4 期，第 63 - 67 页。

④ 侯宏伟、马培衢：《“自治、法治、德治”三治融合体系下治理主体嵌入型共治机制的构建》，《华南师范大学学报（社会科学版）》2018 年第 6 期，第 141 - 146 页。

进行惩戒,而且可以对自治权进行合法界定,在乡村治理中具有重要地位。党的十九大报告提出,中国特色社会主义农村治理体系应当遵循“自治、法治、德治”。其中,“法治”是“三治”的中坚力量。尽管当前农村法治文化建设和推广已取得了一定的成绩,但是依法治村目标的实现仍然道阻且长。

中国乡村治理大体有两套规则,即内部规则和外部规则。内部规则主要指村规民约,外部规则主要指法规条令,然而法规条令并不能完全适用村民自治的现实需求①。农村地区往往是“熟人社会”或者“半熟人社会”,这就导致许多村民和基层干部在处理实际问题的过程中,往往采用“动之以情,晓之以理”的模式,而非以法律作为道德准绳,村民们因此并没有形成真正的法律意识,由此也无法实现乡村“法治”。这种不以法律作为处置事务准绳的做法往往使问题得不到根本解决,甚至埋下了爆发二次冲突的祸根,需要加以改善②。

在推动农村走向法治化的过程中,针对农村地区施行的法律法规仍然较少。乡村立法体系无法适应乡村日新月异的发展,当前制度在经济、社会保障以及生存环境等方面均存在不足。关于农村土地、乡村治理过程、产业发展等方面的法律需要进一步创新及细化③。尤其是基层治理监督法律的缺乏和管理体制的漏洞,导致部分乡镇干部钻了制度空子,利用职务之便阻碍真实信息的上传下达,为自身牟取利益,造成某些地区“小官大贪”的局面。而村民由于缺乏法律知识以及制度化的监督渠道,只能选择“上访”或者“忍气吞声”。长此以往,不仅降低了乡村治理的有效性,也损害了党和政府在人民群众心目中的形象。

(四)“数治”机制仍需探索

数字乡村建设是乡村振兴的战略方向,也是推进基层治理体系和治理

---

① 侯宏伟、马培衢:《“自治、法治、德治”三治融合体系下治理主体嵌入型共治机制的构建》,《华南师范大学学报(社会科学版)》2018 年第 6 期,第 141 - 146 页。

② 徐婧:《“三治融合”乡村治理体系的“法治”进路》,《华中农业大学学报(社会科学版)》2022 年第 1 期,第 53 - 63 页。

③ 李新平、胡燕、卢晓莉:《乡村振兴法律制度保障体系构建研究》,《农村经济》2021 年第 3 期,第 18 - 25 页。

能力现代化的重要突破口[①]。近年来，我国数字乡村建设已经取得了初步成果，但对数字化乡村治理模式仍然在探索过程中，依然没有形成成熟的治理机制，主要存在基层治理观念陈旧、数字化治理人才缺乏、村民参与能力不足等问题。

基层治理观念陈旧已经成为制约数字乡村治理发展的重要因素。数字乡村治理变革是推动基层治理体系和治理能力现代化转型的重要突破口。然而，由于部分村干部受年龄、文化、知识等因素影响，导致接受数字化技术比较缓慢，加之部分村两委秉持“防民之口甚于防川”的错误治理理念，因此始终将数字公共平台视为“隐患”，这就导致很多村干部没有真正走数字化群众路线的决心和信心。因此，有些地方数字乡村治理进展比较缓慢。

数字化治理人才缺乏同样制约了数字乡村治理发展。进行数字乡村治理需要复合型人才。这是指既需要了解农村事务，亦需要能够熟练使用互联网技术，具备数字化素养的人才。然而，当前我国一些乡村发展程度不高，基础设施建设不足，教育医疗水平相对落后，很难留下这类复合型人才。其次，城镇化进程使得大量乡村青年流向城市，留在村内的多为老年人和儿童，受限于其文化水平，大多媒介素养不高，要求他们使用智能设备参与乡村事务治理，困难重重。

村民参与能力不足也是制约数字乡村治理发展的重要因素。进行数字乡村治理，不仅需要村两委做好信息公开工作，同时需要村民和村两委形成良好互动。这本质是需要构建一种对话、沟通、辩论的协商民主机制。因此，村民的民主参与能力是决定数字乡村治理成效的重要因素。然而，由于受政治传统、文化水平、媒介素养等多种因素影响，一些村民不敢也不善于在数字公共平台进行表达。这就导致很多地区的数字乡村治理变成了村两委的独角戏，没有村民参与的治理也就失去了治理的价值。

---

① 唐京华：《数字乡村治理的运作逻辑与推进策略：基于“龙游通”平台的考察》，《湖北社会科学》2022年第3期，第52－58页。

第二节 乡村治理碎片化困境概述

一、乡村治理碎片化困境

当前我国基层治理的“乡政村治”模式没有很好整合乡村社会,并且伴随着城市化、市场化对乡村持续冲击,乡村出现了“原子化”“空心化”“离散化”等问题,最终导致了治理碎片化困境。具体表现为治理主体碎片化、治理理念碎片化、治理空间碎片化、信息资源碎片化、事务管理碎片化等。如何应对碎片化困境已经成为当前我国乡村治理的重要问题。笔者聚焦乡村社区层面的治理碎片化困境,因此论述时不再讨论乡镇政府层面因素。

(一)治理主体碎片化

治理主体碎片化是指乡村治理主体之间缺乏协同性,多元治理主体所构成的复合型基层治理结构权责不匹配、功能不互补,无法形成合力。乡村治理主体主要包括村党支部、村民委员会、村民、各类农村社会组织等。当前,乡村治理主体碎片化主要表现为以下方面。

(1)村两委组织机构“内卷化”。乡镇政府对村两委组织结构产生了一定影响,各地政府为了响应创新驱动号召,在农村增设了一系列组织团体,比如网格小组、社区服务中心、新乡贤理事会等。这些机构设置精细化、复杂化,但效能发挥却有限,这就造成了一定程度的组织“内卷化”①,而且部分组织功能互相叠加、职责交叉、权责不明。众多组织机构因政府各部门工作需要而设立,但这些机构之间缺乏协调和分工,这就导致了乡村自治组织过剩,进一步造成了乡村治理低效化。

(2)农村社会组织“游离化”。农村社会组织是指农村合作社、互助组织以及各类公益组织等。吸纳社会组织加入乡村治理共同体,是近些年来国家明确的政策导向,因此农村社会组织是乡村治理中不可或缺的力量。它既可以拓展以血缘互助为基础的传统乡村社会联结模式,又可以为乡村治

① 李三辉:《乡村治理现代化:基本内涵、发展困境与推进路径》,《中州学刊》2021 年第 3 期,第 75 - 81 页。

理赋予新内涵、增添新内容，扮演着乡村社会资本的连接者、农村社会政策的传播者、乡村治理活动的载体和乡村治理评估的参与者等多重角色①。然而，当前我国很多农村社会组织过度自我生长，而且游离于治理体系之外，没有同其他乡村治理主体形成整合和互补，因此不利于建构乡村治理主体间的协同关系。

(3)乡村自治主体“离散化”。伴随着城市化、工业化、市场化对乡村的持续冲击，乡村正面临“流出性衰败”困境。青壮年劳动力流失严重，留守群体大多为老弱妇幼和病残人员等，他们无法承担农业生产、经济发展的重任，也缺乏“自我教育、自我管理”的自治能力，因此导致了乡村缺乏有效自治的主体。另外，随着农业税取消，村干部不再“三天两头往村民家里跑”，村干部逐渐失去了组织力和号召力，村民对村庄公共事务也就逐渐冷漠，村民自治随之流于形式②。综合以上因素，乡村治理主体出现了碎片化困境。

(二)治理理念碎片化

治理理念碎片化是指随着现代乡村治理的多元主体参与，不同组织和个体对于基层治理目标、方式、途径及治理图景意见不一，难以形成共识。治理理念碎片化主要表现为以下方面。

(1)村委会缺乏自治活力，行政化理念倾向严重。废除人民公社体制后，国家权力对乡村基层组织进行了重构，推行村民委员会自治建制并设计村民自治制度③。然而，现实乡村治理实践中乡村自治的行政化倾向比较明显，村民委员会本应成为乡村治理的“头”，却成为了乡镇政府行政的“脚”。法理上乡镇政府对乡村自治主要行使行政监督职能，但在实际执行过程中，可能考虑到乡村自治组织执行制度和落实法律水平有限，乡镇政府往往将村民委员会作为延伸的行政机构，过度干预乡村自治，这就导致村民

---

① 尹兵、郭开宇:《乡村治理共同体构建的现实困境与实践路径》,《农业经济》2023年第3期,第44-46页。

② 李梅:《新时期乡村治理困境与村级治理“行政化”》,《学术界》2021年第2期,第87-96页。

③ 黎炳盛:《村民自治的最初诱因:非集体化改革后农村公共产品供给的失效》,《云南行政学院学报》2002年第4期,第48-50页。

委员会的治理理念行政化倾向越来越严重①。

（2）农村社会组织积极性不高，参与治理意识不强。农村社会组织在乡村治理体系中扮演着重要的补充性力量，拥有内生性的非正式权威，可以促进农村治理的主体多元化，改进农村基层治理方式，对于辅助村民政治参与、推动乡风文明建设、促进经济增长均具有重要价值。然而，由于我国乡村治理有行政化倾向，因此很多农村社会组织均认为乡村治理应属于基层政府和村两委的责任，因此参与治理积极性不高。

（3）乡村文化共同体式微，内生自治动力不足。随着城市化和市场经济对乡土社会的持续冲击，乡土文化的稳定性遭到破坏，乡村共同体开始逐步解体，面临着空心化、原子化挑战。大量人口外流弱化了村民间的利益连接和对乡村共同体的依赖，个体意识的增强也使得共同体的道德准则让位于分散的意识观念，村民对共同体的情感依附减弱②。另外，一些乡镇政府的官本位思想以及村两委的行政化思维无法满足村民真实的文化需求，导致乡村文化供给出现“水土不服”的情况，无法与乡风民情有效融合，更不利于激发乡村共同体的内聚力。以上因素导致村民的文化主体性缺失，自下而上推动乡村治理的内生动力就显得不足。

（三）治理空间碎片化

治理空间碎片化是指在制度变迁和市场经济影响下的乡村物理空间呈现不同功能区交叠、新旧社区并存、贫富地区交错等碎片化现象。物理空间的碎片化进一步影响了乡村政治空间的完整性，乡村的公共文化空间也随之没落并被边缘化。因此，传统的村落空间已经被新型乡村空间形态所取代，封闭、静止、同质的传统乡村正在转变为开放、流动、异质的现代乡村③。针对乡村社会空间的治理也呈现出一种“异质异构”的碎片化特征。乡村治理空间碎片化主要表现为以下方面。

---

① 黄秋红：《乡村振兴背景下乡村自治制度的创新路径探析》，《鲁东大学学报（哲学社会科学版）》2023年第1期，第90－96页。

② 颜德如、张玉强：《乡村振兴中的政府责任重塑：基于“价值-制度-角色”三维框架的分析》，《社会科学研究》2021年第1期，第133－141页。

③ 丁波：《空间治理：空间变迁视角下乡村治理重构》，《云南民族大学学报（哲学社会科学版）》2022年第5期，第102－107页。

(1)制度规划导致乡村空间碎片化。在城镇化发展潮流中,国家制度安排对乡村空间的规划与塑造打破了乡村的行政边界[①],乡村空间由此呈现出复杂化的治理特征。在微观层面,"撤村改居""村改居"等制度规划中进行的土地规划、农地复垦、旧房拆迁等举措改变了村庄原先的空间布局,使得原本熟悉的乡村结构变得陌生且混乱,乡土布局和行政区划的改变也使得原先在村民心中整体统一的乡土空间被分割成碎片,散落在各个城镇制度规划之中,这也为基层治理增加了难度。

(2)基层治理中的乡村政治空间碎片化重构。农村人口流动性增强,大量外出务工村民散落于全国,"乡村精英"也随之流失。乡村自治主体散落在外,基层治理空间被分解为村内和村外两个异质的政治空间。村内,以老弱妇孺为代表的村民的民主意识薄弱,参政议政积极性不高,这使得基层组织的号召力和向心力降低,弱化了党群干群关系。村外,外出村民虽然"心系家乡",但是却没有合适的政治参与途径,在没有社交媒体之前,甚至都无法获取村内的各类政务信息。

(3)乡村文化的公共空间碎片化重现。为了响应"文化下乡"政策号召,各地争先恐后地搭建了乡村图书馆、文化展览馆、文化活动中心等文化公共平台。但众多基于机械化、刻板化设计的公共文化空间脱离了村民传统生活习惯,村民作为文化主体的存在被忽视了,只能作为使用者被动地接受。这不仅无法实现乡村文化复兴,而且对经济资源和文化资源造成了严重浪费。除此之外,现代媒介"下乡"加速了传统文化公共空间的没落。网络文化、都市文化、消费文化大行其道[②],这进一步加剧了乡村文化公共空间的碎片化。

(四)信息资源碎片化

信息资源碎片化是指信息供给端建立的信息系统具有局域性、部门性和机构性的特征。由于信息管理主体分割、信息重复发布、信息资源分配不

---

① 傅才武、李俊辰:《乡村文化空间营造:中国乡村文化治理的空间转向》,《深圳大学学报(人文社会科学版)》2022年第5期,第5-15页。

② 关琮严:《属性转移、边界消弭与关系重构:当代乡村媒介空间的转型》,《新闻与传播研究》2021年第4期,第57-72页。

平衡以及信息与公共事务治理缺乏有机整合,从而导致企业、公民和社会组织无法从中得到有效回应①。信息资源碎片化针对乡村则是指信息发布渠道碎片化、信息交流沟通碎片化,主要表现为以下方面。

(1)村民获取政务信息的渠道存在碎片化问题。我国很多农村缺乏正式统一的政务信息公布平台,这就导致村两委对信息的公开传递非常分散。当前我国乡村政务信息发布主要依赖公告栏和微信群这两种方式。公告栏一般放置在村民委员会大院,调研中村民反映,现在很少有人会关注公告栏信息,除非去村民委员会办事时才会浏览,而且很多外出村民无法关注公告栏信息,这就使得很多村庄依赖微信群进行信息传递。通过微信群发布政务信息的优势是及时、快捷、高效,但是也存在信息过载、不易保存等弊端。而且很多村庄还不止有一个村级微信群,微信群众多常常导致村民错过重要信息,反而使得村民收到的信息相对有限,由于信息无法及时获取导致的干群矛盾时有发生。

(2)村民之间的信息沟通出现碎片化问题。传统乡村有很多公共空间,比如水井、老墙根、广场、小卖部等,而且一般每个村庄都会有一个"总体性公共空间",村内很多信息都会在这个公共空间传播。然而随着村庄离散化,这种"总体性公共空间"逐渐解体,分解成了很多"微型公共空间",这也使得村民之间的信息沟通逐渐碎片化。因此,多数城乡社区只能借助微信群进行互动交流,这种沟通渠道同样存在一定弊端。一是社区内部微信群较多,将社区共同体分割成碎片化单元,不利于培育共同体意识;二是微信群中村民交流的冗余信息太多,这也会导致重要信息呈现碎片化。

(五)事务管理碎片化

事务管理碎片化是指现代化乡村治理格局中存在着错综复杂的事务管理网络。乡村治理的事务管理碎片化主要来自纵向层面,由于作为自治组织的村民委员会承担了很多乡镇政府的行政工作,因此使得事务管理出现了碎片化现象。事务管理碎片化主要表现为以下方面。

---

① 刘天元、田北海:《治理现代化视角下数字乡村建设的现实困境及优化路径》,《江汉论坛》2022年第3期,第116-123页。

(1)乡镇政府与村两委的“委托-代理”关系带来的管理事务多元化。当前,村两委过度行政化加重了事务管理负担。乡镇政府处理很多事务需要借助村两委的“二传手”力量,长此以往,乡镇政府和村两委形成了“委托-代理”关系。同时,乡镇政府对村两委又有指导、管理和监督职能,在压力性体制中占据权威地位,村两委就会面临“权小责重”难题①。

(2)“形式主义”加重基层治理负担。近年来的基层形式主义成为乡村治理现代化的一道障碍。新华社等媒体曾多次痛批“检查频繁、材料论英雄、处处留痕”等基层形式主义现象②。比如当前上级政府对基层的考核中注重“痕迹管理”,这就使得基层不得不将大量时间用于填表。2018年以来,中央多次发文整治基层形式主义③。检查考核名目繁多,而且频次过高,多头重复。这些事务既占用了村干部大量时间,也助长了形式主义和官僚主义。

(3)“政绩竞赛”导致工作事务“错杂化”。各政府职能部门假借“权力下放”等名义在乡村基层开展创新活动。为了实现乡村振兴战略目标并完成各项绩效考核,各部门制定了一系列有关乡村振兴的政策规划,这些项目文件自上而下落实为乡村的报表工作和台账工作,给农村基层事务管理造成巨大负担。但因各部门间缺乏有效的协同治理机制,乡村振兴战略中实施的各种项目主管部门不一、权责划分不明,致使基层工作重复,浪费了巨大的人力、物力资源,最终的制度预期与实际效果也并不对等。

二、乡村治理碎片化成因

现代化乡村治理所遭遇的碎片化困境严重影响着治理新格局的构建以及国家治理体系的完善和治理能力的提升。治理主体缺失、治理资源紧缺、内生动力不足、治理共同体衰落、数字化治理受阻共同导致了乡村治理碎片化困境的出现。

---

① 刘朵朵、张雷:《社区减负增效政策执行因何遭遇阻滞:以宁夏银川市社区减负增效改革实践为例》,《宁夏社会科学》2023年第2期,第74－81页。

② 新华社半月谈记者:《2018,基层治理十大靶点(二)》,《求是》2019年第3期,第70－76页。

③ 李利文:《软性公共行政任务的硬性操作:基层治理中痕迹主义兴起的一个解释框架》,《中国行政管理》2019年第11期,第38－45页。

(一)城市化促使乡村"空心化",乡村治理主体缺失

长期以来,中国城乡二元体制造成了城乡发展的不平衡,以"城市偏好"为导向的资源配置政策造成了城乡间发展的鸿沟,使"三农"处于相对弱势境地。伴随城市化的深入推进,乡村进一步成为"落后"的代名词[①],农村大量劳动力开始外流,中国农村经济社会加速转型,村庄空心化、人口老龄化趋势明显,村民自治主体缺失,这是新时期村民自治面临的最大困境[②]。由于农业生产和乡村建设人才匮乏,导致自上而下的普惠性政策难以落实,自下而上的乡村治理创新缺乏活力,乡村治理现代化转型也难以推进。这种乡村治理主体的缺位,也使得基层民主选举陷入困境:首先是因"乡村精英"的流失,民主决策质量堪忧;其次是治理能人缺位,村级事务管理无人参与;最后则是村民同村庄共同体利益关联降低,民主监督也流于形式。外出村民缺乏渠道行使民主权利,留守村民缺乏参政议政积极性,这进一步默许了一些村庄村两委的懒政和不作为,村务公开不理想、财务公开不透明,村干部的贪污腐败问题也时有发生。至此,乡村社会的治理结构由于治理主体的缺失而难以形成有效合力,因此,需要推进一种"整合式"的制度导向,召唤乡村治理主体回归,激发村民内聚力,协同解决乡村治理结构的碎片化问题,以提升乡村治理有效性。

(二)市场化加剧乡村经济发展凋敝,乡村治理资源紧缺

随着市场经济的冲击,很多乡村的集体经济逐渐衰败。而且因我国人多地少、耕地细碎、传统要素投入较大等劣势,使得农业现代化转型面临很大困难,这进一步瓦解了乡村治理的经济基础。同时,由于农业生产收入少,吸纳就业有限,致使大量青壮年劳动力选择进城务工,因此无法为乡村建设提供人力支持。此外,因资本遵循市场经济原则,这就使得大量资金流

---

① 郁建兴等:《从行政推动到内源发展:中国农业农村的再出发》,北京师范大学出版社 2013 年版,第 15 页。

② 杨春娟:《村庄空心化背景下乡村治理困境及破解对策:以河北为分析个案》,《河北学刊》2016 年第 6 期,第 204-208 页。

入了投资机会更多、劳动力更丰富、利润率更高的城市①，使得城市成为一个“磁力场”，乡村本就匮乏的资金、土地、劳动力资源也被大量吸入城市，有力地推动了城市现代化建设，但也使得农业、农村、农民的发展陷入了困顿。在乡村振兴战略中，即使政策导向转向了优先发展农村农业，但由于资源分配场域和主体存在特殊性与复杂性，分配制度也面临着挑战。在资源输入过程中，一种非正式的资源分配规则开始生效，即“分利秩序”。基于乡村非正式的乡土特征，少数地区的政府官员、政府组织、村干部、资本拥有者、关系拥有者、社会势力、村庄精英等利益主体构建了一种以“权利-利益”为导向的利益分配黑箱。这套分配规则的结果是将国家的公共利益转化为隐秘的私人利益。国家下拨农村的资源未能被转化为乡村治理资源，部分利益主体的谋利行为也进一步弱化了乡村治理能力，以权力为资源分配准则进一步导致了资源分配的碎片化和不公平，农民的被剥夺感增加②。无论是乡村资源先天不足，还是后天分配结构不合理，都加剧了乡村经济共同体的解体。这也将进一步加剧基层治理碎片化。

（三）行政化削弱乡村治理自治机制，乡村内生力量边缘化

随着城市化和市场化对农村产生深刻影响，乡村社会结构发生了重大变化，但乡村治理模式未能与之相适应。长期以来的官本位思想，使得基层政府常常出现管理越位现象，挤压了其他主体参与乡村公共事务的空间。其中，村民委员会及各种自治组织是基层治理体系中不可或缺的主体。但政府的越位管理不利于自治组织功能的发挥。因此，政府自上而下的管理需要结合更多柔性治理手段，在保证治理秩序的同时，增加治理活力③。另外，为了承接政府资源和服务，村级组织的自我行政化趋势也在不断加强。一方面，村两委行政化运作可以提高行政效率和治理水平，促使基层治理更加规范化、专业化。但另一方面，较为僵化的行政化治理方式难以应对乡村

① 姜德波、彭程：《城市化进程中的乡村衰落现象：成因及治理——“乡村振兴战略”实施视角的分析》，《南京审计大学学报》2018 年第 1 期，第 16－24 页。

② 王海娟、贺雪峰：《资源下乡与分利秩序的形成》，《学习与探索》2015 年第 2 期，第 56－63 页。

③ 蔡文成：《基层党组织与乡村治理现代化：基于乡村振兴战略的分析》，《理论与改革》2018 年第 5 期，第 62－71 页。

社会利益分化、多元价值观冲击等复杂矛盾。再加上社会群体参与性不足，村民缺乏多元渠道表达诉求、发泄情绪，致使基层政府不得不直面矛盾冲突，群体性事件时有发生。除此之外，乡村治理行政化也伴随着形式主义、官僚主义弊端。除了承接政府服务工作，上级政府对基层组织的考核和评比也增加了基层工作的负担，村民委员会成为了基层政府的行政助手①。这一行政化趋势也使得村干部脱离了乡土味，其治理权威也遭到一定程度削弱，村民委员会的号召力和组织力相对不足，无法调动村民参与治理的积极性，其自身参与乡村建设时也呈现出既"无心"，也"无力"的状态，形成一种"向上负责，对内脱离"的异化治理结构，乡村治理的内生性力量随之边缘化。因此，进行乡村治理需要一个能够整合多元治理主体的开放式场域，在保证村级治理效能规范化的同时，激活乡村内生性动力，重建各类群体参与治理的主体性，推动乡村治理走出"最后一公里"困境②。

（四）城镇化瓦解乡村传统文化秩序，乡村治理共同体衰落

随着城镇化的发展，村民游离于村内和村外，乡村生产方式发生改变，社会交往结构也由熟人社会转向半熟人社会。这种"离土离乡"的生产生活方式破坏了传统乡村文化存在的基础。此外，随着市场经济的发展，大量商业资本进入乡村，现代性经济结构在促进乡村建设、改善村民生活水平的同时，也改变着村民的生活方式和价值共识。现代性文化冲击着村民的文化共识和价值认同③，传统的乡风民俗被边缘化，乡规民约和道德礼法对个体的约束逐渐弱化，家庭观念和集体意识也随之淡化。另外，村庄空心化带来的乡村文化建设主体的流失与缺位，也使得承载着乡村记忆的传统公共文化空间走向没落，流落在外的村民无法承担乡村文化建设的重任，由于利益关联的弱化，参与积极性也随之降低，而留守村民群体则无力参与乡村文化

---

① 贺雪峰：《村级治理的变迁、困境与出路》，《思想战线》2020 年第 4 期，第 129 - 136 页。

② 刘建平、陈文琼：《"最后一公里"困境与农民动员：对资源下乡背景下基层治理困境的分析》，《中国行政管理》2016 第 2 期，第 57 - 63 页。

③ 张鸿雁：《"文化治理模式"的理论与实践创新：建构全面深化改革的"文化自觉"与"文化自为"》，《社会科学》2015 年第 3 期，第 3 - 10 页。

建设，乡村公共精神秩序随之“坍塌”，乡村治理共同体也逐渐走向衰落[①]。在此过程中，行政化的乡村文化治理模式未能真正立足村民内心需要，反而消除了乡村文化地域性、多样化特点，也挤压了乡村优秀传统文化的生存空间，使得真正的乡村文化主体游离在乡村文化建设之外，乡村文化也被异化为一些基层政府的绩效成果和经济目标[②]。因此，乡村文化共同体建设需要一个能够连接外出乡民、吸引留守村民的新型文化公共空间，以重塑村民的文化主体性，重建村庄的精神家园，激发乡村治理共同体的生命力。

（五）官僚化掣肘乡村信息资源赋能，乡村数字化治理受阻

随着乡村发展的日益现代化，乡村社会结构开始朝着多元化方向发展，基层政府面对的社会环境也日益复杂。我国政府部门长期以来将科层制视为组织机构的理想模型，但科层制所推崇的专业分工造成了职能部门的分化，形成了条块分割的局面，最终则表现为某些政府行政工作日益官僚化。缺乏弹性的官僚化运作模式不仅难以应对基层治理的复杂环境，也制约了政府官员发挥创造性和自主性[③]。尤其在面对多元、高效、智能的信息化浪潮时，官僚化更成为一种掣肘力量，阻碍了乡村建设的数字化转型。在绩效考核的压力之下，乡镇政府会采取策略式的变通行为，以“不出事”的敷衍逻辑应对项目考核的硬指标。而乡村数字化建设是一个复杂的系统工程，基层官僚化运作机制难以有效承接数字化技术的嵌入[④]，最终导致数字基础设施建设滞后。数字化基础条件不足，意味着基层进行数字乡村治理的水平相对低下。与此同时，在“绩效竞标赛”影响下，信息管理平台建设如火如荼，但一些平台后期运营效果不够理想，最终沦为了政务公告发布平台；由于没有建立良好的互动沟通机制，因此导致村民的信息需求得不到回应，从而降低了信息服务的有效性。除此之外，因数字乡村建设的高时效性

---

① 吕宾：《乡村振兴视域下乡村文化重塑的必要性、困境与路径》，《求实》2019 年第 2 期，第 97－108 页。

② 吕宾、俞睿：《乡村文化自信培养困境与路径选择》，《学习论坛》2018 年第 4 期，第 66－73 页。

③ 黄建红：《三维框架：乡村振兴战略中乡镇政府职能的转变》，《行政论坛》2018 年第 3 期，第 62－67 页。

④ 江维国、胡敏、李立清：《数字化技术促进乡村治理体系现代化建设研究》，《电子政务》2021 年第 7 期，第 72－79 页。

和紧迫性,基层组织短期内难以培养内生性技术人才承担信息化建设和治理工作,只能依靠下派干部或组建外聘的技术人才队伍来推进数字化建设。在此过程中,随着技术型行政人员进入村庄,经验丰富的内生型村干部逐渐退出乡村治理舞台。一些缺乏"乡土味"的技术型行政人员却难以完全融入乡村社会,也难以建立治理权威,这就弱化了数字化乡村的治理效能,从而也使得数字化技术没有真正发挥整合乡村的作用。因此,数字化乡村治理需要一个整合式的开放信息治理平台,这个平台可以赋权公众,使得公众真正成为新乡土文化的主体,确保多元主体充分发挥治理效能,实现乡村善治。

第二章

小溪村数字化治理机制及元分析

第一节 案例概况

一、村庄简况

小溪村位于湖南省湘西土家族苗族自治州泸溪县潭溪镇西南部,全村总面积 11.5 平方公里,分 4 个村民小组和 9 个自然寨。截至 2021 年 12 月 31 日,全村共有 332 户 1319 人。其中土家族人口占 89.5%,苗族人口占 10.2%。建档立卡户有 143 户 544 人,当时贫困户占全村人口的 40%。全村荒地多、水田少、经济结构单一,村里主要以种植水稻、烤烟,养殖猪牛为主,无集体经济,收入主要靠劳务输出,以前是一个典型的深度贫困村。笔者于 2018 年 3 月首次前往小溪村调研,那时村里的主路既没有扩宽,也没有硬化,走访过程中遇到的很多人家居住的依然是木质房屋,四处走风,想必冬天不会太暖和。由于多数青壮年劳动力外出务工,因此村内以留守老人居多,脱贫攻坚压力较大。国家精准扶贫战略实施以来,湘西土家族苗族自治州教育和体育局成为了小溪村的脱贫帮扶单位,教育和体育局派出了帮扶队长年驻扎在村里开展精准扶贫工作。

二、治理困境

随着城市化、市场化、工业化对农村的持续影响,我国中西部很多农村都面临“空心化”问题。小溪村以前作为一个深度贫困村,“空心化”问题更为严重,70%的青壮年劳力外出务工,当然,这对他们来说也是无奈之举。村庄因受土地资源有限影响,产业发展极为困难,只能背井离乡外出打工,然而村民越是大量外出,村里产业发展就越困难。这是不少贫困村以前在脱贫过程中面临的“恶性循环”困境。“空心化”村庄带来的还有留守老人和留守儿童问题,年轻父母不得不选择外出务工,只能将孩子交给年迈的爷爷奶奶。因此外出村民与留守老人和孩子的情感失联问题就成为很多“空心化”村庄的弊病。除此之外,小溪村在 2016 年以前还面临村两委组织涣散、村务透明度低、群众满意度不高等问题。贫困又毫无生机,这使得小溪村暮气沉沉,村民普遍对村庄缺乏认同,这更加抑制了村庄发展。

三、引入"为村"平台

2015 年,"为村"平台在向全国推广过程中,湖南湘西成为了第一个落地区域。湘西扶贫办公室根据湘西州委、州政府关于"互联网＋湘西"统一部署,启动了"互联网＋贫困村"扶贫开发模式——"湘西为村",先后分批次共有 100 多个村庄开通了"为村"平台。湘西在"为村"平台推广早期属于较大规模开通的区域。小溪村就是在湘西推广"互联网＋贫困村"背景下开通了"为村"平台。2016 年小溪村完成了村两委换届工作,新成立的领导班子平均年龄 40 岁左右,他们主动对接湘西"为村"平台,开启了"互联网＋乡村"模式。

第二节　媒介再造治理共同体

2019 年 10 月党的十九届四中全会提出"建设人人有责、人人尽责、人人享有的社会治理共同体"愿景。但是,就乡村治理而言,乡村共同体"空心化"现象仍然较为普遍。由于乡村内聚力薄弱,村民参与不足,乡村治理仍然离不开党政组织的大力推动。这一共同体衰弱现象被称为"区而不社"①。数字公共媒介则为乡村多元主体进入共同治理场域提供了空间。"为村"平台的规则设计使得村两委成为重要的治理主体。不过,"为村"平台作为一种参与式媒介,赋予村民参政议政权利,使得他们也可以参与到乡村治理之中,从而打造了媒介治理共同体。

一、村两委成员

小溪村村两委成员均入驻了"为村"平台,笔者主要介绍在"为村"平台中发挥重要作用的两名成员。一名是村支书张仁,一名是村综合治理专职干部方远。

---

① 顾东辉:《从"区而不社"到共同体:社区治理的多维审视》,《西北师大学报(社会科学版)》2021 年第 6 期,第 89－97 页。

(一)村支书张仁

2016年,小溪村村两委换届选举,张仁当选为小溪村党支部书记。2016年以前,他还是一位服役军人,服役期间,曾荣获优秀班长、优秀党员称号,并获得两次三等功。张仁的军旅生涯不仅令他此生难忘,而且还影响了他孩子的职业生涯,他的两个儿子先后在2014年和2016年参军入伍。临行前,他对每个儿子都悉心嘱托"服从命令,刻苦训练,安心服役,保家卫国"。不过,更让他担心的还是小溪村村民的脱贫致富问题。自担任村党支部书记以来,他始终重视村集体经济和产业发展。在张仁的带领下,小溪村村两委积极对接杜仲种植项目以及油茶项目,为贫困户带来了一定增收。同时,他还积极推动"为村"平台发展,借助"为村"平台开展党务、村务、财务公开,"阳光政务"让村民更加信任村两委,村庄凝聚力逐渐提升。2018年在山东省菏泽市举办的首届腾讯"为村"大会上,张仁因支持"为村"平台发展荣获了"为村互联网人才培训奖"。

(二)村综合治理专职干部方远

方远在小溪村村委会担任综合治理专职干部,同时也是小溪村"为村"平台管理员。他是小溪村第一批外出务工回乡的村民。1999年高中辍学后,他前往了广东省揭阳市。经他母亲介绍,进入了一家五金厂打工。五金工不是技术工,随时面临失业风险,一年以后方远离开了五金厂,去学了三年木雕。之后他自己当工头、带徒弟,还开过一家加工厂。然而,随着在农村的孩子一天天长大,他开始惆怅起来。很长一段时间他都在自己孩子的未来和城市就业机会之间摇摆。最终他决定回到小溪村,方远说:"我自己就是一个留守儿童,我不希望我的孩子还成为留守儿童。如果不是孩子,我会继续留在城市。回到村里的我能做什么呢?"当笔者在访谈中获知这个信息时,才明白了为何小溪村"为村"平台中有那么多留守老人和儿童的照片和信息。正是因为他个人的独特经历,才使他非常关注小溪村的"情感失联"问题。2017年,在张仁的劝说下,方远将工厂转让,回到小溪村当起了"为村"平台管理员。尽管当管理员一年的补贴还不及过去一个月的收入,但他乐在其中。在方远的努力下,小溪村"为村"平台逐渐在湘西的"为村"

平台中脱颖而出。小溪村最终成为了全国知名的“为村”村庄。2018 年，方远被“为村”总部聘为全国“为村”平台助教，不仅负责小溪村“为村”平台运营，而且还负责带动其他村庄“为村”平台的发展。

二、数字化村民

2017 年，小溪村“为村”平台上线后，接下来的推广工作却让村两委“倍感头疼”。全国各地“为村”平台在上线之后都会经历一个“村民认证”阶段。“为村”平台实行实名认证，需要村民提交真实姓名、身份证号以及手机号码。因此，“为村”平台的“村民认证”实则是搭建网络社区结构的过程。“刚开始大部分村民对‘为村’平台不感兴趣，甚至有人还以为是一种传销手段。”村支书张仁说，最初在推广“为村”平台时，关注量和使用率始终上不去。

小溪村在推动村民认证过程中形成了“一极多中心”的组织结构。“一极”是指以村两委班子为核心的组织结构，其中方远在小溪村“为村”平台运营和管理中发挥了核心作用。“多中心”是指小溪村招募了 4 个“为村”平台志愿者，每个志愿者负责 1 个村民小组的“为村”平台推广工作。他们在各自负责的区域内同样发挥了重要的带动作用。

2017 年 8 月，小溪村“为村”平台上线，方远被委任为小溪村“为村”平台管理员。对于“为村”平台这个新鲜事物，方远感到前所未有的紧张。他把管理员指导手册反复看了无数遍，焦虑得经常在凌晨惊醒，满脑子都是想着如何才能把“为村”平台的理念灌输给村民，并将其巧妙地推荐给村里人。那段时间，方远逢人就介绍“为村”平台。遇到村里老人就说：“阿婆，把老人机换了吧，用智能机能进群唱山歌呦。”方远要是去菜市场买菜，菜贩给他出示付款二维码，他也顺手拿出“为村”平台二维码“求关注”。买衣服时，为了让售货员关注，他自己还得多买一条裤子。即使是吃个炒粉，他不仅让店主关注，还跑到厨房让厨师关注。小溪村村民说，这都不算什么，村里办喜事时，“为村”平台二维码要作为“拦门”的重要关卡，不扫码，媳妇娶不走。吃个酒席，新郎新娘敬酒，他跟在后面让大家扫码。一些村民说，只要和方远同行，他就唠叨“为村”平台，介绍个没完没了，完了还让大家注册，嘱咐要发帖子。为了宣传，方远甚至在“为村”微信群里唱起了自己编的“为村”山歌。

每天,他强迫自己编出简短、亲民又富有感染力的“段子”,抓住黄金时间发到小溪村“为村”微信群,鼓励村民加入“为村”平台。久而久之,他被小溪村村民冠以“广告人”称号。方远回忆说:“现在想起那时自己真是‘不要脸了’,恨不得左脸刻‘关注’,右脸雕‘认证’,额头文一个‘为村’平台二维码。”不过,这些工作没有白做,那段时间,小溪村“为村”平台的注册人数、发帖量、点赞数、评论数激增。

方远为了让更多人尽快加入“为村”平台,他招募了4个平时比较积极的村民做“为村”平台志愿者。方远给他们安排的任务就是“拉人入伙”。这4位志愿者分布在小溪村的4个村民小组中,他们同样借助自身的社会关系给自己所在村民小组的村民介绍“为村”平台。由于小溪村“一极多中心”组织结构发挥了较大作用,因此在“为村”平台上线一个月后,“认证村民”人数就迅速增加到了300多人,小溪村“为村”平台的网络结构基本形成。在“为村”平台认证村民的过程即村民数字化的过程,这为村民参与村庄公共事务奠定了基础。

第三节　数字乡村治理路径

随着“为村”平台初步搭建,“为村”平台逐渐成为乡村治理的重要工具,从强化交流、建构共识、促进行动等三个方面影响了乡村治理。

一、强化交流:建构交流共同体

基于数字公共媒介的交流可以分为纵向和横向两个维度。纵向维度是指村民和村两委的交流。横向维度是指村民之间的互动和交流。

(一)纵向交流

1. 党务政务公开信息吸引村民关注

小溪村“为村”平台上线一个多月以后,正赶上村两委公布“小溪村精准扶贫户新建危改房名单”。管理员方远没有做一份专门针对“为村”平台发布的网络版名单,而是对着公告栏直接拍了两张照片就发到了“为村”平台。然而令他没想到的是,这条信息获得了“为村”平台上线以来最多阅读量和评论量，村民围绕这个话题展开了激烈讨论。

向远能：这个好，终于让我们在外打工的也能看到这些信息了。

周同元：评选标准要改进！

师远福：请大家放心，馒头会有的，豆浆会有的，无房户和低保户都会有保障！

缑元同：看都不看就知道没有我。

李远祥@缑元同：莫要灰心。

韩远离：方远，怎么没有我家的新建房。

王远高：大家慢慢来，都会有的！

郝民久：现在还是比以前好一点。

方远回忆说："这是第一次把村务信息发布到'为村'平台，虽然大家有不同的声音，我觉得可以理解，毕竟任何政策和决策都会有人得利，有人受损。你还不让人家说几句话？我觉得这都正常。但更触动我的是，我知道村民更加关注'为村'平台中的党务公开、政务公开以及财务公开这些板块的信息了。"经过这次"风波"，张仁明白了，过去之所以村务透明度低、群众满意率不高，原因就在于信息沟通不畅。他说："村民居住很分散，同时还有大量村民外出务工，7天的公示时间，能看到的村民很少。现在通过'为村'平台，天南海北的村民们都能看到了。"

根据小溪村"为村"平台后台统计，自2017年8月7日，"为村"平台发布"新建危改房名单"以及"低保户名单"之后，7天新增了113位认证村民。这些认证村民有村庄内的留守村民，但更多的是外出务工人员。方远说："这比我们几个挨家挨户向村民推销'为村'平台容易多了。"经过大家集体努力，小溪村"为村"平台认证村民人数598人，关注人数1354人，基本上实现了关注"全覆盖"。

当前，我国中西部农村外出务工村民较多，不过他们依然关心村庄事务，尤其是那些和自己利益息息相关的信息，只是以前没有途径获知这些信息。如今互联网为外出务工村民关心村庄事务提供了便利。小溪村"为村"平台上的一段话具有了总结性意义，内容如下。

这是很多村民都在一如既往做的事!那就是询问和关心相关政策与村务,今年发鸡苗吗?今年还发放猪仔吗?今年的低保会有变动吗?公路扩宽为什么还没有完成?今年的房屋新建政策是怎么一回事?我家的土地复垦补助怎么还没有发下来?我家的房子已经够烂了,可以来看看吗?还有的,省略中……

我想,您可以选择"为村"平台,如果需要得到更权威的信息,或是要让您的疑问留有痕迹,确保不被遗漏,请发布在"为村"平台上的(书记信箱),村两委班子将通过"为村"平台这个桥梁,倾听父老乡亲的声音,丰富沟通内容,改善干群关系,更快捷地为广大村民服务,希望大家可以共同勉励、共同参与,构建和谐美好的网络家园!

2. 村两委向村民展示工作动态

干群关系矛盾是当前我国基层存在的普遍问题,干群关系本质问题是利益关系。这与部分干部作风漂浮、村务财务公开力度不足以及干群之间缺乏沟通有一定关系。小溪村"为村"平台开通以后就成为村干部工作展示的平台,走访、开会、调查等各类工作动态都会发布在"为村"平台上。正是因为这些工作展示,让村民了解了村干部的日常工作,而了解是化解干群矛盾关系的基础。有一天,方远在"为村"平台上发布了一张村民民主生活会的照片,很快就吸引了500多人浏览,并有100多条评论,远在浙江温州务工的村民马佩激动地在村友圈里说:"看到我妈妈了。"管理员田建友对此也深有认知,他说:"有了'为村'平台,小村开会天下知。"

小溪村"为村"平台管理员方远作为一名曾经外出务工的人员对此有着深刻理解,他在"为村"平台发帖介绍了通过"为村"平台了解村务的重要性,具体内容如下。

"为村"平台有多好?对我们到底有多重要?请允许我在这里"吹一下牛",刷一下屏!"为村"平台是我们村庄的名片,可以连接在外打工的村民,可以参与乡村治理,这都与我们息息相关;村委班子和驻村工作队都干了些什么?村民又会有什么样的诉求?太多太多了……这些可以在这里看得到,当然,关注或认证的村民可以直接参与一把。

记得我在广东打工的时候，走出去了那么多年，对于村里发生了什么，又有什么样的政策全然不知！而现在，通过“为村”平台，村务公开已经成为了常态化，村两委工作也将更加透明，很多事情我们还可以在“为村”平台上办理……

方远说：“‘为村’平台是一个公开的平台，很多信息都会被暴露在阳光下面，里面发布的信息具有公信力，这就要求领导干部一定要经得住考验。”

“为村”平台的“党务公开”“村务公开”“党员日记”“振兴日记”等很多板块都可以供村民了解村两委的工作动态。由于“为村”平台的开通，村两委的工作作风和工作方式有了很大变化，而这也有利于化解干群之间的矛盾。没有“为村”平台之前，村两委的工作动态很难及时传达给村民，村民们也不知道干部每天在做什么。久而久之，很多村民就会误以为村两委不作为、不做事。“为村”平台使得村民能够随时了解村两委的工作状态，这也让村民们对村两委工作有了新的认识。村民们也开始在评论区留言“村干部辛苦了”“村干部不容易”“你们真心为村里做了很多事”。村支书张仁对此有着更深的理解，他说：“误会是因为不了解，‘为村’平台让村两委有了更多展示的机会。‘为村’平台是了解村务的新窗口、沟通交流的新阵地，推动了全村情感相连、信息相连，打通了服务群众的‘最后一公里’，群众满意度得到了很大提升，这在以前是很难做到的。”

3. 村两委向村民征求意见

小溪村以前作为深度贫困村，村庄主路因资金短缺长期没有得到硬化，这给群众出行带来了极大不便。经过村干部的努力，发展了油茶产业，使得村庄具备了修路的资金和条件，这也是小溪村百姓翘首期待的事情。但是根据上级通知，此次修路没有征地补偿款，村两委商议决定在“为村”平台上向村民征求意见，了解村民对此事的看法。

2018 年 11 月 7 日，方远在“为村”平台“问卷调查”中发起了一个“我对主路拓宽有话说”的帖子，征询村民的意见，帖子内容如下。

此问卷调查旨在了解村民对小溪村主路拓宽的真实想法（根据上级通知，小溪村主路拓宽没有征地补偿款）。项目已开工，望各位父老乡亲多多建言献策、广提建议。

由于扩路占地涉及村民的切身利益,因此反馈意见的人员很多。首先有村民对是否有征地补偿款还是表示怀疑,一位名叫张明华的村民问:“上面有占地补偿吗?”方远看到后立即回复“上面没有占地补偿”。调研中,方远说:“占地在农村是大事,占地补偿也是村民最关心的事情,村民多问几句很正常。”随后又有村民怀疑是否已动工,一位名叫李维军的村民说:“又没有见开工,就天天在说,有什么用?发张图上来看看。”随后,方远回复道:“已经开工了,挖到杆子坝了。”村支部书记张仁说:“这个征求意见帖刚发上去时,确实有人在质疑、抱怨,这其实都正常,无偿占地谁都不高兴。”当然,还是有很多人发表了建设性意见。一位叫刘玉利的村民说:“希望能拓宽的地方尽量拓宽些,把淤泥清理掉,危险性很大。”方远回复说:“是的,现在阴雨连绵,是很危险的。”还有一些村民对拓路难提出了意见。一位叫向昌审的村民说:“有的地方有好多房子,能宽到哪里去?有点难。”向远福持有同样疑问:“迟来的‘爱’,改变不了什么了!还能宽的了吗?路边有那么多房子,搬掉还是改路?”方远回复道:“能拓宽的地方还是要宽啊,不能拓宽的地方毕竟很少啊。”

村民怀疑归怀疑,还是有些人提出了实质性建议。有人提议对待拓宽主路要认真,刘叙说:“拓宽是好事,还是希望大家能支持,但是也希望是统一拓宽,而不是有土的地方刨几下,稍稍有点难的地方就绕过了,那样就没意思了!”还有人提议要村干部做到公正。向明凰认为:“主路拓宽是全村百姓的福利,但领导们要做到公平公正,不要搞小动作。”还有村民对村两委开展工程的周期提出了异议。龙明周认为:“拓宽主路是一件好事,希望不要像支路硬化一样,工期漫长。”还有人对工程质量提出问题,向明余认为:“主要是拓宽和质量问题,其他没有太多考虑。”向远照直接用反问的方式对质量提出了要求:“这回能用几年?”亦有村民希望能够尽量拓宽,向民恒说:“能拓宽的尽量宽些。”

当然,更多人对此次扩路表示支持。符水莲说:“为我村拓宽主路是每一位村民的福气,国家都愿意花钱,就算要出力都应该,占用了一点地而已,希望大家能够理解支持,不要只看眼前,要为子孙后代着想。”郝民宇认为:

“主路拓宽功在当代，利在千秋，望村干部与村民多多沟通，希望村民积极配合，大家一起努力吧！”持同样观点的还有向明顺，他认为：“拓宽村级路是好事，并不是坏事，希望村民们能让的就让，这是子孙后代的福祉，前人栽树，后人歇凉。”还有村民引用“六尺巷”故事劝说村民把心放宽，才能把路拓宽。向明祥说：“千里书信只为墙，让他三尺又何妨。万里长城今犹在，不见当年秦始皇。”

2018 年 12 月 15 日，小溪村“为村”平台公布了参与“我对主路拓宽有话说”活动的 103 人名单，并且给他们赠送了奖品。很多村民在评论区留言对这次活动进行了评价，如“广大村民积极参与，共同建设美好家园”“活动搞得好，再接再厉”“实现理想，努力拼搏”。从“为村”平台评论可知，村民有抱怨、有指责，但是更多的还是理解和宽容。村支书说：“通过这次调查，我们听到了不同声音，虽然有质疑，但是这正是督促我们干好这件事的关键。”其实，更为重要的正是这次活动的主题——让村民“有话说”，这是基层民主的重要体现方式，也是村民参与村务的重要体现，而“为村”平台则为更多人说话和表达提供了机会。

那段时间，村两委担心道路修建过程中会因占用村民自留地而遇到阻挠。然而让张仁没想到的是，这次工作开展得异常顺利，村民没有因为自留地被占而上访，而且还表示宽容和理解。张仁给笔者讲述了一个故事。2018 年 10 月 24 日，那天已经是深夜，他接到了一位老乡打来的电话，他说：“我在‘为村’平台上看到你们已经动工修路了。咱们村有产业了，终于有钱修路了。现在已经挖到了我家自留地。你们怎么不挖宽一点，挖掘机一走就没有机会了，你明天要亲自去指挥，让挖掘机倒回来，我一定要看到这条路经过我家的自留地足够宽。”张仁说：“我这个人很少感动，但是那天晚上我真的被感动了。”当天晚上，张仁就在“为村”平台发布了一条标题为“让我怎能不感动”的帖子，点名表扬了小溪村第四组村民杨元营。湖南省湘西扶贫办工会主席说：“这样一个深度贫困村的村民开始不计较个人得失，关心集体发展，我想这和这几年来小溪村‘为村’平台管理团队的努力有很大关系。‘为村’平台里的正能量正在感化人。”

4. 村两委因工作失误向村民道歉

当然，“为村”平台不仅仅是完全展示村两委正面形象的平台，村两委遇到问题也可以通过“为村”平台和村民沟通。2018 年 3 月 9 日，方远在“为村”平台上写了一封道歉信，对在组织村民选举村民组长时的失误和负面情绪进行了道歉。

2018 年 3 月 8 日，因村支书张仁当时工作比较忙，他就委托方远先组织一组[①]村民选举村民组长事宜。方远说：“当时村支书把这个任务交给我的时候我也没有想太多，村支书说让我先去热热身，我想选组长嘛，公开投票，公开竞选，这个事也不会太难，然后我就自己一个人过来了。因为村支书比较忙，他就没有过来。”方远到达现场后，部分村民就说：“怎么村支书都不过来，这不是明摆着对一组不重视。”事后，村支书张仁说：“虽然村民组长不是一个多大的官，但是毕竟关联很多人，村支书不去有些不太妥当。”方远听到村民异议后也没有太在意，毕竟一组村民已经全部到场，不进行选举也不太合适。随后，方远就仓促让几位村民把选票发了下去开始让大家填选票。本来就对村支书不到场感到不满意的村民又被一件事情“惹恼”了，起因是部分不会写字的村民委托其他村民代填选票，但是有几位村民就认为这种做法不合规，那些不服气的村民就开始对方远嚷嚷，方远也因情绪激动就和村民们吵了起来，导致现场一度混乱，最终只能宣告选举失败。

当天，方远冷静下来后，他觉得问题还是出于自身，自己确实对选举规则不了解，没有传达完选举会议精神就草草开始选举有失妥当。第二天，方远到和他争吵过的村民家中进行了道歉，双方很快达成和解。随后，方远认为还应该给村民们一个答复，他决定在“为村”平台上写一封道歉信。方远说：“我当时有一种预感，很多村民针对这件事情可能会东猜猜，西猜猜，东说说，西说说，有人还可能觉得我在背后搞阴谋，有什么利益牵连，是不是有暗箱操作。如果不写这个致歉信，那就把大家关系搞生疏了，以后想解释都不好解释了，所以要给村民一个答复。”道歉信内容如下。

---

① 小溪村有 4 个村民小组，此次选举村民组长的是“一组”。

道歉信

尊敬的各位父老乡亲，大家好！对于昨晚小溪村一组评选组长失败一事，我在这里向大家致歉！在会议精神没有传达完整的情况下，就开始填写选票，确实考虑欠妥！而后，又因为我没有控制住情绪，有伤和谐——不仅损害了邻里难得的和睦，还造成了干群关系的进一步恶化！难辞其咎！这是一场没有深思熟虑的会议，是一场十分混乱不堪的会议，是我没有执行与规划到位，造成工作受阻，非常遗憾！另外，今早致歉，得到极大的包容，让我十分感动！承蒙大家的厚爱与支持！感谢大家的积极参与和广提建议，我们将吸取教训，努力完善接下来的工作！

方远

2018 年 3 月 9 日

道歉信发布以后，村民非常认可，这让方远一直悬着的心落了下来。方远说："这件事情虽然不是很大，但是'问题'却大得很。我一写出来之后，大家一看就知道是怎么回事，不会再瞎传。随后很多一组村民见到我后还是有说有笑，没有隔阂。我作为一名工作人员，有我失误的地方，我在'为村'平台上公布道歉信后，我整个人都坦然了。"

三四天以后，小溪村村两委再次组织了一组村民组长选举，这次和上次直接选举不同，而是采取了先选举村民代表，再通过村民代表选举村民组长的方式。此事很快得到了圆满解决。这件事以后，村两委更加深刻认识到了"为村"平台对于化解干群矛盾的价值。

5. 村民在"为村"平台中表示村两委的不易

赵明起是小溪村的一位村民，因为工作需要，邀请他来村里协助处理精准扶贫填表工作。这也让他知道了村两委的工作不容易。2018 年 6 月 13 日，他在"为村"平台"书记信箱"写了一封信，表达了自己对村两委工作的新认知，具体内容如下。

今天有幸参与了精准扶贫填表工作，才真实感受到村两委班子和驻村工作队的不易。这仅仅是万头工作的一环，却足以让人眼花缭乱……真是难以言表！各位辛苦了！

长久以来,很多地方的村民都会对村两委或多或少存有偏见,认为村干部不干事、不担事。当然,某些地方可能确实存在此类问题,部分干部缺乏责任意识和服务意识,给村民带来懒散、不作为的印象。但更多情况下,村民对村两委的负面印象还是源于了解不够与沟通不足。赵明起通过这次参与精准扶贫填表工作,不仅自己知道了村两委的难处,这封信也让其他村民对村两委有了全新的认知。虽然村两委成员每天在“为村”平台展示工作,确实能让村民更加了解村两委的工作,但是赵明起从普通村民的角度向大家表达真实体验更具有说服力。

基层工作不易,尤其是涉及群众利益的事情就可能引起矛盾。因此村干部能不能及时公开信息,能不能公正处理很重要,这都对村干部提出了要求。调研中,小溪村驻村工作队队员陈曦说:“‘为村’平台的村务公开信息很重要,这其实是架起了村民和村两委沟通的桥梁,可以化解很多猜疑。”自从小溪村开通了“为村”平台,村务有了新的公开渠道,不再将信息仅仅公布在村委会门口的村务公告栏中。“为村”平台的公开信息不仅可以让远在外地务工的村民看到,而且还能保存较长时间,这无形中也给村两委带来了挑战,倒逼村两委改变工作作风,构建良好的干群关系。

笔者在各地调研以及在各个“为村”平台浏览中发现,“为村”平台确实促进了干群交流,缓和了干群矛盾。湖南省湘西土家族苗族自治州茶市村村支书持同样观点,他认为:“我们要主动把我们的工作展示出来,让广大村民了解我们的工作,从而改善干群关系。”但是“为村”平台绝不是万能的平台,村庄的矛盾依然存在。即使是在开通两三年的“为村”平台中仍旧能够看到很多显现出来的干群矛盾。然而,在这个数字时代,数字公共平台的价值也许正是让这些矛盾显现出来,从而发挥“减压阀”的作用。

(二)横向交流

1.“为村”平台:新的赶集场

“为村”平台作为一种参与式媒介,能够深度嵌入居民生活,为多数人的日常表达提供空间。“村友圈”是小溪村“为村”平台中非常活跃的一个板块,上面发布的内容都是村里的老人孩子、乡间美丽风景、一次集体活动、一场家庭聚会等日常生活记录。“为村”平台像多数社区媒体一样，没有重大新闻，只有社区“小新闻”。但正是这种日常而琐碎的表达可以产生催化效应，为社区认同提供载体，同时为形成新的社区关系奠定基础。

小溪村“为村”平台刚刚上线后，很多村民都不知该在平台发布什么信息。因此，很长一段时间，小溪村“为村”平台活跃度不高，除了管理员方远，真正坚持发帖的村民并不多。因此，如何调动村民发帖积极性就成了小溪村“为村”平台上线后的一个重要任务。最初，方远也不知道什么样的帖子受欢迎以及如何带动大家发帖。他能够做的就是每天坚持发帖。方远的做法是有什么就“晒”什么。最初，方远喜欢“晒”村里的山水和花草。据方远回忆，只要在村里碰到好看的风景都会停下来拍摄，然后发布到“为村”平台。一开始村民们只是点赞和评论。随后，很多村民开始跟进效仿，在“为村”平台中“晒图”。“晒”的内容也逐渐变得五花八门，一顿晚餐、一次赶集、收割庄稼、朋友聚会等应有尽有。由于“晒图”容易操作，不需要太多文字表达，因此很快“晒图”成为小溪村“为村”平台的一种风气。随后，还有很多年轻人开始“爆照”，将自己生活工作中的照片发到“村友圈”，这些帖子更容易获得关注和点赞。有些在外务工的村民还将自己在大城市工作和生活的照片发到“为村”平台。这个风格一直延续至今，直到现在村民还经常在“为村”平台发布自拍照。方远逐渐明白了“为村”平台只有“报道村里的人和事”，才会获得更多关注。正如他在“为村”平台上所说：“‘为村’平台上有留守的孩子，有空巢的老人，有生病的村民，有来访的朋友，还有春耕，有花开，有乡间的温暖，有村民的努力奋斗，点点滴滴，毫无遗漏。”虽然这些事在外人看来琐碎且毫无意义，但是村民却能在这些小事中体会到家乡的温暖。小溪村妇联主席在“为村”平台发帖说：“‘为村’平台里虽然都是家长里短的内容，但是这些信息却连接着故乡的父母妻儿，拉近了彼此之间的距离。”

“为村”平台赋予村民媒介接近权，使村民体认到个人亦能参与信息生产，通过传播参与公共生活，并影响公共生活。调研中，村民符春艳说：“自从有了‘为村’平台，邻里更热闹了，气氛更和谐了，乡风习俗也更浓了。”在“为村”平台上，虽然也会有人发布一些社会问题，甚至国际问题，但是这些内容无法成为村民关注的焦点。只有那些和村民息息相关的信息才会获得广泛关注。这些信息在外人看来鸡毛蒜皮、微不足道,但正是这些“小事件”勾连了城市与乡村、村内与村外、亲情与友情。正是这些“小新闻”连接了“大世界”,让留守村民互动更为紧密,让外出务工村民更关注家乡。村支书张仁说:“‘为村’平台成了新的赶集场。”如此,村里的大小事通过“为村”平台,都可以分享给每一个网友。这就是“为村”平台的魅力。在当前流动性增强的背景下,这类在线日常互动对于重建社区联结具有重要的社会意义。

2.“为村”平台:连接家乡与他乡

在小溪村“为村”平台上,管理员方远几乎每天都会发布各类信息,给远在他乡的村民们传递最新鲜的小溪村故事。“为村”平台正在改变村民与家乡的时空距离,也在改变着大山里的面貌。小溪村村两委成员在方远带动下都喜欢在工作走访中拍摄一些有关村民的图片发在“为村”平台上,这虽然只是一个微小举动,但却总能在“为村”平台引起“轩然大波”,尤其是那些在外务工的村民看到自己的父母上了“为村”平台,总是开心不已,不仅在“为村”平台上留言感谢,还会打电话致谢。向远兴是一位常年在外务工的村民,“为村”平台对他而言就是寄托乡愁、连接家与远方的桥梁。

在外地漂泊已经有若干年了,没有结婚的时候,最牵挂的人是父母,结婚以后呢,又多了一份对儿女的思念。对于生我养我的家乡,更是有一种难以割舍的情怀!走在他乡繁华的街头,看着天天忙碌的人们,听着不一样的方言,总感觉那里不属于我们,我们始终只是异乡人!有人会说习惯就会成自然,而这是一种始终水土不服的习惯,是扎根在我们心底无奈的习惯。虽然身在他乡,但是在“为村”平台上,让我们有了家的归属感,有一种前所未有的寄托感。2017年11月29日,“为村”平台上发布了贫困户老人的照片,深深触动了我,心神久久不能平静——不知道爸妈怎么样了呢?他们苍老的脸,时刻浮现在我的眼前,爸爸妈妈真的老了,身体比以前更差了,还要坚持带病干活,拉扯儿女与孙子孙女,而子女却无以回报!——哪怕是过年回家,帮父母干点小农活也行啊!

由于在小溪村“为村”平台经常发布留守村民照片，“为村”平台成为了外出务工村民关注的焦点。然而让方远没有想到的是，村里的老人也会在意“为村”平台上发布的照片。对此，方远为笔者讲述了一个故事。方远说：“有一天我在值班，进来了一位70多岁的老奶奶，村里人都叫她杨阿婆。她住得比较偏远，身体也不太好。她进来就对我说：‘你可不可以给我拍张照片发到平台上呢？我没有智能手机，但是我的两个儿子有智能手机，现在他们都在外面打工。估计最近很忙，很长时间都没有联系我了。我怕打电话影响他们工作。你就把我的照片发到平台上，他们看到我身体挺好就会放心了。’杨阿婆接着说，‘你们有空的时候去我家里坐一坐，我不是为了低保才开这个口。’”杨阿婆说着眼圈就红了。随后，方远就把这个故事记录在了“为村”平台的“村委日记”里。这条帖子获得了600多次浏览，120多条评论。很多村民在文章下面留言祝福老人身体健康。老人的儿子也非常感动，留言回复说：“感谢大家关心我的母亲，以后我也会经常抽空回家看看。”

这个帖子在小溪村“为村”平台发布以后，很多村民意识到原来“为村”平台还有这样的功能。一个外出务工的村民就直接给方远打电话说：“请你帮我也去一趟我家里，和我父母坐一坐，拍一张照片发到‘为村’平台上。我以前很少关注‘为村’平台，以后一定会经常上‘为村’平台点赞、评论，我也会发一些我在这里工作生活的照片，让家里人和家乡人放心。”

方远说，偶尔有村民质疑：“你又要搞什么鬼？现在的通信这么发达，我们想说的话还需要‘为村’平台来传达吗？”当然更多村民这样说：“感谢‘为村’平台，让我们可以在这里说出平时以表达的话语，是‘为村’平台让我们这些身在异乡的游子离家越来越近……”小溪村是一个典型的中西部山村，村内资源有限，村民多外出务工。笔者在村内调研时很难见到年轻人，主要是留守老人和儿童。对于这样一个“空心化”的村庄来说，其实重建情感连接比脱贫致富更关键。远在他乡工作的村民在“为村”平台上可以看到自己的父母儿女，它成为了连接家与远方的一个港湾。农村的兴衰离不开经济的发展，离不开国家政策的扶持。但是，乡村的情感失联与缺失同样需要关注，“为村”平台做的就是这件微不足道，但却意义重大的事。

二、建构共识:建构社区公共意识

(一)培育村庄共同体意识

当笔者写下村庄共同体意识的时候,大家肯定以为笔者是在谈一个学术概念,然而并不完全是,因为这个概念来自小溪村"为村"平台中的表述,来自小溪村村干部的口中。2018年6月7日,泸溪县委组织部部长到小溪村调研精准扶贫及党建工作,随后村支书在"党员日记"里发布了会议记录,其中有几条具有重要意义,内容如下。

"为村"平台的党建之家,可以汇聚在外务工的流动党员,展现风采;可以与村内党员或村民充分交流,畅所欲言。不然,党组织将容易走向涣散。

一个国家是一个共同体,我们的村庄何尝不是一个共同体,这是一种理念,是可以团结村民、与之共存亡的理念。

村支书张仁说:"发展首先要凝心,凝心才能聚力。贫困村更是如此,小溪村外出务工的人多,人走出去了,但是心不能散,我们做'为村'平台就是想借助平台把大家再次凝结为一个共同体,这样小溪村才有未来。"

除了村支书张仁,"为村"平台管理员方远同样希望可以培育村庄的共同体意识,他在"为村"平台中发布了很多帖子,希望营造一种"团结"的氛围,摘录几段如下。

段落1:愿大家每天逛一次"为村"平台哈!是的,我们还须对"为村"平台有一种主人翁的想法,要有更高更好的参与度!"为村"平台属于村集体,是我们广大村民的网上家园,在这里,有村庄的人情冷暖,有村委风采,有扶贫故事,有四季变换,有在外游子遥望故乡的种种情丝……所以,我们要有参与"为村"平台的使命感,把"为村"平台做好一些,也会让我们的村庄更有荣光,村民更加团结,乡村发展更好!也许你的一份努力,甚至只是一个随意的微笑,就会是对村庄的一份代言!"为村"平台将与你同在!

段落2:"为村"平台,是我们村的网络名片,是村庄走向世界的桥梁,是盘活乡村治理的有力推手……如何绘制这张名片?如何宣传村庄?如何建设村庄?需要各位村民的参与,也需要领导的重视。村庄的好与坏,全在大家爱不爱！不要忘了自己的根在哪里，有了“为村”平台，你将不再游离于村庄之外。来吧，在“为村”平台里“认证”，还要让更多的朋友关注我们！每天都可以在“为村”平台里，参加召集令，查阅村务，撰写美文，倾情发帖，放飞心情，展现风采，畅想未来……为生养我们的村庄，献上一份热情、一份爱心和一份力所能及的力量，助力村庄走出去，让自己走出去！

社会学研究者常用“原子化”形容今天中国农村的现状，这其实指的就是共同体消逝的问题。随着社会发展，农村那种人与人之间的亲密关系和交往逐渐不再。虽然个体获得了自由，但是却为村庄发展带来了不利影响，尤其是对贫困的村庄影响更大。以前多数贫困村缺少资源和资金，其实人力资源是最大资本，缺乏共同体意识的村庄不仅自身无法发展，而且在对接国家扶贫资源时也会面临困境。小溪村“为村”平台的开通为营造共同体意识提供了途径，不论是村支书，还是平台管理员以及驻村工作队，他们发布的很多信息和图片其实都在传递这种共同体意识。当笔者通过访谈知道村两委希望传达的意识时，再回过头看那些最初感觉“毫无意义”的帖子时，才意识到村两委的意图。小溪村“为村”平台上的那些“人潮汹涌”的九宫格照片都是在传递着“团结”“一家亲”的共同体意识。

（二）传递田园诗性生活精神

翻看方远在“为村”平台发布的信息，有很多是老人、儿童灿烂的笑容，以及大山、小溪、牛和羊，而且每次还配有精美的文字。这到底在传达着什么样的信息呢？很长一段时间笔者始终感到一筹莫展。

但是笔者从那些山山水水中却能感受到某种力量。直到有一天，笔者看到了一条方远前往帮扶对象家中后发布的一条帖子，才明白那些图片背后的意义。帖子内容如下。

这是我的帮扶对象——龙明旺。他住在小溪村最偏远处，是山里头的老农，贫困且孤身一人，善良淳朴，勤劳豁朗。每次去拜访他，他都是笑哈哈的。

几乎所有的东西，都是自己过手，洗锅竹刷、竹鸡笼、栅栏、木楼梯、身后对联，还有精心打造的可爱鸭舍……田园牧歌般生活，由此而生！

他说："这里是我最爱的地方，这里有我的鸡和鸭，这里有梦中的蓝天，还有纯净舒软的绿地……"

人无完人，如果要取长补短的话，有很多值得我们学习的地方，无争无怨，不卑不亢，执着乐观，我想，我也被龙明旺帮扶着！

方远称他的帮扶对象的生活是田园牧歌般的，这当然不假，不论是这条帖子的配图，还是之前方远发的许多帖子，其实传递的都是这种田园牧歌般的生活方式。然而，这只是表象，他所要传达的其实是"无争无怨、不卑不亢、执着乐观"的诗性精神。这是道家的思想，是对中华传统文化的传承。对于方远这样一个做过留守儿童，同时也在广东打工见过世面的人来说，他知道当时这样一个贫困村绝非几日能够致富，所以他深知从广东返回家乡陪伴孩子的重要性。既然已经选择了回乡，那就要做到"安贫乐道"，享受这眼前的好山好水好风光，致富的事情需要慢慢来。

（三）营造家庭和美幸福的氛围

家是村庄的基础，家庭和美与邻里和谐一样，都是中国传统乡村文化的价值所在。方远作为一名曾经的留守儿童，对家庭的重要性有着深切理解，"为村"平台建立后，他始终都想策划一个以家庭为主题的专题。方远曾经说："小溪村是贫困村，贫困带来的不仅仅是经济问题，还可能带来社会问题。因为穷，小溪村这几年的离婚率很高。"经过酝酿，方远在"为村"平台发布了一篇题为"咱村的珠光宝气"的文章。笔者在小溪村调研时，很多村民说："这孩子真是用心了。"一个贫困村有什么珠光宝气呢？原来方远用了半个多月时间走访了全村，给村里 32 对老夫妻拍了合影，然后标注姓名、年龄、结婚时长，金婚、银婚、钻石婚、蓝宝石婚全都列了出来。每对夫妻照片下面都配有一段深情或幽默的俏皮话，摘抄三段如下。

符安富 62 岁——杨来英 60 岁。比翼 37 年，珊瑚婚。（男）初见你，是在外公外婆家的时候，活泼、清秀、可爱，而现在你已是头泛银丝，一路陪伴，一路蹉跎……（女）谢谢你！辛苦了！

杨元花 49 岁——向明起 67 岁。比翼 30 年，珍珠婚。（男）我属龙，她属鸡。按理说我们最般配，不怎么吵架……（女）再废话！我会拖刀子砍你！

杨改花 60 岁——李维凤 62 岁。恩爱 37 年，珊瑚婚。（男）这个病，让我变得说不了一句完整话，拿不住碗，走不稳路，满身邋遢，还动不动数落你，你会怪我吗？你会讨厌我吗？（女）放心吧，再苦再累，你都是最重要的！

这篇文章分享出去以后，全村的年轻人都很感动。一位名叫杨春莲的村民说："一张张熟悉而陌生的面孔，让我倍感亲切而陌生！我曾经帅气十足的大哥和美貌如花的大嫂们，如今却变得老态龙钟。"一位网名叫随缘的村民在文章下面留言说："生在小溪村 20 多年从来都没发现这么多的恩恩爱爱。"一位网名叫相思的村民留言说："看到家乡成双成对、情意浓浓的叔婶、哥嫂们，心里好高兴，祝他们身体健康、幸福快乐。"文章被分享到微信群以后，有人说："哎呀，这不是我爸妈嘛。有些人说我爸妈一辈子相亲相爱。有些人说村里人都知道我爸妈可是打架打了一辈子。"大家就其乐融融地开始讨论起自己父母的故事。还有人意识到了"为村"平台以及管理员方远发挥的作用，在文章后面留言："辛苦了，为了这个平台确实付出不少，付出的同时还不被村民理解，我为你点赞。"方远回忆时想到的更多是那次发文触碰了全村老老少少内心柔软的情感，这正是他的目的所在。

三、促进行动：媒介促进公共行动

小溪村基于"为村"平台的传播实践并不止于交流沟通和建构共识层面，更在于促进公共行动。公共行动是现代公民参与公共事务和影响公共决策的重要途径与方式，已成为现代民主政治发展的内在要求[①]。小溪村自开通"为村"平台以来，先后在线上及线下开展了"为村聚会""为村攒福""助力啦啦妮""为患重病患者捐款"等活动。数字公共媒介为村民开展公共行动提供了公共领域，通过沟通和动员，天南海北的小溪村村民联合起来并开展了公共行动，这为"空心化"村庄解决公共事务提供了一种新路径。

---

① 陈付龙：《公共行动的生成逻辑：一种共同行动类型的分析》，《内蒙古社会科学（汉文版）》2019 年第 2 期，第 28－34 页。

（一）“为村聚会”：为村而聚会

2017 年自小溪村“为村”平台开通以来，数字公共生活已经逐渐嵌入了很多村民的日常生活中，围绕“为村”平台发生了很多让人感动的故事。临近春节，村两委想借着村民们返乡团聚的时刻做一次主题为“团结、奋进、为村”的“为村交流推进会”。一是让村民们见见面，二是希望动员村民持续在“为村”平台中互动。虽然这个想法很好，但是组织过程却异常艰难。方远说：“一开始邀请时多数人都不愿意参加，毕竟大家都是农村人，不愿意干那种抛头露面的事情。”但是既然是村两委决定做的事情，那就只能硬着头皮完成。方远说：“一次邀请不成那就两次，两次不行就三次，最后大家都被我的热情感动了，都答应参加活动。”2018 年 2 月 21 日，“为村交流推进会”如期举行。6 位村民讲述了自己的“为村”故事。本书选取两个典型代表进行叙述。

一组村民张珍菊是一位在广东务工的村民，体验过生活带来的苦痛，但是最让她痛心的是随着社会变迁带来的人情淡薄，而“为村”平台的开通让她重新和家乡保持了“连结”，这使得她成为“为村”平台中的活跃用户。她在聚会那天做了题为“感恩的心”的演讲，感恩生活逐渐美好。她的讲述如下。

大家新年好！我是一组村民张珍菊，像我们这种年纪的人，其实都是吃过苦的人——虽然没有赶上“集体化记工分”，但是吃葛粑、啃红薯，那种饭都吃不饱的日子，还历历在目；穿着破烂的衣服，去周围的乡镇赶集，要翻山越岭，走几十里路。就算是这样的环境，我们也要背着谷子去交合同款！这一切，好像还是在昨天一样，深深扎根在我的心底！

后来，和大部分村民一样，为了生活，为了给家人带来好一点的日子与希望，我们外出打工，平常做的是又苦、又累的活，但是拿到工资的时候，又会是满心欢喜与激动！而在这漫长的日子里，我们好像离家乡越来越远了，离子女与父母也越来越远了，好像是为了钱，连六亲都不认了，想想都有些心酸！

直到现在，我还在广东务工，但是这些年不一样了，现在是工作一天的收入可以支撑一个星期，甚至更长时间，还可以吃得好，衣服也可以随时换新的，回家可以选择高铁、班车、私家车、火车等，打电话也更方便了，最关键的是，还有了微信，可以在微信群里与大家唱唱山歌、聊聊天来打发时间！在外地，我们也可以通过“为村”平台来了解村里的大小事务，了解村里的建设与人情冷暖。

我相信，有了这次聚会与交流，一定是一个好的开始，我们小溪村也会发展得越来越好！不管怎样，我都会以一颗平常心、一颗感恩的心来面对生活！谢谢大家！

三组村民符春艳是一位在广东省佛山市务工的年轻妈妈，只能将孩子留给老人照顾，每年只有春节回家那几天可以和孩子团聚。像她这样在大城市工作的小溪村村民有很多，她的讲话在现场引起了共鸣。她的讲述如下。

大家新年快乐！我是小溪村三组村民符春艳，很高兴参与这次活动。我的“为村”积分不多，很少在上面发布什么，点赞和评论也不太多。但是我每天都会打开“为村”平台，看看上面有什么新消息，村里又发生了什么事情。时间长了，就养成了习惯。现在，我对“为村”平台有种特殊的情结。

去年11月3日，我突然在“为村”平台上发现了我儿子的照片，我儿子今年才6岁，那是他走在放学路上的照片。他背着的书包，大得几乎遮住了他的背，书包塞得满满的，肯定是太重了，脖子被拉扯得长长的，越看越单薄。从学校回家有4里多路吧？你走到哪里了呢？儿子呀！走慢点！我已经叫出声了，但是他却听不到！我触摸着手机屏幕，好像是丢了身躯的灵魂，早已穿越时空，来到儿子面前，仔细看着他，像是更瘦了，想要拉着他的手！他却一个转身，背着沉沉的书包，走了！是的，我的儿子看不见妈妈，此刻妈妈只能在千里之外看着照片，目送你回家，想象着你回家的路还要走多久，回到没有爸爸妈妈的家里，对我们，你又是怎样的思念呢？感谢“为村”平台，让我有这么难忘的怀念！祝福小溪村“为村”平台越来越好。

那天，“为村交流推进会”开始时还下着小雨，最初只来了100多人。由于村民讲的故事很感人，有些人就拍了视频发到了微信群里，很多人被感动从而来到了会场。据一些村民回忆,那天的6个故事都很感人,大家几乎都哭了。管理员方远说:“这是因为‘为村’平台确实影响了村民的生活,给大家带来了便利,让远在外地务工的村民看到了自己的父母儿女,这份亲情怎能不打动人。”

最后,方远在会场说:“大家对‘为村’平台有忧虑,这是事实。我们村的‘为村’平台也确实有些粗放,还有很多缺点。这方面工作需要逐步科学推进,因为‘为村’平台是个系统,要维持这个系统良好运行,今后工作就必须细致化、统一化、规范化。只有我们启用团队核心力量,动员全体村民,才能推动‘为村’平台工作顺利开展。‘为村’平台将咱们连接在一起,就像现在一样,可以畅谈,可以讨论,可以倡议,这就是一种进步;‘为村’平台就像一粒种子,我们需要加倍呵护,让它茁壮成长。优秀的‘为村’平台一定要经历现在这个初创阶段,我们不能抱怨,唯有完善,希望大家共同努力!”

经过此次“为村交流推进会”,小溪村村民对“为村”平台有了更深入的理解,部分没有加入“为村”平台的村民注册成为新的用户。这次“为村交流推进会”也为小溪村村民持续参与“为村”平台注入了一剂强心针。

(二)动员全村参与“为村攒福”全国活动

2018年春节期间,“为村”总部组织了“为村攒福赢大奖”全国活动。该活动规则如下。每位村民每天可为本村攒一次福气,可邀请未参加活动的村友一起为村庄攒福,参与人数越多,村庄福气值越高。当村庄参与攒福的村民达到100人,则有机会参与村庄抽奖活动:福气值≥518,可参与五等奖抽奖;福气值≥888,增加参与四等奖抽奖资格;福气值≥1680,增加参与三等奖抽奖资格;福气值≥2018,增加参与二等奖抽奖资格;福气值≥2888,增加参与一等奖抽奖资格;福气值≥5168,增加参与特等奖抽奖资格。

为了获得更好名次,方远召集小溪村6名年轻人成立了临时动员小组,协助推进“为村攒福”活动。那段时间,临时动员小组挨家挨户拉人进“为村”平台,每天在微信群发布链接,督促大家点赞成为日常工作。方远对这次全国“为村攒福”活动记忆犹新,他说:“我们村为这次活动做了精心准备,当时正好赶上过年,很多在外打工的村民也回到了家里,我们就挨家挨户去做动员,有很多年轻人很积极,听说这次活动可以为村里争荣誉,他们不仅自己点赞，还督促家里人要按时点赞。那年春节，大家见面问的都是：‘你给咱村攒福了没？’”

经过全村20多天的共同努力，小溪村取得了全国一等奖抽奖资格。张仁说：“我们村人口不多，不像一些南方村庄有几千人甚至上万人。我们能够获得这个名次是靠全村人的努力，通过这次活动，我们也看到村民还是很看重集体荣誉的。”笔者在小溪村调研发现，很多村民对那次活动依然记忆深刻。一位名叫陈东平的村民说：“人民公社解散后，我们都习惯了各忙各的。我们村子穷，过年过节也没个活动，那次‘为村攒福’活动挺好。村干部和我说：‘没事点个赞，做好还可以让全国人知道小溪村，就当是为咱村争光了。’我觉得点个赞也花不了多少时间，能为村里做贡献很有意义。”

（三）助力啦啦妮在“唱响乡村”比赛中获得全国总冠军

2018年，全民K歌平台联合党政机关、腾讯“为村”一起倾力打造了“唱响乡村”全国乡村K歌联赛总决赛，小溪村的村民李香菊（网名：啦啦妮）获得了此次大赛的冠军。小溪村全体村民在助力李香菊通过海选进入分赛区的比赛中付出了很多努力。正如村支书所言：“此次冠军来之不易，参赛资格更是来之不易，通过这次比赛，我看到了团结的小溪村。”

这个活动和其他歌唱选秀活动略有不同，初赛以村庄为单位组团参战，主要看线上投票“人气”。所有参赛村庄同台线上对决，南北赛区票数排行榜前12的村庄才能成功晋级区域总决赛，并由晋级村庄内部排行榜第一名的选手代表本村“出战”，而且，参赛队员必须来自开通“为村”平台的村庄。因此，这届K歌大赛就成为“为村”村庄的大比拼。

方远收到这次活动信息时，一开始并没有太重视，他只是在“为村”平台群里发了一个报名链接，让大家去报名。过了一段时间，突然一位村民来咨询报名的事情，那位村民说：“我有一个侄女叫李香菊，是咱村一组的村民，20岁出头，正在上大学，想给她报个名。”方远当时想正好也图个热闹，就把她给报上了。随后，李香菊录了几首歌发给了方远，他听着还不错，就把歌曲转给了驻村工作队队员——湘西土家族苗族自治州教育和体育局工作人员听了听，听完以后，大家都觉得李香菊唱歌还不错。驻村第一书记就对方远说：“既然是‘为村’工作，就要大力支持，而且‘为村’工作对村里工作有帮助,那大家就齐心合力一起把这件事情做好。”随后,开启了全村总动员拉票行动。每天,方远都会将投票链接发到朋友圈和村微信群。方远说:“那段时间,我们村‘为村’平台已经运营了一年多,大家的积极性已经被调动起来,全村为这个事情都很团结。海选拉票的时候,我只要碰到村民,就会和他说我们最近正在助力李香菊参加唱歌比赛,希望能够给她投票。”没过几天,李香菊放假回到了村里,有一天来到村办公室时,驻村工作队一看她很年轻,形象也挺好,觉得可以培养。这时驻村工作队一位队员说:“我妈妈就是搞音乐的,是一名音乐教师,她以前在文工团工作,可以让我妈妈把她培训一下。”就这样,李香菊开始参加赛前集训,方远组织村民线上投票。由于报名较晚,那时李香菊的排名不是很靠前。因此,那段时间村两委成员以及驻村工作队都在努力拉票。一位叫杨桂花的村民说:“那段时间大家都觉得这是村里的荣誉,都在拼命投票。”最终小溪村以微弱优势进入南方赛区前 12 名之列,具备了参加南方赛区的区域总决赛资格。临近比赛前,方远让李香菊回到了小溪村,在村里广场开了一场“演唱会”,据很多村民反映,当时现场效果还不错,再次点燃了村民的热情。一个星期以后,李香菊参加了在四川省邛崃市举办的南方赛区区域总决赛,获得了第二名,随后在山东省菏泽市举行的首届“唱响乡村”全民 K 歌联赛总决赛中获得了全国总冠军。

李香菊获得冠军的消息传回小溪村后立即让这个平静的小山村“炸了锅”,大家竞相在村微信群和“为村”平台中祝贺。村民向明照在“为村”平台上发帖说:“看到我们村的人能获得冠军,真的是高兴、骄傲、自豪,感谢李香菊的努力,感谢小溪村各位领导的默默付出,感谢各位村民的支持,换来今天的奇迹,真的不容易,大家加油,小溪村加油。”很多村民在评论区留言:“大家的努力和辛苦没有白费,值啦!小溪村加油,小妹加油。”村支书张仁当时也在菏泽参加首届腾讯“为村”大会,他听到这个消息后很激动。他说:“真是人心齐、泰山移,全国有 3000 多个村庄参加这次比赛的海选,我们加入海选的时间比较晚,当时和前面的对手差距很大,最终能参赛和村民的团结努力分不开,因为这次活动,‘为村’平台让小溪村的男女老少拧成了一股绳。”

第四节 数字乡村治理机制

通过全村努力，小溪村“为村”平台的事迹在湘西以及湖南传开，最终被报送到了全国政协。一位名叫曹延东的村民说：“以前大家对‘为村’平台有偏见，觉得做‘为村’平台就是浪费时间，毫无意义，现在这些人没话可说了。事实证明，只要大家好好干，就能得到认可和回报。”通过上文可知，基于数字公共媒介的治理已经初见成效。那么，治理机制是什么呢？下面以图示方式展示（见图 2－1）。

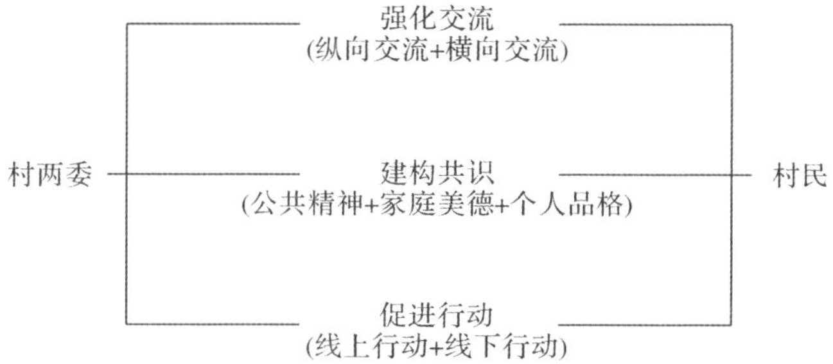

图 2－1 理论模型 T_1

从模型 T_1 可知，小溪村村两委通过“为村”平台从强化交流、建构共识、促进行动三个方面影响了乡村治理。小溪村村两委是重要治理主体（该案例中治理主体也包含驻村工作队），这与冯村以互联网自组织主导的模式有很大不同。正是由于村两委的主导，使得基于“为村”平台的交流中增加了纵向交流这个维度，这是协商民主的重要基础，对于乡村发展以及乡村治理具有重要意义。

1. 强化交流

数字化沟通是数字公共媒介参与乡村治理的重要路径。小溪村村两委基于数字公共媒介重构了纵向和横向交流。数字公共媒介，尤其在纵向层面，在促进村民和村两委沟通交流中发挥了重要作用。这为村民通过表达的方式参与决策提供了难得路径。接纳公众参与、改变少数精英代议、解决普通民众无从介入公共决策之困，这正是乌尔里希·贝克（Ulrich Beck）等提出的应对现代性危机和风险社会的重要方案之一[①]。但是如何促进公众参与始终是制约中国基层有效治理的关键问题。互联网的公开、平等、易得、低成本等属性为公众通过表达进行参与提供了机会。随着移动互联网逐渐深入影响农村,农民也具有了基于数字公共媒介进行沟通交流的机会。本书中纵向方面涉及村两委自上而下和村民的沟通,以及村民自下而上和村两委进行的交流。其中自上而下的沟通包括村务公开、工作展示、公开致歉这三个方面。村务公开是村民自治的重要体现。村务公开是指在一个村民委员会的辖区内,村民委员会把涉及本村,并与国家、集体和农民群众利益相关的各类情况,通过一定形式和程序告知全体村民,并由村民参与管理、实施监督的一种民主行为[②]。村务公开是保障民主决策、民主监督和民主管理的重要方式。但是传统村务公开存在诸多弊端,因其具有容量有限、内容单一、存续时间短、外出务工农民无法及时查阅等欠缺,令村务公开的价值效用打了折扣,使得农民群众的知情权、参与权无法获得保障,最终形成了基层干部脱离群众,农民群众对干部不理解、不信任、不买账的局面,加剧了基层矛盾[③]。而基于"为村"平台的村务公开,村民不仅获得了知情权,还拥有了监督权,村民在"为村"平台"村务公开"评论区发表评论已经成为常态,这就使得村务公开从"不可沟通的村务公开"转变为了"可沟通的村务公开"。村两委在"为村"平台进行的"工作展示"也是一种独特的交流方式。笔者在各地调研时,很多村民反映:"以前觉得村干部不干事,有了'为村'平台才知道他们真的很辛苦。"其中,村两委在"为村"平台进行的"工作展示"发挥了重要作用。开通"为村"平台之前,村民除在村办公室或者工作现场看到村干部以外,村干部和村民之间一般处于"无信号连接"状态。村民无法获知村干部的工作状态,那么多数村民就会认为村干部"不作为"。"为村"平台开通后,村两委可以将领导视察、乡间走访、日常工作等很多工作动

---

① 贝克、邓正来、沈国麟:《风险社会与中国:与德国社会学家乌尔里希·贝克的对话》,《社会学研究》2010 年第 5 期,第 208 - 231 页。

② 项继权:《"后税改时代"的村务公开于民主管理:对湖北及若干省市的调查与分析》,《中国农村观察》2006 年第 2 期,第 49 - 56 页。

③ 周敏、张锐昕:《电子村务:超越 X 镇村务公开模式的探讨》,《电子政务》2017 年第 8 期,第 75 - 83 页。

态展示给村民。日积月累，村干部的忙碌和努力总会被看见。这也是化解干群矛盾以及密切干群联系的重要方式。公开致歉是小溪村“为村”平台中发生的非常态化事件，但是却具有深远意义。任何层级的机构都会存在工作失误，如果缺乏恰当的沟通机制，可能会导致“谣言四起”，如果不及时化解，则会影响干群关系。村干部通过“为村”平台向全村公开致歉，这一看似对“负面信息”的展示反而发挥了正面促进作用，让干群关系得以修复。自下而上的交流包括村民通过“为村”平台的“书记信箱”向村两委反映问题，以及在村两委发起的征集意见专题中表达观点。小溪村“为村”平台“书记信箱”中虽然收到的问题不是很多，但是其意义在于为村民提供了可供发声的渠道，村民具备了向上监督的机会。另外，小溪村村两委还借助“为村”平台就主路拓宽问题“问计于民”，村民对于涉及自身利益的问题具有了发言权。这些渠道和方式都是基层民主实现的重要保障。村民间横向交流在“为村”平台主要表现为村民通过日常信息表达密切了社会关联。对于像小溪村这样一个“流动性”村庄而言，“为村”平台在连接村庄内外方面更加具有重要的意义，这是避免“离散化”村庄失去“向心力”的重要保障，这也是乡村治理得以实现的重要基础。缺乏参与群体的乡村治理是无效治理。

2. 建构共识

“后乡土社会”乡村治理的核心在于必须尽快扭转由于人口结构变化和空间过疏所导致的对乡土社会认同下降、社区共同体意识瓦解的趋势①。随着城市化深入影响农村，村民大量向城市涌入，这为农村带来的不仅仅是人口流失的问题，同时侵蚀了乡土认同，并消解了共同体意识，也为乡村治理带来了新的难题。小溪村当时作为一个贫困村，面临更多的公共性流失问题，带来的直接后果就是“人心不齐”，这将使得贫困村不仅自身没有脱贫能力，而且也无法对接国家扶贫支持。因此如何“凝心聚力”是小溪村当时面临的困境。对此，小溪村“为村”平台在培育村庄共同体意识、传递田园诗

① 刘博、李梦莹：《乡村振兴与地域公共性重建：过疏化村落的空间治理重构》，《福建师范大学学报（哲学社会科学版）》2021 年第 6 期，第 88－97 页。

性生活精神以及营造家庭和美幸福的氛围等方面发挥了重要作用。首先，共同体意识是小溪村“为村”平台始终宣扬的公共精神，具体表现为对“集体”“团结”“协作”的特别强调。其次是对田园诗性生活精神的宣扬。“为村”平台管理员方远喜欢在平台中发布各类田园、山水、牛羊以及面带笑容村民的图片。这些琐碎的信息看似毫无意义，实则是在记录着“乡愁”，这是小溪村这个流动性村庄的社区记忆，是写给在外游子的“召唤书”，是写给在地村民的“定心丸”。对于这样一个面临极度老龄化的村庄而言，这些内容可以发挥强连接性的纽带作用。再次，小溪村村两委通过“为村”平台营造家庭和美幸福的氛围，希望通过维护家庭的完整以达到维系乡村完整的目的。家庭是乡村的重要组成部分，村庄的贫困导致高离婚率，高离婚率也会影响乡村的凝聚力。正是基于此目的，小溪村村两委希望能够营造和美幸福的家庭氛围，从而为乡村治理提供基础支持。

3. 促进行动

人民公社解体后，伴随着国家政权退场，“集体行动困境”是我国农村长期存在的问题。对于像小溪村这样的一个“空心化”村庄而言，集体行动困境更为严重。费孝通先生曾揭示了中国传统乡村社会“公私分明”的特点，他认为在中国乡村，人们只关心核心家庭利益，而不关心核心家庭之外的领域，“一说是公家的，差不多就是大家都可以占一点便宜的意思，有权利而没有义务了”①。贺雪峰也曾对我国农村集体行动有过类似论述，他认为“中国农民行动的逻辑就是在自家范围内，义务重于权利，而在公家范围内，却只愿意享受权利而不愿尽义务”②。“为村”平台的开通为小溪村村两委开展集体行动提供了发布信息、制造舆论、开展动员的平台，从而促进了村庄对公共事务的解决。“为村交流推进会”就是小溪村村两委围绕“积极参与‘为村’平台”开展的一次动员活动，也是一次集体行动，村两委以村民真实的“为村”故事为案例动员村民积极参与“为村”平台。这次行动虽然并不直接解决村庄公共事务，但是推动了村民们为集体行动“摇旗呐喊”。其主题

① 费孝通：《乡土中国 生育制度》，北京大学出版社1999年版，第24页。

② 贺雪峰：《农民行动逻辑与乡村治理的区域差异》，《开放时代》2007年第1期，第105－121页。

"团结、奋进、为村"实则是让村民树立公共意识。虽然一次"为村交流推进会"并不能彻底解决村庄的公共行动困境,但是为村庄开展公共行动做好了共识准备。随后,小溪村在全国有6000多个村庄参加的"为村攒福"活动中取得了前十名的成绩。虽然只是一次线上集体行动,但是对于这个人口并不占优势的村庄而言,却体现了全体村民的向心力和凝聚力。助力李香菊获得首届"唱响乡村"全国K歌联赛总决赛冠军的行动,既是一次全村线上行动,又是一次线下行动。全材总动员助力李香菊体现了村民对于公共事务的关注,"为村"平台在其中发挥了连接、动员的作用,提高了公共行动效率。

基于以上分析,我们可以发现数字公共媒介将多元主体纳入治理网络之中,小溪村的独特之处在于很多外出务工村民通过"为村"平台成为了乡村治理主体。数字公共媒介通过强化交流的方式参与了乡村治理,主要表现为:在纵向方面,通过自上而下和自下而上的两条路径建立了村干部和村民的交流渠道,缓解了干群矛盾;在横向方面,村民基于数字公共媒介强化了村民之间的社会关联,为破解村庄"原子化"问题提出了解决方案。数字公共媒介还是村两委"建构共识"的平台,对于培育社区公共意识以及促进乡土认同具有重要作用。另外,数字公共媒介在促进行动中发挥了重要作用,通过发布信息、制造舆论、开展动员等方式将村民纳入村庄集体行动之中,虽然村民并没有实质参与村庄的经济、政治等公共事务,但是为培育村庄的集体行动能力奠定了基础。

然而,通过小溪村的实践发现,小溪村虽然符合"村两委居于主导地位"这一标准,然而却在村民活跃度和参与度这一维度上有所欠缺。虽然村民获得了表达权,但是并没有成为和村两委"分庭抗礼"的传播主体。这就导致我们基于公共媒介建构的理论模型 T_1,具有了"大众传播"的表现形式,即村两委借助"为村"平台在影响村民,小溪村相比起以互联网自组织主导的冯村还是有很大欠缺,那么这也为笔者选取下一个案例作出了指引。因此,选取的第二个案例应该保证村两委和村民都比较活跃,根据这一选取标准,笔者选择了四川省邛崃市的陶坝村。

第三章

陶坝村数字化治理机制及跨案例分析

第一节　案例概况

一、村庄概况

陶坝村是四川省邛崃市境内的一个普通山村，位于成都市和雅安市交界处，面积 9.13 平方公里，耕地 2273 亩。陶坝村坐落于九顶山之下，这里竹林掩映，楠木葱郁，瓜田连绵，桃李芬芳。绿水青山造就了林旅融合的生态底本。陶坝村是历史上“南方丝绸之路”的一个重要节点，陶河穿村而过，陶氏古祠堂、茶马古道、古楠木等历史遗迹保存完好。紧邻陶坝村的古街是古川西商贸集镇的缩影，数百年的湖广会馆、临街而建的木质吊脚楼，呈现出古南方丝绸之路曾经的繁华。这个村庄之所以称为陶坝，是因为这里人大多姓陶，据史书和家谱记载，这里的陶姓村民是东晋大诗人陶渊明的后裔。在这里，陶氏族人传承了诗画田园的优秀传统，每年重阳节都会举办“以诗敬老”的文化活动，形成了“世外桃源”般的淳朴民风。因此，陶坝村对外称作“陶氏故里，诗画田园”。

二、治理困境

截至 2021 年 12 月 31 日，陶坝村共有 521 户 1575 人，常年外出务工人员 730 人，约占总人口的 46%，约占劳动力人口的 69%。全村主要收入来源是传统农业和外出务工。陶坝村地形狭长，从最远的村组到村委会，步行需要一两个小时。党员工作不方便，群众办事有困难。陶坝村在探索乡村振兴道路以及创新乡村治理模式中，除受到自身区位偏远的掣肘之外，还面临很多现实困境。一是村庄“空心化”问题严重，大量青壮年劳动力外出务工，这使得农业生产和乡村治理主体严重缺乏，从而造成村庄内生发展动力不足。二是村两委公共服务不够高效，村务公开栏经常“无人问津”，外出务工人员又无法看到，党务、村务、财务等公开信息不能精准传播，导致各类干群矛盾发生。三是村民利益表达渠道不畅，村民公共参与不足，基层民主协商机制没有建立，这就导致村庄内部各类群体无法形成合力。

三、引入“为村”平台

上述陶坝村的问题不是个例,而是中国西部很多农村共同面临的问题。对此,四川省邛崃市在全市189个村(社区)开通了“为村”平台,实现了全域“为村”平台覆盖。整个邛崃市“为村”平台关注认证村民超过38万,手机用户注册使用率达到了85%。“为村”平台方便了群众生活,促进了邻里和谐,有效推动了基层治理及社会发展。在此背景下,2017年陶坝村“为村”平台开通,希望借助“互联网+乡村治理”模式推动村级公共服务升级,实现社区数字化治理,打造多元主体参与乡村治理的“陶坝样板”。

第二节　媒介再造治理共同体

一、村两委成员

陶坝村村两委主要成员均参与了“为村”平台,其中,村支书林祥华和村法务委员张小琴在“为村”平台运营中承担了更为重要的任务。

(一)村支书林祥华

林祥华是邛崃市孔家山村人,1987年起先后担任过村小学教师、村文书、主任、支书,2009年底辞职外出经商办企业,2013年10月响应组织号召报名参加陶坝村公推直选职业化、专业化党组织书记,以高票当选陶坝村党支部书记。他在“为村”平台个人介绍部分写道:“直选那天,面对群众期盼信任的眼神,我感觉到有一种从没有过的责任感和使命感推动着我努力前行,发誓要用己所长真真切切地为他们做点事情,于人于己于组织都有交代!我会把陶坝村当成自己的家乡一样,尽心尽力工作,为村庄发展做谋划,定不负组织重托和群众所望。”林祥华在担任村支书期间,带领村民完成了村庄道路硬化工程,大力发展村庄产业,注重发扬村庄文化建设,得到了村民的支持和拥护。2017年,陶坝村“为村”平台开通以来,林祥华积极支持“为村”平台发展,使得陶坝“为村”平台排名位列全国前列。

（二）村法务委员张小琴

张小琴2010年大学毕业以后，曾有过短暂的“北漂”经历，对“互联网＋社区营造”颇有心得。2013年雅安芦山地震之后，她非常牵挂距离震中只有20公里的家乡陶坝村。那时，张小琴与家里人失去了联系，她购买了当天的机票返回了成都。地震之后，邛崃市美丽乡村、产业规划等恢复重建项目迅速拉开。张小琴决定留在村庄为家乡建设出一份力，她加入了“大学生志愿服务西部计划”，成为了陶坝村村委会的一员。2017年3月，陶坝村“为村”平台上线后，张小琴成为了陶坝村“为村”平台总管理员，负责整体运营及执行工作，并且负责陶坝村“为村”平台“微党校”信息更新，以及主理“陶坝青年归去来”等话题。由于擅长“为村”平台运营以及活动策划，张小琴2018年被“为村”总部聘任为全国“为村”助教，负责指导西南地区部分村庄“为村”平台发展。

二、数字化村民

经过半年多时间准备，陶坝村完成了“为村”平台总部要求的创建300人微信群以及每月发布2条公众号推文的规定动作后，其“为村”平台终于在2017年3月正式上线[①]。随后同样面临的问题是如何让村民成为“为村”平台的认证村民，实现村民的数字化转型。

（一）召开“为村”平台培训会议

陶坝村“为村”平台刚刚上线，又遇到了新的难题，那就是如何把“为村”平台推广出去，如何教村民使用“为村”平台。张小琴说：“打铁还需自身硬，村干部必须先要学会如何使用‘为村’平台。”就这样，陶坝村村两委先在村委会举办了一场“为村”平台互联网培训会议，参加的人员有14名村组干部、32名村民代表，还有20名党员，另外还有部分未受邀请的村民也参加了培训。村民江开涛也参加了这次会议，他回忆说：“当时有50多人参加了培训，不过坐在村委会办公室的只有30多人，还有很多人站在外面，当时围了

① 早期开通“为村”平台，一是要求创建一个300人以上的村庄微信群，二是先开通村庄“为村”公众号，并且保证每个月至少发布2条公众号推文。

很多人,这说明大家还是对'为村'平台很感兴趣。"当时,为了让村民尽快学会使用"为村"平台,张小琴想了很多办法。她将手机屏幕投屏到电视屏幕上,然后对"党务公开""村务公开""村友圈"等板块进行一一演示,演示完后还要求在场所有人自己动手操作。张小琴说:"当时,我要求第一批人必须跟上我的步骤,怎么发布信息,怎么评论帖子,怎么给文章点赞都演示给我看,我需要的结果他们必须能够操作出来。"经过那次培训,在场大多数人都学会了"为村"平台的基本操作。

张小琴说:"培训会结束后,我以为村民会很快注册进入'为村'平台,没想到在向村民推广的过程中却遇到了难题。"当然,这同"为村"平台早期注册步骤烦琐也有一定关系。2017 年,村民在注册"为村"平台时还需要填写身份证号码,很多村民对此有抵触情绪。即使村干部当面和村民说加入"为村"平台,还是有很多村民不愿意。那段时间,陶坝村"为村"平台注册人数增长速度非常慢。每天快下班前,张小琴就在微信群询问各村民小组注册人数。有的小组回复两个,有的小组回复一个,还有的小组告诉一个都没有。张小琴说:"当时整体注册情况不太理想,只有我们组还可以,主要是因为我爸爸是村组干部,他为此下了很多功夫。"所以有的村民就说:"那是因为你们组有你,村民遇到什么问题就会直接问,当然注册就快了。"随后张小琴就对各村民小组说:"那从明天开始我就一个组一个组跑,和村民组长一起推广'为村'平台。"然而,让张小琴感到意外的是,推广进度依然缓慢。

(二)组织线上投票活动吸引村民关注

面对"为村"平台推广中遇到的困境,村两委成员也是一筹莫展。张小琴在北京工作期间就开始接触互联网,对社区营造也略知一二,因此她向村两委提议,举办一次陶坝村"最好人缘"网络投票评选活动。张小琴说:"很多人不愿意注册'为村'平台是因为平台上没有他们关心的事情,如果我们规定此次活动每个村民小组必须推选一名候选人,那就能调动全村的积极性,在我们农村,多数人还是希望自己村民小组的人当选。"2017 年 5 月初,村两委正式决定举办陶坝村"最好人缘"网络投票活动,在各村民小组协助下,很快推选出了各组候选人。每位候选人提交了图片,并配发了文字。

张小琴回忆说:"这次活动村民们很积极,最初我以为大家会以个人身份参加,没想到很多都是以家庭身份组团在平台中亮相,这肯定会增加这次活动的人气。”2017 年 5 月 8 日陶坝村“最好人缘”活动公告发布以后,很快引起了村民们的积极回应。那段时间,村里人都在讨论这次网络评选活动,各个村民小组都在铆足劲拉票。村支书林祥华说:“那次活动激起了村民的参与意识,大家都不甘示弱。比如我是一组的,你是二组的,我肯定希望一组的得票比二组的高。”由于投票只能在“为村”平台进行,因此村民就不得不注册。作为村民组长的李恒明对此深有感触,他说:“以前我们进门入户推广‘为村’平台时,村民们爱答不理,现在很多村民直接跑到我家里问怎么注册,怎么投票。”就在那 10 天左右,陶坝村“为村”平台注册人数增加了 600 多人,达到了组织活动的预期。村民逐渐加入“为村”平台,为基于数字公共媒介的治理奠定了基础。

第三节 数字乡村治理路径

一、强化交流:建立交流共同体

(一)用“书记信箱”加强干群交流

书记信箱是“为村”平台中的重要板块,是村民与村支书直接对话、充分沟通的渠道。村民把“急难愁盼”的问题写出来,不需要层层上报,书记直接可以看到。而且更为重要的是,村民给书记写的信是公开的,不仅该村村民能看到,而且全国网友都可以看到。笔者在各地调研发现,村支书对“书记信箱”反馈最多的是“必须尽快回复,必须尽快解决,不然无数双眼睛在盯着呢”。陶坝村“为村”平台中的“书记信箱”在处理村庄公共事务中发挥了重要作用,同时也成为了村两委和村民沟通情感的重要渠道。

1.“书记信箱”化解干群矛盾

刘齐春是陶坝村在“为村”平台“书记信箱”中给书记写信的第一人。张小琴说:“‘书记信箱,真的是改变了刘齐春,他以前真的完完全全是一个‘刁民’(笑),动不动就惹事,因为‘为村’平台和‘书记信箱’,刘齐春整个人都变了。”

刘齐春是陶坝村的一个村民小组组长。他以前经常上访,而且不仅自己上访,还经常同村民们一起去上访。上访举报陶坝村村支书以及村两委不作为或者乱作为。举报完以后,上级就会下来调查,但是确实没有他所说的这些事,所以上访一直没结果。2017 年 3 月某天早上 6 点左右,张小琴接到了刘齐春的电话,刘齐春在电话中说:"我们这边的路坏了。"张小琴说:"那我们就派人过去修。"当时,正处于"为村"平台即将上线之际,村委会都在忙"为村"平台的事,刘齐春反映的事情就被搁置了。几天后,"为村"平台上各个板块的内容逐渐完善,部分村民在陆续进驻平台。但是那时刘齐春还没有注册。张小琴回忆说:"有一天晚上,我正好有公务接待,这时刘齐春又打来了电话,我说:'你要不等一会儿再打过来。'他说:'不行,这个事我真的很着急。'听说话声音他当时应该是喝酒了。他说:'这个路不修,我种的佛手瓜怎么运出去?'我说:'我现在有事儿。'他说:'不行,你就得听我说。'我说:'你等会儿把电话挂了,你把微信打开,我发个链接给你,你点进去在里面把你所有想说的话全部说出来,领导会下来帮你。'然后,我就把'为村'平台注册链接发给了他。没过一会儿,刘齐春就在'书记信箱'发了第一封群众来信。"

第二天,陶坝村林书记就在"书记信箱"中进行了回复,回复内容如下:"你的来信已经收到,村里会在一个星期内安排专人去处理,尽快修好路,保证村民把农产品运出去。"林书记回复以后,刘齐春又回了一句:"书记,一言为定。"张小琴看到刘齐春的回复后,她就对林书记说:"书记,您还得回一句,您就说:'行,我说到做到。'这封信发出去以后会有很多人关注'书记信箱',所以您必须做到及时回复,及时处理。"一个星期之内,林书记派人将那段路修好了。从那以后,刘齐春遇到问题后,就经常通过"书记信箱"反映,而且将这件事告诉村民,让所有村民有事情就通过"书记信箱"反映。从那时,刘齐春开始接触"为村"平台。调研中,刘齐春就说:"以前我觉得村干部整天就是无所事事,但是自从有了'为村'平台,我才知道他们真的在做事。我在平台写给书记的第一封信很快就得到了答复并被解决。从那时起,我对村干部的看法就转变了。"对此,张小琴说:"'为村'平台对刘齐春改变太大了。"

这件事对刘齐春影响很大，也让他感触很深，化解了他多年来对村两委的偏见。对此他在“为村”平台上发起了一个专题“我给陶坝村干部点个赞”。专题写道：“2017 年，村里的路塌陷了，我成为第一个在陶坝村‘为村’平台里给村支书写信的村民。村干部组织修好了路，在暴雨来临前，还上门接我去村委避险……这些事我忘不了，更想记录下来，邀请大家都来给我们陶坝村的好干部点赞！”如今，这个专题有 274 条帖子，浏览量达 5.6 万次。除刘齐春发帖外，还有很多村民参与其中，这个专题已经成为陶坝村干群交流的重要途径。很多外地来陶坝村学习“互联网＋乡村治理”的干部都会浏览刘齐春的专题，借鉴这个案例。

2. 用“书记信箱”拉近干群关系

“书记信箱”虽然定位于解决村庄公共事务，但是有些村民会发一些私人求助信息。不过这些村民求助的私事不仅拉近了干群关系，而且还营造了良好的乡村文化氛围。

张金芳是陶坝村的一位孤寡老人，常年在外地侄女家居住，一般很少回陶坝村。某年春节前，老人回到了陶坝村。每年，陶坝村村两委都会走访看望全村老人，爱老敬老已经成为陶坝村的传统和传承。但是，那年陶坝村村两委没有调查到张金芳已经回村，就没有看望这位老人。随后，张金芳的侄女就在“书记信箱”中写信问道：“林书记，您好，麻烦您去看望一下张金芳老人，她现在还在家吗？最近怎么样？身体状况如何？”林书记收到信以后第一时间询问了班子其他成员，为何没有走访这位老人。一名叫伍剑的村委成员说：“她是中途从侄女家回来的，我们大家应该都不知道她在家。”事后，大家才知道张金芳老人刚从外地回来几天，村里多数人不知道她回来，村两委也就没有关注到。第二天，林书记就安排人员看望了张金芳。后来张金芳老人打电话给她侄女说：“村干部来家看望我了，还带了一些东西。”随后，她的侄女又在“书记信箱”中写了一封信表示感谢。

事后，林书记和村委成员说：“我们做工作一定要细致，陶坝村留守老人很多，他们都需要关心，我们一定要多去这些老人家走一走。”随后，林书记经常会去看望村里留守老人。村民看到林书记的走访场景就会在“为村”平台村友圈或者“书记信箱”发帖表达感谢。还有一些人会直接打电话给林书记或村两委成员说:“我家老人现在身体还好吗? 不知有什么问题没有,如果有什么问题麻烦和我说一声。”因为一封信,村民和村两委建立了情感连接,“为村”平台的“书记信箱”也成为拉近干群关系的重要媒介。

(二)“为村”平台搭建党员交流渠道

1. 一名老党员提议开展网络党建学习

陶坝村地处山区,地形狭长,因此居民居住比较分散。陶坝村有14个村民小组,最远的村民小组驻地距离陶坝村村委会办公室有10公里左右。居住偏远的村民来村委会办公室办事很不方便,尤其是村里很多老年人来一趟更是难上加难。

有一天,一位90多岁的老党员给张小琴打电话说:“村支部开会,为啥没喊我参加?”张小琴说:“您年龄大,腿脚不方便,喊您参加,您也来不了啊。”老党员说:“我人虽然没法到场,看看视频总可以,为啥别人能看视频开会,我却不行?”这件事情对张小琴触动很大,她意识到,“为村”平台对像陶坝村这样居住分散、青年外出务工较多、留守老人较多的村庄具有重要意义。张小琴说:“很多村民要办理的事情其实都可以在网上解决,没必要什么事都要跑到村委会办公室。”“为村”平台设有“党务”板块,其中包括“支部风采”“党务公开”“组织生活”“党员日记”“书记信箱”等栏目。因此,很多党建学习材料可以直接上传,党员可以在线学习,而且线上还有会议室功能,党支部可以在线召开“三会一课”。

2. 用“为村”平台创建“微党校”

张小琴在村支书林祥华支持下在“为村”平台上建起了“微党校”。张小琴说:“我们村党支部党员很多在外打工,村内留守党员年龄偏大,所以我们打算通过在‘为村’平台上建立‘微党校’的方式加强党支部建设。”最初,陶坝村“微党校”的“微”更多指“微小”以及“基层”的意思,即陶坝村在村委会办公室建立了实体的小型党校。随着“为村”平台上线,陶坝村“微党校”增加了学习阵地,很多“微课程”被搬到了“为村”平台,而且很多党员开始在“为村”平台的“党员日记”中亮相、打卡以及提交学习心得。这极大丰富了陶坝村“微党校”的内涵，使得“微党校”中的“微”具有了数字和在线的含义，从而可以让更多外出务工党员经常接受党建教育。

陶坝村党支部依托“为村”平台建立了党员学习教育库，张小琴把党建学习材料定期公布在“为村”平台的“党务公开”“组织生活”等板块。通过陶坝村党支部大数据可以看出，自 2017 年以来，陶坝村进行党务公开 42 次、组织生活 31 次、党员教育 1139 次，书记公开信有 476 封，群众来信有 106 封。统计数据每增加一次就代表进行一次网络操作，近 4 年中累计达到了 3000 多次，平均每天上传党建内容近 2 次。

“为村”平台微党校也正在实实在在影响村民的党建学习教育，党员刘君福在“为村”平台的一段留言对此进行了很好的诠释，摘录如下。

通过在“为村”平台的学习，感受到无论在家，还是在田间地里，只要一打开手机就能了解到党的方针政策，晓得支部现阶段在开展什么工作，要学习党章党规党纪的哪些内容，党员有什么心声也好及时向党支部反映交流。特别是外出党员，过去要返乡时才能参加会议，现在随时随地都可以利用微信打开“微党校”小程序，签到学习并可以交流学习心得体会，汇报在外务工的工作、学习等情况。同时还可以与别的党员同志相互交流，过去想向支部汇报、反映情况，同支部党员交流都要打电话。现在好了，很快就能把问题解决了，“微党校”确实好。

陶坝村“为村”平台的“微党校”使得那些外出务工的党员再次找到了组织，部分党员虽然不能经常参加线上组织生活会，但是却可以通过线上和村党支部保持联系。张小琴说：“其中有几个党员非常认真，他们经常会在‘党员日记’板块中汇报自己的学习、工作、生活情况，让组织及时了解他们的情况，我想这就是‘为村’平台带来的实实在在的变化。”

（三）利用“议事厅”商议村务

2018 年 2 月，“为村”平台上线了新功能“议事厅”。该功能在“为村”平台“村务”板块，村两委发起会议以后，村民可以在平台中通过文字或者语音进行议事。

1.“议事厅”板块的由来

最初，“为村”平台并没有“议事厅”板块。这个板块的开发和陶坝村的一项公共议事相关。陶坝村外出务工村民较多，村里主要以留守老人和儿童为主。陶坝村林书记说：“在村里的很多不拿事，拿事的很多在村外。这就导致很多涉及村民利益的重要事情不好做决定。”管理员张小琴提议，如果在“为村”平台上有一个可以实时讨论的板块就可以解决这个问题。她说：“我觉得每次村里开会就是那几个人，其他人都不知道开了什么会。小事情无所谓，但是遇到大事情就应该让更多人参与进来。”2017 年，陶坝村打算拓宽一条路。为了让更多人知道这件事，陶坝村村两委把参会人员扩大到了 30 人。开完会以后，就让这些参会人员向各个小组的村民传达，但是没想到反馈回来的问题更多。回忆起这件事，张小琴无奈地说：“太多问题，五花八门，感觉根本解决不完。”因此，修路的事情就搁置了。

随后，张小琴就向“为村”平台运营方建议，希望建立一个线上讨论事务的板块，每个村民都可以自由发言。“为村”平台负责人陈晓圆说：“为什么要建立‘议事厅’？”张小琴就对她说：“比如，我们 3 个人商量一件事儿，决定了以后再去告诉第 4 个人，第 4 个人不同意，推翻了前面 3 个人的决定，那么这个会议还不如不开。如果说建立一个‘议事厅’，每个人都可以发文字或语音，所有村民都可以围观。这样你一句我一句，大家可以充分发言，如果 19 个人同意这件事，有 1 个人不答应，那么这 1 个人能站得住脚吗？”张小琴继续说道，“‘为村’平台是开放的，讲话的内容大家都能看得见。假如有人想在上面说一些脏话，或者有人说：‘你把我地占了怎么不赔我钱呢？’那么肯定有人会站出来说：‘如果这个路不修，大卡车怎么进来？如果没有路，我们的佛手瓜怎么运出去？如果不修路，我们产业如何做大？’所以大家你一句我一句，不同意的人就会被感染。”

陈晓圆得到这个解释后，意识到了“议事厅”功能对于基层的重要性。随后，她立即和技术人员对接，开始设计“议事厅”板块。经过设计、听取意见、修改等过程，4 个月后“为村”平台上线了“议事厅”板块。对于“议事厅”功能，“为村”平台运营方对其的定位是：“农忙议事误耕种，农闲务工不在家，线下议事障碍多，‘为村’议事搬上网。”这个板块类似于实时交流论坛，但是也有以下几点不同。①可定点邀请参会人员，排除无关人员。②主持人具有禁言权力，可以把控议事进程。③语音文字输入随意切换，不会打字的村民也能“说上几句”。④自带“会议纪要”功能，议事结束后，由主持人整理会议纪要。议事过程可以通过会议纪要对外呈现，村庄会议在网络上会留下痕迹，保障村庄决策更加民主、公正、可执行。⑤议事结束后，页面会显示议事内容、结论等信息。没资格参与议事的外村村民可以在议事项目下方发表意见，为村庄发展出谋划策。

2.利用“议事厅”商议拓路事宜

随着“议事厅”功能上线，陶坝村拓路事宜提上了日程。调研中林祥华书记说：“这次占地没有补偿款，所以这次议事想让相关村民都参与进来。”2018 年 12 月 4 日，林祥华在“为村”平台“议事厅”板块发布了会议议程，议事说明如下。

陶坝村河沟路全长 7.5 公里，属于我村佛手瓜蔬菜基地比较重要的外链道路。蔬菜基地经过几年持续发展，佛手瓜销量不断增加，增收致富效果较好。但是 3.5 米宽的产业路严重制约了佛手瓜产业发展，经常堵车，也影响了大家的出行，将道路拓宽是很多群众的现实需求和共同愿望。由于河沟路属于我村内部产业道路，如果从目前的 3.5 米拓宽到 4.5 米，在只有道路扩宽建设资金，没有占地青苗和土地补偿的情况下，本着大家的事情大家商议、大家决定的原则，请涉及的 3、4、5、8、9 组村民，积极表态发言，讨论河沟路能否拓宽。通过大家讨论，形成有效的集体行动，解决陶坝村发展的公共问题。

事先，张小琴在微信群中向村民们解释说，线上“议事厅”就是线下的议事会，议事会只有 30 人能参加，但是线上“议事厅”全体村民都能参加。“议事厅”的最大意义就是公开化，不是像以前一样，30 人做出决定以后再通知所有人，那就没意义了。“议事厅”就是要让所有村民一起讨论。

由于占地涉及家家户户的利益，因此很多村民在收到信息后陆续进入了“议事厅”。据张小琴回忆：“一开始发言的人比较赞同拓路，毕竟拓路符合大多数人利益。”如今浏览陶坝村“议事厅”还可以看到村民们的商议过程，节选如下。

郑小丽:道路拓宽当然是好事,现在陶坝村发展迅速,农业经济和旅游业都很好。拓路就会占到一些田地山林。有个别人会把个人利益看得很重,所以导致无法顺利拓路。

王霞:要想富,先修路,交通发达了,山里的货才能卖个好价钱。

胡敬文:修了路,交通便利了,经济自然就会发展起来,对大家都有好处,赞成!

刘海红:说真心话,很多村路还没有其他地方的自行车专用道宽。

李飞:道路加宽不仅带来经济发展,而且更为安全,修!

郑光霞:非常期待道路变宽的惊喜,这样会车就没有问题了。

随着讨论深入,不同声音开始出现。张小琴说:"第一次通过'议事厅'议事也不是特别顺利,有个别人认为这个平台太公开了。他们就直接给我打电话说:'你们为什么在平台上讨论这事?我们怎么把心里话说出来?'我就说:'你有啥就说啥,不用担心,随便说。'他说:'不行啊,我文化有限。'我说:'你可以用语音转换。'"随后"议事厅"中开始有了反对声音。

于海光:修路是好事,但问题是占我们小部分人的地,受益的是大多数人。

周文昌:我也赞成修路,可是总觉得不公平。

张莉芳:占地不补偿不太合适吧?

(随着反对修路声音的出现,赞成修路的村民开始和反对修路的村民讲道理)

刘海红@于海光:道路拓宽,财源广进,眼光放宽些。

余成华:这条路太窄了,容易出交通事故。

胡敬文:我们不能光顾自己,不管他人,修路是百年大计。

杨凯文:好吧。

孙长平:行的。

最后林书记说:我知道牺牲了你们暂时的利益,感谢你们的理解与支持,我们只有撸起袖子加油干,才能实现致富。

根据“为村”平台“议事厅”页面显示，陶坝村此次议事开始于2018年12月4日10:20，结束于2018年12月7日11:15。议事净时长14小时7分钟。张小琴说：“线下议事会总会有时间限制，有时两三个小时就结束，但是线上议事可以延长时间，让大家充分思考，还有就是线上议事会给大家充分的发言机会，只要想说，就可以说。”总体而言，此次议事取得了初步成功，浏览“议事厅”会议纪要如下。

通过这次村民的建言献策，线上会议结果显示，3、4、5、8、9组村民都愿意无偿修路。村两委和政府会加大努力争取上级资金，2019年圆大家的梦。

林书记回忆说：“这条道路一直影响着我们村佛手瓜产业的发展，通过‘议事厅’讨论，终于把这件事定了下来。最初确实有20%的村民不太赞同，但是其余村民说服了这部分村民，这种工作方式效率还是挺高的。一开始，有很多人打电话和我吵，说我们占地还不赔钱，我当时很温和地对他们说：‘不要着急，你有什么事就上平台，你可以留言，有专门的工作人员回答你。’”张小琴说：“参加这次议事的100个人中，有60多个都不在村里，都是在外打工，这些都是中青年，他们是能拿主意的那部分人，如果这次议事没有他们，可想而知结果会怎样。”

3.线下回访继续跟进

线上议事虽然已经解决了问题，但是村两委决定还是要做一次线下回访，继续征求村民意见。决定干这件事的不是林书记，而是张小琴。调研中，张小琴说：“最后从表面上看，有些人同意修路，但是我感觉有些人的语气不对，他们在‘议事厅’中回复的是‘可以’‘好吧’‘行吧’这样的词。如果是我的话，占了我的地还不给补偿，我也会说两句。我就觉得他们有股气还没有撒出去，所以我就对林书记说：‘咱们需要再安排一次线下摸底，继续听听大家的意见。’书记当时就答应了，随后我们很快就开展了这项工作。”

根据陶坝村村两委安排，针对“为村”平台线上“议事厅”讨论话题，以村民小组为单位又开了一次会。这时，很多村民就说：“平台上不是说了吗？怎么又开会?”张小琴就说:“虽然你同意了,但是我们还是要征求大家的意见。”这次征集意见,当时在平台中发言较少的人打开了话匣子。张小琴说:“在平台上讨论让很多人感到不舒服,很多人觉得有话说不出来。但是我们在线下再次召集开会,让他们把话说出来,他们心里就平衡了。”

调研中村民反映,“议事厅”这种表达太直白,很多感情不好反映出来。一位村民说:“比如我们线下开会,有时我们嘻嘻哈哈开个玩笑就能提意见,但是线上不可以。”张小琴也说:“我觉得在线上开会,还有很多人顾及自己的面子,比如当面可以说一些带情绪的话,但是你在平台上怎么带情绪！就算你再不开心,你只能说‘我不愿意’,从这几个字能看出来情绪有多不好吗?”

很快,陶坝村所有村民小组会议召开完毕,继续维持“议事厅”会议决议。事后,张小琴回忆说:“虽然我们再次召集了一次线下会议,但是这并不能否认在线上‘议事厅’开会的意义。用线上会议的方式更加容易达成共识,如果一开始就用线下会议,那么和以前一样,问题就会很多。线下会议会无限放大反对声音,而第一次用线上会议方式更容易放大赞同声音。”

陶坝村第一次线上议事虽然结束了,但是却改变了村民参与村庄公共事务的方式。由于陶坝村是全国首个在“为村”平台开展线上议事的村庄,其他村庄的村民也关注了这次议事。

一位备注为“史家村村会计”名叫刘梅的网友在此次会议下面留言说:“依托‘为村’平台‘议事厅’功能,可深化对公共事务的协商。”

广东省河源市东源县双江镇桥头村村民黄金应说:“建立‘议事厅’,保障了每位农民的知情权和话语权,关系到每位农民的切身利益!”

内蒙古乌兰察布市丰镇市黑土台镇点青庙村村支书赵珍说:“村里的重大决策,必须由村民代表或村民议事小组讨论同意,这既体现民主,又方便监督。”

广东省河源市紫金县义容镇义容社区居民邹柳聪说:“‘议事厅’就是云上议事厅,方便沟通和交流意见。”

上海市奉贤区青村镇岳和村村民阮忠隋说:“村是农民的家,村务是农民的家事,为了家家都好,必须大家关心,共同参与管理。”

内蒙古乌兰察布市四子王旗驻村工作队队员韩修平说:“外出务工村民、在田间地头忙碌的村民都可以加入讨论。”

广东省韶关市南雄市油山镇郭伟球说:“‘为村’平台‘议事厅’让村民参与村内大小事情。”

二、建构共识:培育社区公共意识

2017 年陶坝村“为村”平台上线以来,虽然村民们在“为村”平台中的发帖数量较多,但是话题却比较分散。陶坝村村两委决定在“为村”平台上设置一些话题,一方面能够引导村民集中讨论和发帖,另一方面设置的话题可以发挥文化引导作用。最终确定将由陶坝村“最好人缘”获得者江开涛发起的“陶坝村的祖辈们”、陶坝村环卫工人李树琼发起的“陶坝环境靠大家”、陶坝村妇女主任张志美发起的“陶坝儿童之家”、在陶坝村“为村”平台上给书记写第一封信的刘齐春发起的“我给陶坝村干部点个赞”、“为村”平台总管理员张小琴发起的“陶坝青年归去来”、陶坝村小学语文老师伍德文发起的“陶渊明诗词散文集”、陶坝村村会计伍剑发起的“陶坝村里好事多”、村民李恒明发起的“陶坝村有拿手菜”等设置为话题。这些话题在乡村文明建设、乡村文化引导方面发挥了重要作用。下面重点介绍 4 个话题。

(一)“陶坝村的祖辈们”:倡导敬老精神

陶坝村像中国多数西部农村一样均面临“空心化”困境,青壮年劳动力外出务工,村里留守老人居多,这就使得村两委将敬老爱老作为重点工作,因此,在陶坝村“为村”平台设置话题时,“陶坝村的祖辈们”成为最早设置的话题。对此,陶坝村林书记说:“我们在‘为村’平台上设置话题也是为了配合我们村两委的日常工作。我从 2013 年来陶坝村以来,重点抓了 3 项工作,一是发展村庄产业,二是改善村庄环境,三是做好关爱老人活动。”最终,陶坝村村两委将江开涛确定为话题主理人。张小琴说:“江开涛是我们村出了名的大孝子,20 世纪 90 年代末,30 公里背母看病的事在村里广为流传。而且他还是 2017 年陶坝村‘最好人缘’获得者,村民之所以选他,还是因为认可他的孝顺,所以选他主管这个话题比较合适。”

打开“陶坝村的祖辈们”话题首页,就可以看到一段以江开涛口吻讲述的话:“流金岁月,珍贵时光,跟我一起记录陶坝村祖辈们的点滴,分享给在外工作的儿孙们。”上面显示这个话题有 165 人参与,浏览量 3.1 万次,其中江开涛发了 100 多条帖子。这些帖子既有传递孝道文化的宣传画,有村两委成员看望老人的工作照片,有他自己随手拍摄的老人生活照片,还有他自身对于孝道文化的理解和感受。下面选取其中 10 条帖子为例来呈现“陶坝村的祖辈们”话题的具体内容(见表 3-1)。

表 3-1 “陶坝村的祖辈们”专题帖子节选

序号	作者	时间	主题
1	江开涛	2021 年 9 月 21 日	孝顺,有孝才有顺。中秋节母亲吃到孙子从远方寄回来的月饼,好开心
2	江开涛	2020 年 9 月 22 日	残疾老人陶大爷,辛苦了
3	江开涛	2020 年 1 月 3 日	好心人陶守祥,为行走不便残疾五保老人陶宪思、陶宪儒领回春节慰问品,有被子、大米、菜油。做好事,传递正能量,向他学习
4	江开涛	2020 年 1 月 10 日	残疾老人吃了长街宴好开心啊
5	江开涛	2019 年 11 月 15 日	发现村民水管坏了,及时找来了师傅修理了水管。为老年人做点小事
6	江开涛	2019 年 10 月 27 日	这是母亲最喜欢吃的粗粮饼。主要原料为玉米面、小麦面粉、牛奶、土豆、红薯、少许食盐,将清油烧开煎制而成,营养丰富
7	张小琴	2019 年 10 月 16 日	也许你现在还年轻,不能理解老人的孤独,但是迟早有一天会老的。所以,从现在起我们就应该关爱老人
8	陶小平	2019 年 10 月 12 日	为老人量血压
9	姜开惠	2019 年 10 月 10 日	大人小孩齐欢聚,共庆重阳佳节,让老人们感到幸福。这样的活动好温馨,场面好热闹,老人各个喜笑颜开,都赞美现在政策好和领导对他们的关爱。感谢你们,大家辛苦了
10	刘齐春	2019 年 7 月 28 日	尊老爱幼是我们每个人的职责

这个话题中很多帖子都是由江开涛采访并拍摄完成的。江开涛经常去村里老人扎堆的地方进行拍摄，有时也会去看望一些“五保户”老人，还有时会拍摄一张自己母亲的照片，然后把这些内容发到“为村”平台。江开涛说：“我把这些照片发到平台上，是让这些老人觉得有人在关注他们，让他们感到有人在重视他们。另外，我也希望那些在外打工的儿孙们能够看到这些照片，让他们安心。”因此，这个话题也就成为连接陶坝村和那些外出务工村民非常重要的平台。村支书林祥华说：“很多外出工作的年轻人关注‘为村’平台就是因为在上面可以看到自己的父母，‘为村’平台像一根风筝线，连接着村里村外。”

张小琴说：“关爱老人，是传统美德，但是我们也需要加强倡导，现在农村里不孝顺的事情也很多，我们在‘为村’平台上发起这样一个专题就是希望将弘扬爱老敬老美德日常化，而不是每年只有重阳节那天才想到老人。”

（二）“陶坝儿童之家”：关爱留守儿童

除宣扬尊老敬老精神之外，还注重关爱留守儿童。由于陶坝村外出务工人员较多，因此村内有很多留守儿童。为了让外出务工村民安心工作，并丰富陶坝村儿童在休息期间的生活，陶坝村村两委在村部辟出一个房间，创办了“陶坝儿童之家”，2018 年 7 月正式开放。“陶坝儿童之家”在为留守儿童提供日常照料以及帮助他们集中学习等方面发挥了作用，但是却无法让在外地务工的村民参与其中，因此陶坝村村两委决定在“为村”平台创办线上“陶坝儿童之家”，以建立一个沟通留守儿童和外出务工村民联系的线上平台。

线下“陶坝儿童之家”具有儿童游乐、学习、托管等多种功能，为陶坝村留守儿童提供了便利，尤其是“4·30”课堂以及“关爱儿童党员志愿服务队”在其中发挥了重要作用。“4·30”课堂由陶坝村“为村”平台总管理员张小琴创办。她说：“陶坝村小学一般下午 4 点放学，4 点半到 5 点半这段时间正好是家里监护人的工作时间或者农忙时间，我就创办了这个‘4·30’课堂，希望能够减轻他们的负担。”孩子们在“4·30”课堂可以一起完成作业，学完之后还可以在乐园休息。村民刘齐春说：“张小琴辅导完作业后，还会给孩子们讲课，确实很用心，非常辛苦。”

“关爱儿童党员志愿服务队”是依托线下“陶坝儿童之家”组建的一个党

员为儿童讲党课,开展与党的教育相关的活动的志愿者组织。“关爱儿童党员志愿服务队”招募公告如下。

少年儿童是祖国的花朵,也是我党共产主义伟大事业的接班人,今天我们将启动针对少年儿童的党员志愿服务队项目,将在“陶坝儿童之家”每周针对少年儿童开展有趣的党的知识的相关教育活动。现在全村党员中征集志愿者,党员志愿者将每周在“陶坝儿童之家”给少年儿童讲党的故事,同时会播放爱国主义影片,开展与党的教育相关的活动,从小培养他们的爱党爱国情怀,激发他们的昂扬斗志。请有意愿的党员同志来村委会报名。

张小琴说:“大家报名很积极,有很多群众也都想报名加入志愿服务队。”线下“陶坝儿童之家”活动丰富多彩,但是那些远在外地打工的父母却无法参与。对此,张小琴就建议在“为村”平台上建立一个线上“陶坝儿童之家”,这样线上和线下的儿童之家就可以配合形成合力,正如线上“陶坝儿童之家”首页显示“打工的家长们看过来,这里每天欢声笑语,记录着孩子们快乐成长的每一天”。村妇女主任张志美是这个话题的发起人和主理人,由于她的工作是和孩子们打交道,因此她可以获得很多素材。她便经常将村里孩子玩耍、上课、排练的照片发到“为村”平台“陶坝儿童之家”上面。李淑芳是一位在苏州打工的村民,她说:“有一次,我在平台上看到了我的孩子,这让我很感动,感觉有人在关心我们,从那以后我就经常关注这个话题。”陶坝村有很多外出务工的村民像李淑芳一样,因为“为村”平台中有“陶坝儿童之家”而关注“为村”平台。对此,张志美说:“我们村留守儿童很多,我们设置这样一个话题就是为了让村民们关爱留守儿童。”

(三)“陶坝青年归去来”:倡导家乡情结

“陶坝青年归去来”这个话题由陶坝村“为村”平台总管理员张小琴发起。她之所以发起这个话题,和她自己的亲身经历有关。2013 年,雅安芦山地震,“北漂”的张小琴回到了家乡参与抗震救灾,随后,她留在了陶坝村,开始在村委会工作,成为一名投身家乡建设的新青年。“陶坝青年归去来”首页这样介绍该话题:“4・20 芦山地震,我们返乡了! 这些年我们为村庄思考了什么,带来了什么,改变了什么,让我们一起记录,留下记录。”

笔者在陶坝村调研期间，问起“为村”平台给陶坝村带来了哪些变化时，虽然回答五花八门，但是有一个共性就是：大家都会提起张小琴借助“为村”平台和其他社交媒体为滞销佛手瓜打开销路的事情。2017 年秋天，陶坝村佛手瓜出现了滞销，当时正值“为村”平台刚刚上线，张小琴想既然佛手瓜销售是因为信息不畅，那为什么不放在“为村”平台“村有好货”板块试一试互联网销售呢？随后，她自己主动将佛手瓜销售信息发在各大社交媒体平台上，还主动寻求政府官方微博、微信公众号以及一些朋友推荐的大 V 进行推广，她说：“没想到当天就接到了几个订购电话，不少商家还到村里实地考察。”短短一个月，村里的佛手瓜被订购一空，村民们也尝到了“为村”平台带来的甜头。有了第一次成功经验，她就开始动员产业合作社、有条件的农户包装产品并进行质量认证，然后在“为村”平台“村有好货”中进行销售。张小琴想尝试“互联网＋农业”，让农户真正享受到互联网带来的效益。

张小琴利用“为村”平台销售佛手瓜的事情很快得到了媒体的报道，因此她很快成为“为村”平台圈内的“红人”。一位实名认证为“永兴社区党总支书记黄长清”的网友在“陶坝青年归去来”中发帖道：“曾几何时，网络频频曝料：‘世界很大，我想去看看’，然而我们的陶坝村热血青年此时却毅然选择回到远离都市且极其偏僻的家乡，用火一般的热情、真诚互动的情怀，让全村人了解‘为村’平台、关注‘为村’平台、利用‘为村’平台，助推了本村各项工作的发展，引来了全国‘为村’大会在本村召开！使本村的知名度誉满全国。”

张小琴说：“邛崃市像我这样从外地回来建设家乡的人很多，我希望创建这个话题，把那些心系家乡的人凝聚在一起，共同探讨如何建设家乡。”如今“为村”平台“陶坝青年归去来”这个话题聚集了很多关心家乡发展的青年。姚希在邛崃市大同镇党政办工作，她说：“毕业之后就在外面漂泊，找不到停下脚步的感觉，总有一股力量在拉扯着我，最后终于回到了家乡，不管是一花一草、一树一叶都格外亲切温暖，看着家乡一天天的变化，自豪感油然而生。”

邛崃市大同镇周沟村驻村干部张莉贤在“陶坝青年归去来”中发帖说道：“时光荏苒，岁月如梭，那场震慑人心的大地震已经过去了十一年，闻震返乡的年轻人再没有离开满目疮痍的家乡。十一年后,再看我们的过去,感觉日子没有白过!人虽没有离开,家乡产业发展的成果却走出了山村,走进了千家万户!管理有素的生态养殖基地、猕猴桃种植基地、佛手瓜种植基地……此时的陶坝村早已生机勃勃!青年是创造者,是家乡建设的生力军,在若干年以后的某一天,回首往事,陶坝青年不负初心!”

陶坝村代办员王霞在“陶坝青年归去来”话题中说道:“落叶归根是人之常情,在外漂泊几年,充实也艰苦,快乐也孤单,为什么会返乡,因为不想抢票,不想坐长途车,因为到最后总会回来,不如早一点回来。回来发现家乡的变化也是很大的,生活水平也有了飞跃,虽然不及城市,但依然给我温暖熟悉的感觉。”

这个话题不仅有已经返乡的村民参与,还有很多依然在外的村民参与。何晓燕就是其中之一,她在“陶坝青年归去来”话题中说道:“每次回家都会看到大大小小的变化,震后村委会也被打造得越来越温馨,家园越来越美好。感谢‘为村’平台,让我们时时刻刻能关注家乡的变化,为我们提供贴心、便捷的服务。”

如今,“陶坝村青年归去来”更像是那些陶坝村曾经以及现在还在外地工作村民的精神家园。他们诉说着自己的家乡情结,探讨着家乡的点滴变化,规划着乡村发展方略。不管最终能发挥怎样的作用,它本身已然是陶坝村全体村民凝心聚力的体现。

(四)“陶坝环境靠大家”:促使全村参与环保

卫生环境是影响居民幸福感和获得感的重要因素。但是,环境治理也是城乡社区治理的难题,这不仅需要环卫工人持续作业,更需要培育具有良好环保意识的公民。环境治理,人人有责。对此,在“为村”平台上开设了一个话题“陶坝环境靠大家”。如今,这个话题已经成为陶坝村的“环境公共领域”,村民通过赞扬环保行为、鞭挞破坏环境行径、倡导环保理念的方式参与环境治理。

陶坝村环卫工人李树琼是“陶坝环境靠大家”话题的发起人和主理人。李树琼说:“我负责搞村里的卫生 7 年多了,只要我走过的地方,都看不到一点点垃圾。我每天在‘为村’平台里面发点看到的东西,哪里脏了、坏了,全村人都能看到。”李树琼在“为村”平台的“打卡”也成为陶坝村“为村”的一道风景线。由于李树琼只有小学文化，因此在“为村”平台里面发布的帖子文字较少，比如“把河坝清理干净”“讲究卫生”“把环境卫生搞好，群众说漂亮”。但是这些帖子却慢慢地影响着村民的环保意识。调研中，一位名叫张莉的村民说：“以前陶坝村环境真是糟糕，地无三尺平，满路都是泥。林书记到我们村就开始修路、抓卫生，环境慢慢变好了。有了‘为村’平台以后，陶坝村环境又有了提升。我们经常看到李树琼在平台里发布一些打扫卫生、环境优美的照片，村民也就不舍得再去破坏环境。要珍惜别人的劳动成果嘛。”

除了李树琼，林祥华书记也经常在这个话题里面发帖，参与环境治理工作，一是通过表扬环保行为引导村民，二是进行理念倡导促进村民树立环保意识。林书记会在走访村民期间将村民的一些良好环保行为抓拍下来发布在“陶坝环境靠大家”话题中，从而引导其他村民向这些村民看齐，这些帖子也能够得到很多村民的回复，摘录几个帖子如下。

我们的热心人，时常乐于助人的杨开华今天下午一个人在打扫林间小道，大家一起向他学习，爱护我们的家园和一草一木。

这些老年人和残疾人都这么爱护环境卫生，请我们大家都向他(她)们学习，人人动手，保护好自己的家园。

我们村的卫生志愿服务员杨开华同志，看到哪里有垃圾和污染就及时清理，还时常帮助周围需要帮助的人，我们要向这样有爱心的人学习。

林书记还会结合陶坝村当前的一些环境治理工作强调环境卫生治理理念，摘录几段如下。

各位父老乡亲们，为了我村的人居环境提升，请大家把各自的家园美化好，保持常态化坚持。让我们家家户户都有一个温馨家园，永远做到到陶坝村就有不一样的感受，我们一起行动起来努力去做。大家加油！

各位村民朋友，大家新年好！今天是年后第一个工作日，请各位村民在过年的同时不要忘记安全第一，各家各户注意自己区域的环境卫生。我们开始对每家每户进行评比，来看看谁家卫生工作做得最好！

张小琴说:"环保意识要慢慢培养,很多村民看到别人那么爱护环境,慢慢也就会有所改变。这个话题对于营造人人关心爱护环境卫生的良好氛围起到了推动作用。"

三、促进行动:媒介促进公共行动

(一)依托"为村"平台举行线上活动

1. 参与"为村"总部迎春攒福活动

2018年春节前夕,腾讯"为村"总部组织了一次全国性的网络活动——"为村攒福赢大奖"活动。腾讯"为村"总部活动主管赵嘉辉说:"我们一直想举办一次在全国农村地区影响较大的活动,最终我们选择在春节举办这次攒福活动。当前,我国多数村庄的农民会选择外出务工,春节可能成为唯一全家团圆的节日。这个时候也是农村人聚得最齐的时候,我们希望举办这次活动让更多的村民了解'为村'平台,加入'为村'平台,最终实现'人人为村'"。

春节对于中国人的意义是周而复始、万象更新,象征着团圆、欢乐、久别重逢,以及一年新的开始。它不仅是一个节日,更是一种中国文化的符号和象征。春节的起源蕴含着深邃的文化内涵,在传承中承载了丰富的文化底蕴。传统农耕社会时期,春节是一个从腊八节开始到二月二结束的大节日。但是在当前社会发展背景下,春节的周期逐渐缩短。团圆就显得更加意义重大。"为村"平台选择在这个时间段举办此次活动,一是可以营造节日祥和、团圆的氛围,二是此时举办活动更能促进村民的团结。

陶坝村村两委对此次活动非常重视,林祥华更是在这次活动中发挥了带头作用。林祥华说:"虽然说此次活动有很多奖项,但是组织村民参加这次活动却不只是为了奖品。我把这次活动看成一次凝聚村民的活动、一次团结群众的活动。"林书记之所以说这次活动是凝聚村民的活动,和此次活动的规则有关。村庄必须达到一定积分才能在此次活动中获得抽奖资格[①]。个人每天最高只能得40分，因此，只有动员更多村民加入“为村”攒福行动才有机会获得更多积分。这次活动开始后，林书记在“为村陶坝微信群”中专门做了一次动员，并且将此条信息发布到了“为村”平台中：“各位父老乡亲新年快乐，大家一起进‘为村’攒福，为我们陶坝村添砖加瓦。祝全家安康！家庭幸福！心想事成！”

当然，此次活动动员工作少不了“为村”平台总管理员张小琴，还有村民小组成员。张小琴说：“每天晚上我都会把个人积分值积累到最大值，然后我把截图发到微信群或者发布到‘为村’平台，我希望让更多村民看到我每天都在为陶坝村努力攒福。”事实证明，此做法行之有效，陶坝村还有很多活跃村民会效仿张小琴把截图发到微信群或者“为村”平台中。陶坝村的积分正是在这种集体努力中逐渐攀升，一步步获得了五、四、三等奖的抽奖资格。

此次活动全国共有6000多个村庄参加，稍有不慎，积分就会下降。对此，林书记经常在“为村”平台“书记公开信”板块进行动员。林书记说：“同志们加油哈，今天我们落后了。争取明天赶上去，大家都去‘为村’攒福。”他又在“书记信箱”中写道：“人心齐泰山移，每天都要去攒福。”当然，林书记也少不了鼓励。2018年2月23日，陶坝村整体积分情况良好，林书记又在“书记公开信”中写道：“各位村民朋友们好！大家今天的表现非常好，为了我们村的荣誉，大家一起加油到3月2日，每天进去攒福哈！”

村民们在林祥华和张小琴的带动下不仅积极积分攒福，而且也加入了动员村民的行列。那段时间正好赶上过年，村民们拜年的问候语也成了：“你为咱村攒福了没有？”一些在外打工的村民也在这段时间加入了“为村”平台。“为村”教学传帮带成为那个春节的重要主题，村民们坐在一起都会谈起如何使用“为村”平台，那些“老手”教“新手”成为了常态。陶坝村在全村老小的努力下最终拿到的积分为8106.32，积分排名全国第6名。林祥华说：“我们村能拿到这个名次非常不容易，积分比我们靠前的村庄很多都是几千人的大村，而我们村只有1000多人。”这次攒福活动虽然已经过去很久

---

① 抽奖规则详见本书第一个案例。

了，但是笔者在陶坝村调研时，很多村民还是会提起这件事。张小琴说："2018年，正月十五过了以后，有两辆大车到了我们村，给我们带来了净水器、电饭煲等很多奖品，看到村民们拿到奖品，我们也更加开心了。"调研中，林祥华主动讲起了攒福这件事，他说："这次活动虽然是一次网络活动，但是要做好也不容易，那是好多村民日夜努力的结果。获奖说明我们村的村民有集体荣誉感，表明我们村有凝聚力。我们是一支能打胜仗的铁军。"

2. 网络评选"代表陶坝村的一幅画"活动

陶坝村号称东晋诗人陶渊明后裔聚居地，坐落于九鼎山之下，陶河穿村而过，山清水秀，风光旖旎。"采菊东篱下，悠然见南山。""为村"平台上线后，村两委认为这是宣传村庄的好机会，于是就邀请了专业摄影师来陶坝村拍摄了一些自然风光画，最终经过筛选确定了题为"桃源晨曦""鸟瞰陶坝""梦幻桃花源"的三幅画进入投票评选环节。

林祥华说："我们希望通过这次评选活动选出一张最能代表陶坝村的图片，然后把这张图片挂在村公路口作为陶坝村的宣传画。"当时，正好处于陶坝村"为村"平台刚刚上线，村民们既热衷在平台中发帖，也希望通过"为村"平台把陶坝村宣传出去，因此，此次活动参与人数众多，仅这次评选活动公告就有2200的浏览量及450多条评论。现选取部分评论如下。

徐廷文：远处山上云雾缭绕，真是好风景，好喜欢！

余开君：如果把第二幅打造成梯田的形式，再配以桃花相伴那才叫绝。

杨桂华：公路两边山清水秀，自然优美。

李光银：天府陶坝，人间仙居。

郑雪冰：都这么漂亮，让我怎么选，纠结！

邓加蓉：好难选择，我认为都能体现陶坝村的美。

最终第二幅图"鸟瞰陶坝"以92票高票当选。张小琴说："这次活动村民的参与热情很高，大家都想着选出一张最合适的照片挂在村权路口，展示自己的美丽家乡。"

这次评选结束后，有些村民就对张小琴讲："这次活动是让外面的摄影师拍陶坝村。那能不能让村民也参与进来呢?”陶坝村村两委很快就决定让村民也参与到拍摄村庄的活动中,而且将这个活动做成按月举行的系列活动。当这个活动放开了以后,村里很多人都想加入,其中还有很多老人。张小琴说:“我们村有些老人参与积极性很高,他们会拍一些有关小孩、花草的照片,但是总体质量不是很高,因此每月的投票结果,村民拍摄的照片很少能获得在‘为村’平台进行展示的资格。”对此,陶坝村村两委想了一个办法,那就是对那些没有资格在“为村”平台展示的照片在线下进行再次评选。村两委组织一个评议组,对村民的照片进行评选,然后按照评选结果还会给村民颁发证书。

张小琴说:“这次活动影响挺大,最后其实等于划分为了专业组和非专业组,摄影师参与专业组评选,村民参与非专业组评选。两个活动也都达到了预期效果。我们这次活动得到了邛崃市摄影家协会和成都市摄影家协会的支持,活动持续了 12 个月,每个月都会评选出 1 幅画,然后打印喷绘张贴在正对村口那面墙上。”一些村民回忆说:“那些照片确实漂亮,要是不拍摄出来,都不知道我们村还有这么漂亮的地方。”还有一些村民说:“最主要的是外村人羡慕我们,觉得我们搞了好多不错的活动,摄影活动确实宣传了我们村。”

然而,对于张小琴而言,让她记忆深刻的是,这次活动为一位高龄老人留下了生前唯一一张照片。一位叫张强的村民当时已经 98 岁,有位摄影师在村里采风时没有拍摄风景,而是选择拍摄人物,其中一张照片就拍摄了这位老人。老人当时正叼着旱烟在村口抽烟,面容慈祥、神情自若。当摄影师将这张照片发给张小琴时,她说:“这张照片有抽烟的动作,我没法给你放在‘为村’平台上,也没法给你挂在墙上。”那位摄影师说:“这个没问题,我可以把旱烟处理掉。”没想到处理完以后,对照片整体效果影响不大。然而 2018 年,正是拍摄完照片的第二年,老人便去世了。去世时挂的遗照就是这张照片,因为这位老人除了这张照片就没有其他照片了。事后,张强一家人跑来感谢张小琴,她回忆说:“这位老人是一位老革命,去世后很多老战友过来看他,都是八九十岁的老人,战友们对这位老爷子的记忆已经很模糊了,看到这张照片才会有点回忆。战友们看到照片就哭了,要是没有这张照片,感情都没有地方宣泄。”这件事以后,张强家人非常支持“为村”平台的工作,只要举办活动需要资金众筹,他们家都会给予500元、1000元、2000元的资助。

(二)依托“为村”平台发起线下活动

1.组织陶坝村“为村百姓故事会”

陶坝村村两委发起“为村百姓故事会”和2017年举办的那次“最好人缘”评比有关。林祥华书记说:“我们既然评选出了村里的‘最好人缘’,那就要让这些人发挥作用。让他们的品德能够影响全村人,这才是我们的目的。”因此,陶坝村村两委决定举办“为村百姓故事会”,让“最好人缘”获得者亲临现场给村民们讲述感人故事。最终,经过大家在微信群中推荐,确定第一场故事会由“最好人缘”获得者江开涛讲述。

2017年7月30日,陶坝村首场“为村百姓故事会”如期举行。江开涛讲述了1999年末,背母赴30公里以外县城医院看病的故事,现场讲述内容如下。

以前我一直做生意,1999年我们家发生了不幸,我的妻子和父亲接连病故。母亲因闷气双目失明,整个家庭经济和我的精神受到很大打击。面临着上有老下有小的情况,我真不知该怎么办。我母亲双目失明,经常把头碰伤,生活完全不能自理。要想治好她的眼睛,只有到邛崃进行手术治疗。我母亲80多岁了,年老体弱,又是虚寒体质,患有重度头晕目眩症。她这种病很特殊,不管坐什么交通工具,只要一启动,马上就头晕、呕吐,要持续吐三天,这三天吃饭吐饭,喝水吐水,非常难受。我为了治好母亲,只好背着母亲慢慢走进城。

我母亲的眼睛治好以后,我心想让她在邛崃多休息几天再回家,哪知道她眼睛治好了,重见光明,非常高兴,激动得不得了,甚至眼泪都笑出来了,要求马上回家。“父母呼,应勿缓。”于是就听了母亲的话。第二天备好茶水、干粮和老年人必需的多维葡萄糖,从早上七点钟开始背着母亲慢慢走,边走边休息,饿了吃点干粮,渴了喝点茶水。到大同镇的时候已经是晚上八点钟了,整整走了13个小时。

我母亲在眼睛手术后不能走得过快，在回家途中她要求自己走。按照她的速度要走两天。我理解她的心情，她不是想自己走，而是心疼背着她走了13个小时的儿子。这就是娘疼儿疼断肠的感受。有人说你怎么不找个人帮你背呢？说实在话，不要说只是到邛崃，就是到成都、到北京，我都会自己背着母亲去治疗，这就是孝心，就是孝道。

人生在世，父母与我们最亲，给我们的恩情最重，他们无私奉献。母亲生我的时候，剪断了有血有肉的脐带，这是我生命的悲壮。父慈子孝，我可以放弃生意不做，从此在家好好照顾我的母亲，让她生活在安逸快乐的环境里。多一份孝心，我的家就多一份保障，我的言行举止，带给我母亲的是欢欣快乐，将来自然会有意想不到的收获，母亲也一定会长命百岁。

当天，现场参加这场“为村百姓故事会”的人有将近50人。据张小琴回忆说：“那次故事会很成功，在场很多人被感动了，老百姓身边的故事很感人。”一位叫李华的村民说：“以前只是偶尔听人说起江开涛的事情，但是从来都没有完整听过，这次故事会让我感触很深，我们都有老的一天，我们必须从现在开始就要教育孩子们如何善待老人。”

随后，陶坝村“为村”平台上传了江开涛现场讲述的视频并配发如下文字：“‘为村百姓故事会’，以身边真实感人故事为核心内容，让百姓讲述自己的故事、生命的意义、生活的真谛，传递正能量。”这条帖子也引发了很多村民评论，选取部分评论如下。

蒋安兰：说起来容易，做起来就不那么容易了。

曾　霞：什么叫孝顺，我们每个人都应该深刻反思。

李恒明：孝顺父母是每个人都应该做的，要向他学习。

林祥华：我们要向他学习，争当孝子。

张志美：这样的活动真的“巴适”。

2. 开展“陪爷爷奶奶重阳节聚餐”活动

2017年重阳节前，陶坝村村支书林祥华和张小琴商议希望能为老人开展一些有意义的活动。张小琴说：“对于我们陶坝村的老人来说，最难熬的是孤独，他们的子女都在外打工，一年只能见一两次面，他们更看重亲情，所以我们通过‘为村’平台策划了一场邀请村外孩子们在重阳节来陶坝村陪老人吃饭的活动。”

2017 年 10 月 23 日,陶坝村在“为村”平台发布了“邀您吃一顿温馨的农家餐”的公众号推文。随后,林祥华和张小琴把这条推文转发到了朋友圈,这条推文又被很多人转发,一时,陶坝村邀请陪老人吃重阳节团圆饭的消息不胫而走。张小琴说:“征集令一发出就引起了社会的广泛关注,短短 5 天就收到了 150 多个爱心家庭的报名邮件,陶坝村村两委经过核实和筛选,最终确定了 20 个家庭到场参加活动。”

2017 年 10 月 28 日,活动如期举行,将近 300 人参加了这次活动。张小琴说:“20 个亲子家庭与 200 多位老人一起吃一顿团圆饭还是很有意义的,小朋友们与老人们围坐在一起,就像家人一样,好热闹。”一位名叫王秀丽的老人说:“那些人都是从成都过来的,他们也没有嫌弃我们脏,没有嫌弃我们穷,陪我们吃饭,陪我们聊天,我很久没有感受到这种气氛了。”张小琴对其中一位 90 多岁的老人印象最为深刻,她说:“那位老人当时被那种氛围感动了,哭得非常厉害,他就拉着书记的手说:‘我从来没有享受过这样的待遇。’我们当时一直担心他哭得气喘不上来。能让那么多人感动,我们觉得这样的活动很有意义。”

这次活动当然也会牵动那些在外打工村民的心弦。很多年轻人打电话对张小琴说:“你们的活动我在‘为村’平台上都看到了,你们能够这样善待老人,我感到很欣慰,以后你们举办这样的活动一定要提前告诉我,我一定要资助你们。”林祥华说:“老人在家最需要的不是金钱,而是陪伴。‘陪爷爷奶奶重阳节聚餐’活动是一次温暖的陪伴。我们倡导用爱心、用陪伴去关爱空巢老人,传播尊老、爱老的社会好风尚,弘扬中华传统美德。”

3.“为村”平台介入疫情防控

2020 年春节前夕,爆发了一场突如其来的新冠肺炎疫情,全国各地紧急采取了应对措施。当时,陶坝村为了更好控制疫情蔓延,也实行了管制措施。在疫情防控过程中,“为村”平台发挥了宣传、动员、沟通作用。

(1)利用“为村”平台和村民沟通

2020年初疫情异常严重,开会动员、入户访问等日常沟通手段全部不再奏效,而此时借助“为村”平台和村民进行沟通就显得特别重要。2020年2月3日,村干部伍剑在走访监测体温时遇到了一些村民的质疑,他当晚报告给村两委班子时,林祥华委托张小琴写一封公开信以告知村民村干部的不易。2月4日,张小琴在“村务公开”中发布了一篇题为“请理解支持乡镇村组干部”的文章。具体内容如下:请理解和支持乡镇村组干部,他们没有隔离衣,没有救援服,只有一只普通的口罩;他们没有执法证,没有资格证,只有一张村民百姓都熟悉的面孔;他们没有想做出惊天动地的伟业,只是想照顾好村民百姓,守好自己的家园,他们没有请战书,一个通知就得马上到岗,他们告诫所有人都要居家不出门,自己却义无反顾地走访,去做宣传!这条帖子也获得了近500次浏览量、35条评论以及53个赞。很多村民在文章下面留言。

王永芳:这是善良的举措,干部焦虑的心情,爱民如爱自己,深深地感谢!

陶芝阳:我们非常理解,坚决支持!

邓加蓉:坚决支持,为他们点赞。

张小琴说:“疫情防控工作确实限制了大家的自由,但是这也是无奈之举,如果得不到村民的谅解,那么就有可能导致矛盾。”

疫情期间,城乡社区居民和防疫人员出现争吵和矛盾的事情时有发生,其中互相不理解是重要原因。陶坝村村两委利用“为村”平台即时播报疫情信息以及防控信息,让村民了解到了疫情防控人员的不易,从而有利于化解矛盾。

(2)利用“为村”平台征集志愿者

2020年2月5日,很多村庄实行了封村。陶坝村很多村民在“为村”平台咨询,为何陶坝村不封村。林祥华说:“我们村村民居住比较分散,村口较多,如果封村,我们村干部人手不够。因此,我们决定征集志愿者,希望村民能够参与进来。”第二天,陶坝村“为村”平台“活动报名”板块中就发布了题为“集结号”的信息。

集结号

当前,面对新冠肺炎疫情,
全国人民团结一心,阻击疫情。
在这场没有硝烟的战争中,
没有局外人!
我们坚挺地站在抗疫前沿;
我们不惧艰险,义无反顾。
"我愿意为你,挡在疫情前",
这就是我们——志愿者!
陶坝村吹响集结号:
征集广大志愿者加入抗疫一线,
共同守护我们的亲人、我们的家园!

志愿者征集信息发布后5个小时内,就有30个村民报名,顺利完成了志愿者征集任务。林祥华说:"这次疫情涉及全村人的安全,所以大家报名都很积极。"如今依然可以在这条信息下面看到村民的回复。

孔令军:积极配合打赢无硝烟战争。
何成祥:我来一个行吗?
林祥华@何成祥:直接报名,我们拉一个志愿者群。
江开涛:互相转告,积极参与。
江开涛:已经满了,报不了了。
林祥华:还有意愿的下次哈。

张小琴回忆说:"在这次征集志愿者的过程中,'为村'平台发挥了很大作用。有村民说:'我就是看到你们的集结号来的。'"

(3)利用"为村"平台实现"共治"

"为村"平台的作用不仅仅是动员和宣传,而且在"群防群治"中发挥了重要作用。"为村"平台作为参与式媒介,使得每个人都可以利用"为村"平台发布信息。在此次疫情防控中,很多村民在"村友圈"中发布信息配合村两委进行疫情防控,还有一部分人在村两委发布的"村务公开"信息下面以评论的方式参与治理。

林祥华：大家行动起来，坚决打赢这场没有硝烟的战争。

刘太明：听从党的召唤，共同努力抗击疫情。

孔令军：要听从安排，不然伤的是全国的人。

为了更好发挥警示作用，林祥华在微信群中留言："请大家不要到处跑，更不能聚众打牌，有人已经在'为村'平台中反映问题了，请大家一定要重视起来，保护自己，关爱他人。"

(4)利用"为村"平台向热心村民致谢

疫情防控虽然紧张，但是也有温情。陶坝村村两委成员和志愿者在防控点执勤期间，很多党员群众前来慰问，并捐赠了食品。那段时间，很多村民给值班人员送东西时都会说："我在'为村'平台看到你们每天站岗很辛苦，我们就过来看看你们。"张小琴说："人和人需要理解，但是在理解之前需要了解。我们每天都会在'为村'平台各个板块上发布各类防控信息，很多村民也都会看到我们每天坚守的照片，人心都是肉长的，他们也会感动。"随着越来越多的村民前来看望村两委成员和志愿者，林祥华委托张小琴拟写一封感谢信，发到了"为村"平台上，一是表示对村民的感谢，二是再次动员村民严防死守。这封感谢信的标题是"众志成城，万众一心——致陶坝村最暖心的党员群众"，具体内容如下。

"疫情就是命令，防控就是责任。"为进一步做好疫情防控工作，增强村民科学防护意识，陶坝村线上以"为村"平台为主阵地，实时播报疫情、宣传防控信息、与疫情赛跑，为百姓筑起一道道生命安全防火墙。线下村两委同志及志愿者对陶坝村开展逐户排查，在村庄进出口设立志愿服务岗，并张贴宣传条幅，同时开展防控科普知识的宣传，提高群众自我防护意识。

时有所需，必有所为，哪里有难题，哪里就有奉献者的身影。陶坝村老党员郑良琼，看到村干部每天为疫情防控工作奔波忙碌，为大家送来了两箱牛奶、干粮、一箱方便面。陶坝村11组党员李光碧长年在外奔波，但每次陶坝村有任何活动，他都会抽出时间回来和村两委同志一起组织活动。就在昨天，他带来十箱八宝粥、两箱奶茶，希望大家在站岗守岗时注意身体。他说:“平时在外闯荡,村里的事也没帮上什么忙,现在全民都在抗击疫情,作为党员,我更应该义不容辞,冲在前面,东西虽然不多,也是我的一点心意。”陶坝村2组陶本勇送来水果、牛奶,朴实地说了句“大家辛苦了”。陶坝村13组志华送来六箱水果、一箱牛奶。陶坝村14组高珊送来水果一袋。陶坝村2组陶林,将自家种植的柑子送来。陶坝村8组李桂琼送来鸡蛋、粽子、水果等物品!她说不求任何回报,要为村子贡献自己的绵薄之力。

在此感谢所有村民的支持与配合,希望大家尽量少出门。“为了家人的安全!为了村内的安全!我们必须要守护好自己的村庄!”村民们的话语既朴实又坚定,我们相信,在所有人的共同努力下,我们一定会取得战“疫”胜利!

这条帖子获得了大量的点赞和评论,村民们的抗疫积极性也得到了提升。林祥华说:“其实,我们的村民绝大多数是朴实无华的,我们日日夜夜在寒风中严防死守,虽然很苦,但是我觉得值得。”

第四节 数字乡村治理机制

陶坝村村民对于“为村”平台如何参与乡村治理有过一段总结,具体如下。

在陶坝村已建立“为村”平台,通过该平台,村民可参与村务、党务。“为村”平台架起了与外界沟通的桥梁和纽带,也成为向外界宣传推介乡村的平台,开创了“互联网+乡村+产业+党建”新模式。目前关注人数达到1408人,认证村民1047人,14个村民小组90%的村民加入“为村”平台。

在“为村”平台开展“最好人缘”评选活动,点击量超过1.7万次。一方面,通过评选活动,发扬了文明乡风,凝聚了全村村民的民心;另一方面,向外界展示了陶坝村的和谐民风。开展“代表陶坝村的一幅画”评选活动,让村民选出最能代表陶坝村的一幅画,充分体现了民主管村。陶坝村“为村”平台上线以来,村两委积极运用互联网,将线上线下资源高效整合。通过初步模块的建设，产业发展、党建服务、政务服务、便民服务、信息服务融为一体，实现了产业互动、党群互动、群众互动。曾经在全国"为村"平台综合排名中高居第 6 名，陶坝村也通过"为村"平台在全国取得了较高知名度，"为村"平台已逐步成为陶坝村线上线下融合发展的枢纽。

上文提到的诸多治理相关要素，比如"桥梁纽带""文明乡风""凝聚人心""民主管村""党群互动""群众互动"等，都是数字公共媒介参与乡村治理的重要体现。数字公共媒介同样再造了乡村治理结构，使得村两委完成了数字化转型，成为数字乡村治理的重要主体，村民借助"为村"平台也成为重要的治理主体。然后通过强化交流、建构共识以及促进行动等环节影响着乡村治理。

1. 强化交流

陶坝村"为村"平台从纵向和横向两个层面改变了村庄交流方式。在纵向上，"为村"平台搭建了村两委和村民的互动渠道，基层党群互动非常重要，但是却常被忽视。以前，基层农民对距离较远的中央政府信任程度较高，而对和他们经常打交道的村两委的信任程度却比较低①。这其中有诸多原因，其中缺乏沟通是重要原因。基于数字公共媒介的纵向交流对于陶坝村这样一个"流动性"村庄而言更具价值。在没有"为村"平台之前，那些外出务工的村民几乎和村庄失联，遇到问题无法和村两委沟通，从而造成了干群疏离。党务村务公开让村民及时了解村两委动态，村民通过"书记信箱"向村支书反映问题，甚至可"抱怨申诉"，从而使得很多问题得以解决，很多矛盾得以化解。鼓励和引导群众有序参与公共事务的决策和管理活动②，形成畅通的互动沟通机制也是党的群众路线的题中应有之义③。另外，陶坝村村两委针对村里很多党员在外务工以及因村域太大不能经常

① 张世勇：《干群交流的困境：从电视下乡后农村政策传播过程的角度谈》，《华中科技大学学报(社会科学版)》2008 年第 1 期，第 105 - 107 页。

② 刘智峰：《论群众路线与群众参与》，《开放时代》1998 年第 2 期，第 14 - 20 页。

③ 孟天广、田栋：《群众路线与国家治理现代化：理论分析与经验发现》，《政治学研究》2016 年第 3 期，第 25 - 35 页。

来村两委办公室召开党会的问题，在“为村”平台上建立了“微党校”，加强了党员之间的交流和互动。最为重要的是，陶坝村村两委根据自身需求提出了在“为村”平台建立线上“议事厅”的提议，建成后针对“无偿占地拓宽公路”事宜进行了探讨，使得那些在外务工的村民也能够表达自己的观点，做到了直接民主。

2. 建构共识

公共精神对于乡村治理转型和乡村社会和谐发展具有重要的意义。当前，乡村居民公共精神缺失已经成为一个普遍问题，主要表现为：农民责任意识比较淡漠，缺乏参与公共事务的热情；农民更多地关注个人利益，缺少维护公共利益的精神①。陶坝村村两委则利用“为村”平台培育公共精神，建构社区共识。对于陶坝村这样一个近70%村民外出务工的村庄来说，“情感失联”是严重问题。陶坝村村两委针对“空心化”村庄特性策划了“陶坝村的祖辈们”“陶坝儿童之家”“陶坝青年归去来”“陶坝环境靠大家”等话题。“陶坝村的祖辈们”这个话题能够为外出村民和留守村民搭建沟通桥梁，成为连结村内与村外情感的重要媒介，最终形成关爱老人的社区意识。“陶坝儿童之家”具有同样意义，可以让那些外出务工村民在平台看到自己的孩子，也培养了大家关爱留守儿童的意识。“陶坝青年归去来”为那些在外工作学习的有志青年建立了一个共同商讨建设家乡的园地，建构了关爱家乡的群体意识。相比以上话题，“陶坝环境靠大家”更加接地气，但也实实在在为美化乡村环境作出了贡献。曾经的陶坝村泥泞不堪、尘土飞扬，环境问题严重。因此，在“为村”平台创建这个话题，通过环卫工人和村民集体“打卡”，逐渐培养了村民的环保意识。登哈特夫妇认为：“公共精神的实质是政治利他主义，这种利他能够促使公民关心公共事务并超越私人利益，积极参与到社区治理之中。”②而“为村”平台则为村民关心公共事务和培育政治利他主义提供了公共场域。

---

① 王丽：《公共治理视域下乡村公共精神的缺失与重构》，《行政论坛》2012年第4期，第17－21页。

② 珍妮特·登哈特、罗伯特·登哈特：《新公共服务：服务，而不是掌舵》，丁煌译，中国人民大学出版社2004年版，第27页。

3.促进行动

在计划经济时代，乡镇政府根据公共生产的需要主动承担了公共物品的提供，而到了"后农业税时代"，政府行政权力在农村公共事务管理中收缩，供给主体向农村社区发生转移。随着村民私利性增强，村庄公共事务经常无人问津①。亚里士多德曾断言："凡是属于最多数人的公共事务常常是最少受人照顾的事务，人们常常关怀自己，而忽视公共事务。"针对亚里士多德论断的诸多模型化研究，如公共地悲剧、囚徒博弈困境、集体行动逻辑等从不同侧重点阐述了公共产品供给的失败②。数字公共媒介则在克服集体行动"搭便车"行为、催生社会资本、促进基层合作等方面具有较大潜力③。陶坝村村两委基于"为村"平台从线上线下两个层面参与了乡村治理。线上参与了"为村"总部迎春攒福活动，策划了"选出心中的魅力桃花源"活动，这些活动促进了村民的公共参与，本身是凝聚村民的重要方式，同时也能够为乡村治理培育主体力量。线下组织了"为村百姓故事会"、"陪爷爷奶奶重阳节聚餐"活动等。举办"为村百姓故事会"的目的是希望用身边人的故事激励村民；通过线上发起的"陪爷爷奶奶重阳节聚餐"活动吸引了村外很多人的关注，通过行动的方式强化了尊老敬老的传统精神。

综上所述，"为村"平台重构了陶坝村治理结构，使得村两委和村民都被纳入"为村"平台，赋予每个村民参与村务的权利，从而使得治理成为"多数人参与，为了多数人"的治理。然后按照交流、意识、行动三个路径影响了乡村治理模式，构建了一种基于数字公共媒介的协商民主模式。通过数字公共媒介强化了社区公共意识，基于数字公共媒介推动了线上和线下行动，从而整合了乡村社会。

---

① 陈潭、刘建义：《集体行动、利益博弈与村庄公共物品供给：岳村公共物品供给困境及其实践逻辑》，《公共管理学报》2010年第3期，第1-9页。

② 高庆鹏、胡拥军：《集体行动逻辑、乡土社会嵌入与农村社区公共产品供给：基于演化博弈的分析框架》，《经济问题探索》2013年第1期，第6-14页。

③ 许增巍、姚顺波：《社会转型期的乡村公共空间与集体行动：来自河南荥阳农村生活垃圾集中处理农户合作参与行为的考察》，《理论与改革》2016年第3期，第45-49页。

第五节 比较案例分析

通过上述分析发现，陶坝村基于数字公共媒介的治理路径基本和小溪村相仿，但是略有不同。村民在陶坝村数字媒介治理过程中的主体性得到了充分体现，村民不仅作为“被治理”“被影响”的对象，他们本身也成为影响村两委和其他村民的重要主体。乡村振兴离不开外部资金、技术、人才的支持，但最主要是要依靠广大的农民群众，农民才是乡村振兴的主体，只有农民参与和主导的乡村振兴才是真正的乡村振兴。新时代的乡村振兴是一项伟大的工程，涉及内容众多，无论是公共基础设施建设，还是农村产业发展，抑或是乡村公共性的培育，都不是单家独户的小农所能够承担的。然而，当前我国农业农村发展中存在的突出问题，恰恰在于农民的去组织化。分散的农户既无法有效对接市场，也无法有效承接政府资源，这种结构性困境使得亿万农民整体上成为“弱势群体”①。数字公共媒介的进入，使曾经“袖手旁观”的村民成为乡村治理的主体。长期以来，我国基层治理中始终存在村民公共参与困境，其中原因众多，没有合适的参与渠道是重要原因。“为村”平台成为让每个村民都有机会参与村务的平台，比如给书记写第一封信的刘齐春、开设“陶坝卫生靠大家”话题的环卫工人李树琼、开设“陶坝村的祖辈们”话题的江开涛、开设“陶渊明诗词散文集话题”的小学语文老师伍德文，以及在“议事厅”参与拓路讨论的村民们。在陶坝村，这些普通的村民成为了治理主体。基于此，构建理论模型 T_2（见图 3-1）。

该理论模型同针对小溪村建构的理论模型不同之处在于以下方面。

第一，将理论模型 T_1 中村两委和村民两相分离的态势转变为合二为一。同样是基于数字公共媒介的传播实践，为何小溪村更类似于“大众传播”，而陶坝村更接近于“公共传播”呢？这是因为数字公共媒介虽然为多元主体进入提供了平等的机会，但是培养自由而负责任的公民，养成公共理性

① 吴重庆、张慧鹏：《以农民组织化重建乡村主体性：新时代乡村振兴的基础》，《中国农业大学学报（社会科学版）》2018 年第 3 期，第 74-81 页。

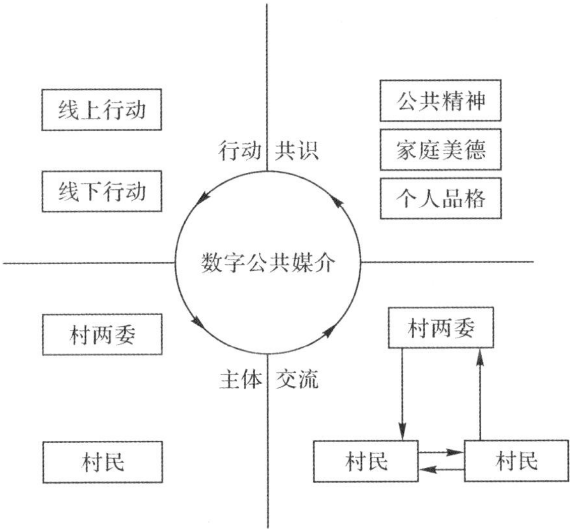

图 3-1 理论模型 T_2

和公共性是公共传播的基础[①]。显然,公民“参政议政”能力、参与积极性对于公共传播非常重要,这将决定公民在公共事务中的参与程度。通过考察发现,小溪村村民虽然也积极参与公共事务,但是总体而言处于“被影响”状态,主动性和能动性发挥不足。而陶坝村村民的主观能动性得以很好发挥,这种模式中已经不再是村两委借助数字公共媒介影响村民的模式,而是村民也可以借助数字公共媒介影响村两委和其他村民的模式。

第二,该模型中多元主体、强化交流、建构共识、促进行动四个要素形成了一个圆形闭环。①多元主体:村两委最初会推动村民加入数字公共媒介,通过人际传播、网络传播以及举办活动的形式带动村庄内外各类村民加入“为村”平台。②促进交流:随后会形成村两委和村民自上而下和自下而上两种类型的交流,以及村民之间的横向交流,多元主体在交流过程中强化了连接。③建构共识:基于数字公共媒介的交流会促进共识形成,这是形成共同体意识、社区认同的重要环节。④促进行动:村两委借助数字公共媒介发起线上线下活动,这既是处理公共事务的路径,也是凝心聚力的方式。比如

① 胡百精:《公共协商与偏好转换:作为国家和社会治理实验的公共传播》,《新闻与传播研究》2020 年第 4 期,第 21-38 页。

陶坝村参与的迎春攒福活动,虽然村民并没有直接参与村庄公共事务,但是该活动却体现了村庄的公共行动能力。

第三,既然以上四个要素是一个闭环,那么就意味着交流、共识、行动中的任何一个要素都会影响多元主体进入公共空间,比如刘齐春发现"书记信箱"的有用性后会广而告之其他村民加入"为村"平台,村民基于对"为村"平台尊老爱幼的价值观导向会使更多外出务工村民加入,通过举办各类线上线下活动推动村民加入"为村"平台,因此基于数字公共媒介的公共传播就形成了一个循环模式。推动公共传播持续发展的核心动力就在于多元主体的加入,不论是村两委,还是村民都在其中占据了重要位置,任何一类主体的缺失都将导致公共传播模式不完整。总体而言,多元主体在公共空间展开的社会交往和意见竞争过程中,公共传播提供了增进社会认同、改善国家治理的新可能性①。

通过对陶坝村案例的研究证明了在数字公共媒介中,村民可以作为重要主体参与到乡村治理之中,而不只是一种"被影响"的状态,从而建构了一种公共传播的模式。但是在关于冯村的案例中,互联网自组织在其中发挥了重要作用,那么,这类组织在村两委主导下的"为村"平台模式中扮演什么角色?会发挥哪些作用?按照这一指引,我们需要寻找一个村两委、"为村"平台管理团队以及村民都能积极参与的"为村"村庄。基于此,选择了安徽省黄山市甘棠社区作为研究案例。

---

① 胡百精:《公共协商与偏好转换:作为国家和社会治理实验的公共传播》,《新闻与传播研究》2020 年第 4 期,第 21 - 38 页。

第四章

甘棠社区数字化治理机制及跨案例分析

第一节 案例概况

一、村庄简况

甘棠社区位于安徽省黄山市黄山区甘棠镇中部,地处城乡接合部,属于城中村类型。2005 年,原甘棠村和立新村合并并撤村改居,是黄山区唯一一个农村社区。甘棠社区既有城市社区的特点,又有农村社区特点。甘棠社区有土地,有资源,经营方式按照农村模式。这一点和由财政供给的城市社区不同,社区工作人员的工资等支出都要依靠自主经营补给。但是,甘棠社区还要承担城市社区的一些服务功能。比如,需要为社区居民提供医保和社保相关服务工作,需要开展创建卫生城市和文明城市工作,同时还要安排农村全域环境等工作。甘棠社区虽然已经村改居约 20 年,但是依然还保留"村民""村民小组""村委会"等称呼。

截至 2021 年 12 月 31 日,甘棠社区现有人口 2200 余人,党员 154 人,辖 9 个村民小组。甘棠社区现有水地 100 余亩,山场 1100 多亩,耕地面积不足 0.2 亩,农业资源非常匮乏。对此,甘棠社区干部带领群众大力发展第三产业,提出了"跳出小社区,服务大城区,盘活集体资产,壮大集体经济,带动居民增收"的工作思路,大力发展香榧基地、农贸市场、夜市经营等集体经济,成为黄山区村级集体经济收入最高的村庄。经过多年发展,已经成为黄山区 79 个村庄中率先脱贫致富的村庄。甘棠社区文化建设颇有特色,自 2015 年以来连续举办"幸福村晚",已经成为甘棠社区重要的公共文化活动。有村民作《甘棠赋》记录了甘棠社区的地理、历史、人文、村组等情况,具体内容如下。

甘棠赋

雾山北望,婆溪南依,六角鼓楼西耸,巽峰宝塔东立,斯是甘棠,黄山之要地,太平之冠首。

怀往事而越千秋兮,胜迹繁众,钟灵毓秀,进士故里,杰者辈出。

顾当代而瞩万象兮,城镇繁荣,郊野革故,人才鼎新,风流弥著。

嗟夫，甘棠者，吉善德，遥领神韵，下开新锐之风骚，续写华章。汪家新门鼎力，双井彬仓携手，东边西边增辉，前山车站竞优，新村昂首前行，社区共奏凯歌。树雄心同舟共济求发展，立壮志改天换地迎潮头。百业似千帆争竞，襟抱则更上层楼。

从辞赋可知，曾经的甘棠社区人杰地灵，颇为辉煌。调研中笔者前往雾山、婆溪，确属风水宝地，六角楼、三甲祠虽非名胜，但也可见历史留下的印迹。

二、治理困境

甘棠社区属于城中村，同样面临治理碎片化困境，只是表现形式略有不同，具体表现为以下方面。

1. 撤村并居后的融合问题

甘棠社区地处长三角地区，外出务工村民相对较少，因此，甘棠社区和小溪村、陶坝村相比并没有"空心化"问题，但是却面临甘棠村和立新村的融合问题。虽然这两个村庄已经合并约 20 年，但是由于村子较大，依然没有完全融合为一个真正意义上的"社区"。

2. 发展理念难以达成共识

甘棠社区拥有集体经济，如何发展需要民主决策，但是由于缺乏共同讨论的公共空间，经常出现"遇到问题千张嘴"的问题。因此，如何把"千张嘴变成一条心"这是问题关键。

3. 干群关系紧张

调研中，村民反映以前大家普遍对干部有误解，认为干部整天就是喝茶看报，因此干群之间经常出现矛盾。

4. 公共信息传播不畅

以前，党务和村务公开主要依靠公开栏。除了个别人去社区办公室办事时会关注公开栏，一般人不会特意去看。虽然各村民小组创建了微信群，但是对于超过 2000 人的村庄而言，微信群已经无法发挥正式信息传播渠道的作用。

三、引入“为村”平台

2018 年 3 月,甘棠社区党委书记梁卫华参加了在深圳举行的革命老区支部书记培训会,会场上他被湖南湘西土家族苗族自治州小溪村(本文第一个案例)“为村”平台管理员方远的“为村”故事感动了。梁卫华书记说:“那次培训会安排了几个分享,其中一个就是方远讲小溪村‘为村’平台的故事。他当时把自己讲哭了,我们下面的听众也被他感动了。就是在那个时候,我开始对‘为村’平台产生了兴趣。从小溪村来看,‘为村’平台能发挥连接信息和连接情感的作用,这个正是我们社区需要的。我希望引入‘为村’平台重塑社区干部形象,改善干群关系。”2018 年 4 月,甘棠社区开始组织人力对接“为村”平台开通工作。

第二节　媒介再造治理共同体

甘棠社区数字化治理结构可划分为“为村”平台领导机构、管理机构及作为参与主体的村民。“为村”平台领导机构主要包括党委书记梁卫华和“为村”平台总管理员孙洁,以及社区两委其他成员,其中梁卫华和孙洁是“为村”平台的核心领导。“为村”平台管理团队负责执行部分“为村”平台的日常任务。

一、社区两委成员

(一)党委书记梁卫华

梁卫华是甘棠社区党委书记。身为一名退役军人,他雷厉风行的做事风格同样表现在引入“为村”平台这件事上。2018 年 3 月在深圳参加培训,4 月开始申请,5 月完成上线。3 个月后,甘棠社区成为了当时全国唯一一个四星级“为村”村庄。梁卫华在甘棠社区“为村”平台建设方面主要承担两个角色:一是总体规划;二是维护“党务”板块,尤其是在“书记信箱”中及时回复村民反映的问题,以及在“书记公开信”中通过公开信方式引导村民。2018 年,梁卫华在“2018 我的为村故事”活动中介绍了自己的“为村”经历,内容如下。

时光荏苒,岁月匆匆,转眼即将告别2018。每一天睁开眼第一件事是打开手机进入“为村”平台,看看有没有群众来信,安排好今天的工作。对面的农贸市场过渡点正在抓紧施工,每天都有新变化,这几天屋顶也被白雪装点。村口道路上行人和车辆也随之减少。唯一不变的仍是我和同事依旧忙忙碌碌。2018年初识“为村”,带着试试看的心态启用平台,不到几个月时间成果斐然,不但第一个成为四星级村庄,还有幸应邀参加全国“为村”大会,重返深圳分享“为村”经验,特别是陈晓圆主任亲临我村指导“为村”平台工作,为甘棠社区“为村”平台建设打气加油。“为村”平台现在已经成为我们社区干部工作的重要抓手,从信息发布到村务公开,从书记信箱到两委日志,已经将社区干部与村友们紧紧相连。告别硕果累累的2018,即将迎来充满希望的2019!我们将继续使用好平台各项功能,为社区发展再立新功。

(二)“为村”平台总管理员孙洁

孙洁是甘棠社区居委会委员、甘棠社区“为村”平台总管理员。她出生于湖北省,2016年参加黄山市公开招考成为甘棠社区一名工作人员。2018年3月,甘棠社区党委决定申请“为村”平台,指派孙洁执行具体工作。2018年5月16日,甘棠社区“为村”平台正式上线,孙洁成为“为村”平台总管理员,主要承担活动策划、平台管理、对接管理员等工作。孙洁说:“最初因为对基层工作不了解,时常感到困惑和迷茫。不过,自从社区开通了‘为村’平台,很多工作有了抓手,而且和村民有了更直接的联系,也得到了很多村民的认可,这增加了我的自信心。”孙洁擅长利用“为村”平台开展工作,她能够很好地将社区工作和“为村”平台运营相结合,避免“为村”平台和社区工作“两张皮”。她策划的“为60岁以上老人拍婚纱照”“甘棠社区最美庭院评比”等活动在甘棠社区获得了较大影响力。孙洁作为“为村”平台总管理员,经常在平台中发帖,在日常中和村民接触,这大大提升了她的知名度。2019年,社区两委换届时,孙洁得票数仅差梁卫华书记一票。孙洁说:“这和我做‘为村’平台有极大关系,做‘为村’平台让我认识了很多村民,大家在选举时才会记得我。”

二、社区中间组织

甘棠社区和小溪村、陶坝村"为村"治理结构的不同之处在于拥有一个"为村"平台管理团队。而且,这个管理团队和冯村有较强独立性的"为村"平台管理团队相比又有很大不同。如果说冯村的团队具有"民办"色彩,那么甘棠社区的团队就具有"官办"色彩。这些管理员更多是在甘棠社区党委指导下开展工作,社区每年还会给这些管理员发放一定金额的津贴。因此,甘棠社区的团队不像冯村的团队那样会同村两委形成博弈,而是更加容易和社区两委形成治理合力。最终,甘棠社区"为村"平台管理团队成为重要的社区中间组织,能够发挥"承上启下""上情下达""下情上达"的作用。

2018 年 5 月,甘棠社区"为村"平台上线后确定了 4 名管理员,分别是残障人士崔可友、村医崔琳、村民小组组长吴玉霞、芙蓉市场总经理何祝成。孙洁说:"我们选取管理员时尽量照顾不同群体,然后让这些管理员再去影响更多人。"他们不仅积极发帖,在"为村"平台上引导舆论,而且在现实中也成为重要的"舆论领袖"。

(一)管理员崔可友

崔可友身患残疾,约 20 年前,他在一次施工中从楼上摔下造成了高位截瘫。他说:"十几年来,我没怎么出过门,没有朋友。前几年在家人劝说下我走出了家门,一开始没有几个人和我说话,我想人家看不起我,不把我当人看。"2018 年,甘棠社区"为村"平台的引入改变了崔可友的命运。他通过"为村"平台不仅获取信息,而且成为一名"发帖高手",他发布的甘棠地方名人、传说故事吸引了村民关注。因此,他被任命为"为村"平台管理员。他尽职尽责,不仅主动发帖,还会浏览"为村"平台的每一条帖子,因此对社区发布的各项政策也是了如指掌。很多人对政策不太了解、模棱两可时就会问崔可友。他说:"我现在成了村里的网红,以前很少有人知道我,现在大家都认识我。"作为"为村"平台管理员,崔可友在工作中找到了价值感和存在感。

(二)村医崔琳

崔琳是甘棠社区卫生室乡村医生、社区文化活跃分子。作为村医,她负责慢性病体检等社区公共卫生均等化工作。这个工作使得她有机会和更多人接触，这也是她成为“为村”平台管理员的主要原因。自从成为甘棠社区“为村”平台管理员后，她利用“为村”平台发布医疗、卫生、保健等相关信息。崔琳说：“我现在非常喜欢‘为村’平台这个大朋友圈，我在上面发布的信息很快就能通知到位。”因工作效率提高，崔琳多次获得了上级医疗单位的表彰。她还利用“为村”平台组建社区文艺队，并经常在平台上展示，这大大提升了甘棠社区“为村”平台的格调。由于崔琳在“为村”平台比较活跃，使得社区卫生室也成为了甘棠社区“为村”平台的一个“线下据点”，很多人还会专程前往咨询“为村”平台使用的问题。2018 年，崔琳在“我的为村故事中”分享了自己的体验。

“与‘为村’平台自从相识，便伴随身边每一天，接触越多，越能领悟到它的价值所在：一个开放式的平台，一个连接情感、信息、财富的平台，足不出户便知村容、村风、村俗、村貌的变化……‘为村’平台让我感受到它就像一个家，把我们凝聚在一起，分享我们的快乐生活、成长故事，并增长了学问，拓宽了视野，我为拥有这个平台而骄傲，也身为甘棠社区村民而自豪！”

（三）村民小组组长吴玉霞

吴玉霞是甘棠社区某村民小组组长，村小组民都称呼她为“吴队”。她是甘棠社区唯一一个女村民小组组长，生性豁达，为人豪爽，人缘甚好，因此被选定为“为村”平台管理员。吴玉霞喜欢在“为村”平台分享各类信息，是甘棠社区“为村”平台的“心灵鸡汤达人”“旅游达人”“美食达人”“电影达人”。在“为村”平台分享“心灵鸡汤”似乎成为吴玉霞的每日规定动作，村友们一句句“说得好”也一直激励着她持续发帖。吴玉霞喜欢旅游，并且会将旅游照片分享到“为村”平台，因此成为甘棠社区“为村”平台的“旅游达人”，上漠河，下江南，东临泰山，西去敦煌，带领村民在“为村”平台“游遍大江南北”。“晒美食”也是吴玉霞的常规操作，“肉烧小干笋”“红烧牛肉”“萝卜丸子”等应有尽有。另外，吴玉霞喜欢看电影，经常在“为村”平台和村民们分享《长津湖》《我和我的祖国》《中国机长》等电影的观影感受。吴玉霞是甘棠社区“为村”平台的正能量传播者，经常在“为村”平台中发布一些社区好人好事,还会在线下调解邻里纠纷。可以说,吴玉霞在甘棠社区“为村”平台扮演了知心大姐的角色,成为凝聚村民的核心力量。

(四)芙蓉市场总经理何祝成

何祝成是甘棠社区新村组居民、甘棠社区芙蓉市场总经理。20 世纪 90 年代在工商所从事个体协会工作,对市场管理颇有经验。2007 年在社区两委的推荐下,何祝成到芙蓉市场任负责人。甘棠社区芙蓉市场是社区 1995 年创办的集体企业,由于缺乏有效管理,一度成了社区的负担。面对新任务,他想到自己是党员,应服从组织需要,相信有社区党委的支持,通过自身努力,一定会克服困难,完成组织交办的任务。于是他走上了市场管理岗位,一干就是十多年,将整个市场打理得有条有序,使得市场管理逐步走上了制度化、规范化轨道。由于芙蓉市场关涉人员较多,因此甘棠社区将他确定为“为村”平台管理员。

三、数字化村民

经过紧密筹备,甘棠社区“为村”平台于 2018 年 5 月正式上线,随后即面临“认证村民”环节。对此,社区党委书记梁卫华要求所有社区两委成员要学会使用“为村”平台,并且对村民小组组长、网格员以及社区党员进行了培训。随后组建了以干部、网格员和党员为主要成员的“为村”平台推广小分队开始进村入户。然而,一开始推广工作并不顺利,加入的村民很少,只有几个骨干进来了,村民的参与度不高。村民小组组长吴玉霞参加了第一次推广活动,她说:“一开始推广效果不是很好,很多村民觉得这个平台没有用,有些甚至还恶语相加。”

这完全出乎社区党委书记梁卫华的意料,本以为是为群众办一件实事,没想到群众还不买账,但是既然已经开通,那只能硬着头皮推广。正巧当时遇到一项民生工程要推广,梁卫华就将这两项工作合并,还做了一个布质购物袋,把甘棠社区“为村”平台二维码印上去,在推广中告诉村民只要扫码就可以免费领一个购物袋,很快注册人数达到了 800 多人。除了老人和学生,重要成员基本在那时都入驻了“为村”平台。随后,为了激励村民积极发帖,甘棠社区出台了一项“为村积分换现金”政策,很快“为村”平台就热闹了起来，社区干部和村民的发帖互动积极性都很高。开通后一个月，甘棠社区就成为了全国第一个四星级“为村”村庄①。甘棠社区“为村”平台成为乡村治理的重要抓手，在建构治理共同体、促进协商交流、培育社区公共意识、促进社区行动等方面推动了乡村治理转型。

第三节　数字乡村治理路径

一、强化交流：建立交流共同体

（一）纵向交流

“为村”平台为社区两委和村民沟通交流建立了渠道，使得社区纵向交流更加顺畅，而且突破了时空限制，可以随时随地进行交流。这就为社区两委提供了展示的机会，村民对干部的形象认知随之发生了转变。

1. 工作展示

甘棠社区“为村”平台对于重塑社区两委以及干部形象发挥了重要作用。调研中，很多村民提到之前大家普遍认为“干部整天就是喝茶看报”“无所事事”。然而“为村”平台开通以后，社区干部在“为村”平台的工作展示，改变了村民对于干部的印象。

梁卫华要求全体社区干部要做到日常打卡和工作留痕，这样村民才能了解干部工作，才能积极配合。对此，梁卫华在“为村”平台中写了一封信，内容如下。

各位村友：我们是农村最基层的干部，每天我们勤勤恳恳为民服务，我们每一天都充满激情活力。村友们可能对我们的工作不了解，今天我想告诉大家，我们的一天也许是入户走访落实惠民政策，也许是积极疏导解决疑难纠纷，晚上还要挑灯夜战研究村庄发展。干部每天去哪了，都在忙些啥？请村友们关注“为村”平台，勤劳的村干“小蜜蜂”将每日打卡。

① “为村”星级用于综合评估村级“为村”平台运营水平，划分为实习、一星至五星 6 个等级，当村庄运营水平达到各等级标准后，星级数将自动升级，并获得腾讯“为村”总部提供的各类助力村庄发展的推广资源。

甘棠社区干部在梁卫华带领下都开始在“为村”平台上“晒工作”,上级领导检查、上门入户走访、外出考察调研、工作会议总结等都会发布在平台上。调研中,很多村民说:“以前很多人对干部有偏见,有的人说话还很难听,说干部吃闲饭,‘占着茅坑不拉屎’。”当然,村民对干部有误解并非完全是村民的缘故,毕竟村民平时很少接触干部。距离有时候不一定产生美,而是会产生误解和隔阂。“为村”平台则搭建了村民和干部交流的平台,让干部从“后台”走向“前台”,将工作过程和细节完全展示给了村民,而这正是化解干群矛盾的“密码”。

村民通过“为村”平台得知原来干部“真的不容易”,一些村民说:“以前觉得干部是个好活儿,现在大家从‘为村’平台上看到干部每天那么忙,有人直接说太累了,谁干那活儿。”梁卫华书记说:“我们现在做的就是重塑形象,就是要让村民知道,现在的干部不是以前的干部,我们的工作都是特别明白的工作。我们要通过‘为村’以及其他渠道告诉村民,我们是透明人,村里的事情也是透明事。”

梁卫华说:“社区两委在‘为村’平台上的工作展示让甘棠社区‘从千张嘴到一条心’。以前大家对社区两委的事情你一言我一语,是因为没有很好的公开渠道,以前无非就是把村务公开和党务公开信息贴到路口,其实很少有人看,除非来社区两委办公室办事会看一下。但是有了‘为村’平台就不一样了,随便找个时间,点开就能浏览,重要的通知都在‘为村’平台里面。以前村民对干部做的事情很不理解,所以总是说三道四,现在干部每天都把重要工作在‘为村’平台上展示,这样大家就都明白了。”

2.“负面展示”

社区两委不仅面向村民展示工作过程、业绩以及总结,还会展示工作中遇到的问题及失误。事情起因是在一次脱贫攻坚培训会上,黄山区共有79个村的300多人参加。甘棠社区梁卫华书记以及6个党支部书记出席了会议。由于全区只有甘棠社区没有脱贫攻坚任务,因此梁卫华感觉自己和这次培训没有关系,再加上前一天的主题教育党会、党员大会、党小组会、民主生活会连续开到了半夜,有些疲惫的梁卫华就在会场上睡着了。不过赶得巧,梁卫华就被培训教师点名了。梁卫华说:“我在黄山区有些名气,老师肯定认为我能答上来，所以就点名叫了我。”当然，从睡梦中醒来的梁卫华连问题都不知道，更不要提回答问题了。就这样，梁卫华在全区党支部书记面前出丑了。当即，梁卫华就在全区党支部书记群里道了歉，随后他想这事要是传到社区影响肯定不好，应该早点向村民道歉。梁卫华随即在“为村”平台发了一封“书记检讨信”，陈述自己在大会上睡觉被点名的“糗事”，承认错误并要求村民监督，具体内容如下。

书记检讨信

全体党员和村民朋友们：

今天是全区村书记“不忘初心，牢记使命”主题教育第三天课程。三天来，我和全区村书记一起共同学习、互相交流，思想也得到了进一步提升。学习虽累，但作为黄山区第一村，我们社区党委也倍感荣耀和自豪，我们只有前行，没有退路。

昨晚召开了党员大会，学习主题教育并分支部交流心得体会。区委常委、宣传部部长开展宣讲，会议取得了很好效果，全体党员很受鼓舞。会后各支部继续召开研讨会，分析各自问题。两个会议取得了非常好的效果。

遗憾出在我的身上，因昨晚加班，今天学习状态不佳，上课时晕晕乎乎竟然睡着了，授课老师当堂提问，我竟无言以对，羞愧难当。在此深刻检讨，下步以“不忘初心，牢记使命”为契机，深刻反思自己存在的思想问题，守初心、担使命、找差距、抓落实。也请村友和全体党员同志们帮助并监督。

然而，这封“书记检讨信”发布以后，结果却出乎意料，不仅没有带来负面效应，而且还得到了村民的“正面认可”。很多村民在“为村”平台发表评论表达了对书记“辛勤付出”的认可，摘录几段评论如下。

何祝成：甘棠社区是全区第一先进村值得骄傲！书记为社区经济发展谋划思路，昼夜操劳，注重身体！

张凤霞：这段时间，你们太疲劳了！连续加班加点，身心极度疲惫！

吴玉霞：因社区是城中村，这段时间又有许多的事，领导非常疲惫，领导辛苦了！

崔滁生：社区领导这段时间创城创卫，连续打疲劳战，大家辛苦了！

梁卫华说:“就这样,一个负能量的事情逆转为正能量宣传。任何人干事情都会遇到问题,不必刻意回避。如果遇到问题越是想捂住不让村民知道,村民传得越快,这样反而会影响干部在群众中的形象,导致失信于民。遇到问题该道歉就道歉,该解释就解释,反而能赢得村民的认可和尊重。”这件事情发生以后,梁卫华都会向前来调研甘棠社区“为村”平台的各类人员讲述这件“糗事”,告诫领导干部要敢于公开承认错误,这样才能取信于民。

3.社区两委向村民征求意见

梁卫华担任甘棠社区党委书记以来,他始终将带领村民共同致富作为工作重心。先后建造了香榧种植基地,改造了芙蓉市场,形成了“集体+农户”的产业模式,为农户增收提供了新途径。为了再次增加集体收入以及为农户提供更多致富门路,社区两委决定依托黄山旅游景点,建设“龙门水库雾山湖民宿”。此次投资依然计划实行“集体+农户”的产业模式,但是民宿和收入较为稳定的芙蓉市场有很大不同,前景如何以及如何分红都是未知数,对此社区两委决定开设“龙门水库雾山湖民宿”议事专题,广纳意见,以求更好决策。

议事话题开设以后,梁卫华书记首先发帖,表达了自己对建设民宿的意图以及困惑,帖子内容如下。

准备在龙门水库旁,依托山水资源,新建约1600平方米的民宿,房间十余间,走高端客源。能不能干,我心里也没底,想听听所有村友意见,请踊跃发言。

谢常俊首先发帖支持民宿建设:“雾山湖民宿项目位于龙门水库旁,环境优雅,与甘棠香榧基地可形成呼应。民宿项目建设既能带动村民增收,又为村集体经济发展提供了新途径。”很多村民都对该帖表示了支持,黄九娣说:“想法不错。”万代娣说:“想法很不错。”钟迎春认为“提议很好”。对此,梁卫华表示:“这几年,社区两委带领村民做了几个产业,效益还算可以,大家都跟着赚了钱,对社区两委都比较信任。其实我们需要更多的是意见和建议。”

甘棠社区党委委员罗昆紧跟其后提出了建议,他认为:“这个项目既能增加集体收入，又能解决居民就业。但需要前期做大量准备工作，雾山湖民宿要有特点。”这条提议也成为村民点赞最多的一条，村民苏萍在评论区回复："特点嘛！领导们就要开动脑子了。”显然村民们赞成建民宿，但如何做出特点是村民比较关心的问题。如今民宿市场竞争激烈，如果缺乏卖点，那么乡村民宿极有可能在竞争中落败。因此，这也可以看出村民对民宿建设的担忧。

随后，甘棠社区“为村”平台管理员崔可友加入了讨论，针对民宿如何做出特点提出了自己的看法。

“我有个想法，民宿是一种文化，我们社区村史馆也是一种文化，我们可不可以把村史馆复制个大的？以我们村史馆的文化搞民宿，让客人体验我们村的由来往事，还可以把我们以前的耕田工具拿出来给客人体验体验，现在城里20岁以下的人很多没看过耕田工具，还可以到我们龙门水库钓鱼，吃好了，玩好了，再到我们香榧基地游览游览。”

这条回帖同样获得了较多点赞数，村民陈玉喜、苏萍、方和珍都认为这个建议不错。

调研中，梁卫华书记对于此次征求意见的效果并不满意，虽然参与评论人数达到了100多人，但是他认为只有少数人提出了有价值的建议和意见，没有达到预期的效果。不过，梁卫华也表示："最为重要的是我们改变了社区两委的做事方式，这也让村民知道社区的大门永远向大家敞开，我们需要的就是让大家畅所欲言。”

4. 为村民提供反映渠道

“书记信箱”的特点就是公开，村民反映的问题不仅书记可见，而且面向全村乃至全国公开，这就迫使书记必须尽快回复、尽快解决。因此，“书记信箱”为老百姓带来了实实在在的好处。以前村民反映问题可能要跑好多趟，而且还不一定能够马上解决。但现在通过“书记信箱”处理问题效率要高很多。正如很多村民所言，“全村人都在看书记的态度”，这就无形中形成了一种压迫和监督力量。梁卫华说："以前因为没有便捷渠道，村民遇到小问题多数不太当回事儿。自从开通了‘为村’平台，村民反映这类问题的积极性很高，随手拍一张照片上传至平台，简单描述几句就可以反映问题。”甘棠社区“书记信箱”运行在全国“为村”平台中居于前列,属于五星级“书记信箱”。截至2021年12月31日,共收到群众来信258封,其中多数涉及环境卫生、基础设施建设等公共问题,少量是有关医保社保、补贴补助等个人问题。“书记信箱”为村民提供了一个可以反映问题的渠道,赋予村民表达权和参与公共事务的途径,从而形成了一种协同治理机制。笔者选择3个典型案例进行深入分析。

(1)反映公共设施损坏问题

甘棠社区“为村”平台“书记信箱”中70%的群众来信反映路灯、井盖、电线、道路等基础设施问题。梁卫华书记说:“‘书记信箱’对社区开展工作帮助很大,甘棠社区地域广,干部不能成天满大街跑,所以村民在‘书记信箱’中反映的问题帮了很大忙。”那些问题虽然不大,却会影响村民日常生活。如果不能及时处理,也会影响社区形象,通过“书记信箱”,很多问题都能够及时处理,下面选取部分“书记信箱”内容作为示例(见表4-1)。

表4-1 甘棠社区“为村”平台“书记信箱”群众来信及回复

序号	发布时间	来信人	内容	回复人	回复内容	群众追问或回复
1	2019年1月14日	章秀爱	梁书记早上好,我这门口的下水道盖没有了,望您能尽快派人解决,很危险,已有村民向您反映过了,可还是没有解决	梁卫华	上班后派人查看	@梁卫华:好的,谢谢
2	2019年2月13日	章余洁	梁书记您好!新年快乐。向您反映一件事,我家附近的路灯坏了,造成附近漆黑一片,来往行人和车辆路过视线都比较模糊,甚是危险	罗昆	马上处理	@罗昆:好的,兵贵神速,果然名不虚传

续表

序号	发布时间	来信人	内容	回复人	回复内容	群众追问或回复
3	2019年3月28日	施涛	梁书记,我家屋后小李建房,一层开始悬挑,严重影响我家采光,请帮我调解	汤礼平	书记出差,我下午到现场查看	
4	2019年4月1日	王超	梁书记,我们这里路灯两三天不亮,不知怎么回事,刚刚有个老人绊了一下,相当不方便,望解决	罗昆	哪里?@王超:好的,马上叫人过去看,今晚能解决尽量解决,解决不了明天一定解决	@罗昆:老街这边 @罗昆:谢谢
5	2019年5月19日	汪长友	龙源新村入口处,便利店后门口因污水管道维修,导致窨井井盖未安装好,出现松动,容易导致安全事故,请书记安排人员查勘,及时修复,现已用木板盖着	汤礼平	马上叫人去现场处理	@汤礼平:神速回复
6	2019年6月7日	陈叶香	我家门口的水泥地有一段是在老水泥地面的基础上浇的新路,现全部拱起并开裂。望村里领导给予解决,谢谢	梁卫华	好的,看见了,上班后我过来看看如何处理	@梁卫华:好的,谢谢

调研中,村民经常提起“书记信箱”,很多人认为,“书记信箱”提高了解决问题的效率。村民小组组长吴玉霞认为,“书记信箱”为村民提供了很大便利。比如路灯坏了这类事件,要是跑过来负责人在还好,要是负责人不在,那就白跑一趟;要是多几次见不到负责人,还会激化干群矛盾。现在这

些问题都可以通过“书记信箱”进行解决。有时候村民也在忙或者上班,跑一趟不容易,好不容易周六、周日有时间了,社区两委成员也在放假。但是有了“书记信箱”,躺在床上写一封信就把问题解决了。“为村”平台给书记设置了提醒功能,第一时间会提醒,2 个小时后还会提醒。如果书记回复不及时,就会影响到这个村的星级水平。因此,这也就倒逼书记尽快给出回复。

梁卫华说:“自从开通了‘书记信箱’,找我处理问题的人多了,关心村庄公益的人也多了。现在村民大事小事都要在平台上说。以前可能很多事情大家都懒得说,没有公益心的人更是懒得理会这种事。现在大家看到路上井盖坏了,拍张照片就发到平台上。”为了提高处理问题的速度和效率,梁卫华授权给了社区两委班子其他成员,遇到有他们分管的工作,梁卫华就直接让其他成员回复。从表 4－1 中可见,“书记信箱”中处理邮件的并非梁卫华一人,而是整个社区两委成员都在处理信件。

虽然“书记信箱”在村民参与公共事务、解决实际问题、缓解干群关系等方面发挥了很大作用,但是甘棠社区“为村”平台总管理员孙洁认为这项工作还可以改进。她认为,其实社区干部处理完问题后还应该在平台中答复,比如有村民反映路灯坏了,社区干部就会派人修理,其实可以让修理工人拍张照片发到平台上,这样前后有对比,而且问题有答复,村民会更放心。孙洁还会和反映问题的村民说:“问题处理完以后,你们可以在平台上对解决问题是否满意继续追问,如果处理好了,可以拍张照片发上去,让更多人知道处理结果。”孙洁说,“如果你不知道怎么发,你可以拍张照片发给我,我来发也可以。”但是能做到的村民不是很多。最后,孙洁对此也逐渐妥协,她说这样操作可能会给大家带来压力,随后也就不再强求。

(2)反映干部工作作风问题

2020 年 9 月 29 日,甘棠社区“为村”平台“书记信箱”终究不平静了,村民不是反映路灯不亮了、马路牙子坏了、垃圾桶放歪了,而是“民告官”。村民胡韫芳反映一名社区干部工作作风有问题。从信的内容来看,当事人很生气,具体内容如下。

我是胡韫芳，借这个平台向你反映一个情况，我向纠纷调解员反映纠纷调解不合理，他态度极其恶劣，三句话不到就对我拍桌子，老百姓就这样受欺负吗？这就是所谓的“调解”吗？

收到投诉信以后，梁卫华书记委托甘棠社区纪委书记谢常俊尽快回复。谢常俊迅速在“为村”平台作出了回复。

来信收到，我是社区纪委书记。我将调查事情原委，及时给你回复。不过该同志任职以来，脾气性格温婉。请你放心，村干部为民服务宗旨不变，也会不断调整工作作风。感谢相信社区党委。

梁卫华说：“我们开通‘为村’平台一是要让村民知道社区的事，二是要让村民为社区的事说上话。这既包括建言献策，也包括监督批评。没有监督就没有改正，没有批评就没有进步。”胡韫芳通过“书记信箱”反映问题后，情绪也很快得到平复，对于社区两委迅速答复的态度表示肯定，最终对于此次处理问题也给出了“五星评价”。在这件事情上，其实本身并没有很深的干群矛盾，但是群众需要一个情绪宣泄的出口，遇到问题时需要有一个表达的途径。“为村”平台的“书记信箱”就为村民提供了宣泄的通道。

总之，村民对“为村”平台的“书记信箱”比较满意。一位名叫吴福娣的村民在“为村”平台“书记信箱”中写信表达了对社区书记及工作人员的感激，内容如下。

尊敬的甘棠社区书记及各位工作人员：

感谢你们及时帮助我们居民解决困难，解决了我们身边的安全隐患，从我反映问题，到解决问题，时间之短、效率之快、质量之高，都体现出社区书记及工作人员为人民服务的宗旨，让我们居民切身感觉到沐浴在党的阳光之下的温暖！让我们看到了社区书记及工作人员完美体现和落实“不忘初心，牢记使命”的工作精神，让这不只是一句口号，而是真真切切落实到我们居民身上的温暖！在此表示感谢！

5. 书记向村民展示生活面

笔者在全国各地调研中发现，绝大多数干部将“为村”平台作为一个工作平台,主要展示工作的一面,但是甘棠社区梁卫华书记则还在平台中展示了生活的一面。比如喜欢分享拿手好菜、“晒幸福,秀恩爱”、分享对戏曲的偏好等。然而,正是这些具有温度的帖子塑造了一个不一样的社区党委书记,让梁卫华显得更加亲民。

(1)展示日常生活

“为村”平台中的梁卫华“不只一面”,工作中体现了一名退伍军人应该具备的干练果断,在生活中还给大家呈现了一个温情顾家的好男人形象。

2018 年 9 月 6 日,他在家用红辣椒和青辣椒炒了一盘菜,拍照发到了“为村”平台上,命名为“绝代双骄”。然而,让梁卫华没有想到的是,就这么一道简单的菜,让他成为了甘棠社区的“网红厨娘”。这条帖子阅读量达到了 550,评论量近 80,很多村民纷纷点赞。梁卫华说:“那段时间我们社区‘为村’平台刚刚上线不久,一是很多人不知道发什么帖子,二是经常有人发一些莫名其妙的图片,也不配文字。我就做了一个示范,把红辣椒炒青辣椒命名为‘绝代双骄’,引导大家提高发帖质量。真是有心栽花花不开,无心插柳柳成荫。本来想着让村民看文案,没想到大家喜欢图片。”孙洁说:“自从梁书记发了‘绝代双骄’以后,他就成为了社区中老年妇女的偶像。村民都在说:‘梁书记领导当得好,菜也烧得好,真是好男人。’其实,“为村”平台很多帖子都能体现出梁卫华的“烟火气”或者温情的一面,而这也拉近了他和村民之间的距离。梁卫华说:“我在‘为村’平台上把自己当作一个普通人,把我活生生的一面、有血有肉的一面展示给村民,让大家完完全全了解我。我们没有必要成天到晚端着。我上班是干部,下班就是老百姓。”

梁卫华对于村民称呼他为“社区中老年妇女的偶像”“网红厨娘”的绰号欣然接受。由于甘棠社区“为村”平台办得好,全国各地很多单位来甘棠社区考察“为村”平台,梁卫华都会主动和大家分享“绝代双骄”这道菜。

(2)展示兴趣爱好

梁卫华喜欢听黄梅戏,而且喜欢在“为村”平台上晒自己的爱好。梁卫华说:“一方面我希望‘为村’平台的内容更加丰富,另一方面我也希望把自己的爱好告诉村民,让他们了解我、认识我。”2018 年 8 月 28 日,梁卫华在

“为村”平台“书记公开信”中发布了一条帖子，叙述了自己对黄梅戏的情有独钟，具体内容如下。

今天不发工作发生活。我承认自己从小爱好特别，有着同龄人不理解的爱好，喜欢听戏！

最早接触的戏是黄梅戏《天仙配》，戏中穷苦善良的汉子董永被仙女深爱，那时被美好爱情深深感动。年龄渐渐大了，一曲《小辞店》又道出蔡鸣凤与柳凤英深厚的平民式爱情，从此也对黄梅戏有了更深一步的了解。《牛郎织女》中七位仙女秉夜下凡，碧莲池上一群明媚皓齿的美女连同飞扬的长发、粉红色的轻纱……这么多年过去了，还能栩栩如生地浮现在我的脑海。世人大多数都知道那首《夫妻双双把家还》，《天仙配》中的“路遇”、《牛郎织女》中的“架上累累悬瓜果”、《女驸马》中的“为救李郎离家园”……

人已中年，回味黄梅戏，趣味无穷。今天晚饭后与妻散步，在芙蓉楼下又遇黄梅戏曲声声，驻足观看，优美深深、戏韵悠悠……我爱戏曲，更爱生活。

这条帖子发布后，阅读、点赞、评论量均很高，仅评论量就达到了 100 多条。这对于一个社区平台的普通日常发帖而言已经是“天花板”。用梁卫华的话表述就是“吸粉很多”。其实在很多社区，村民更多关注的是村务公开、党务公开，对于这类生活化的帖子关注度相对较低。那么为何梁卫华的这类生活化帖子会受到很多关注呢？对此，孙洁说：“其实村民更加喜欢真实的村干部，如果整天端着，那肯定会让村民觉得有距离感。书记发这些信息其实是在表露内心，而且他展示的都是‘爱生活’的一面，这会在老百姓心目中树立一个更加真实的村干部形象，所以大家对他会更加有好感。”

吴玉霞说：“梁书记很喜欢在‘为村’平台上和村民交心，他也会把一些不开心的事情说出来，这种做法挺好，能让人知道他的内心世界。人家知道你的内心世界，才能和你说话。要是不公开表达，大家也不知道梁书记的性格，有些话想说也不敢说。但是如果你把自己的内心世界打开给老百姓看，老百姓就能了解到你的人品和为人。”

对于“为村”平台在干群交流方面发挥了哪些作用，可以引用甘棠社区梁卫华书记在“为村”平台中的一段自白，内容如下。

“为村”平台是个非常好的乡村治理工具,可以和村民无距离沟通。社区两委还是下了很大决心的,从此以后干部所有工作和生活全部公开化展示给村民,压力还是很大的,但是新时代干部就要有新作为,真正做到了公开透明,村民肯定会更加理解和相信干部。

(二)横向交流

“为村”平台不仅让纵向的干群交流更为顺畅,而且强化了村民间的横向交流。这也让老甘棠村和老立新村实现了融合。

1.增加谈资:从相熟到相知

随着“为村”平台深度嵌入甘棠社区,“为村”平台成为了村民获知信息的重要渠道。不论是社区两委发布的信息,还是邻里信息都可在平台中获得。因此,“为村”平台中的信息也就成为大家的谈资,拉近了彼此之间的关系。

陈玉喜供职于甘棠社区芙蓉市场,是甘棠社区“为村”平台中的“活跃分子”,平时喜欢在社区里走走拍拍,然后上传平台发帖。然而,大家对他印象最为深刻的还是“晒娃狂魔”。自从陈玉喜当了爷爷以后,“晒娃”成为他上“为村”平台的主要目的。最关键的是,陈玉喜能够做到“花式晒娃”,每次都能变换不同的场景、主题、文案,这也为村友们“围观”提供了新鲜感。他的“晒娃”帖也能获得较多点赞和评论。

然而令陈玉喜印象深刻的不是线上互动,而是线下互动。他每次发帖都会收到很多村民的点赞和评论,还有一部分人发私信交流,还令陈玉喜感到欣慰的是,和一些以前只是点头之交的村民有了更多交流。陈玉喜说:“以前我们还种地时,大家见面还聊聊庄稼。现在大家都不种地了,见面好像能聊的话题也少了。但是自从我在‘为村’平台发孙子照片以来,很多以前很少说话的村友见了面就和我说:‘最近娃长得快!娃娃越来越帅了!娃现在几岁了?’借着孩子的话题,大家就逐渐熟络起来了。”

随着社会发展,城乡社区居民的交往频次在逐渐下降,社区共同体面临陷落,但是“为村”平台却为大家交流提供了很多谈资。调研中,很多村民说现在大家聊天很多人都会以“你又在‘为村’上发了个什么”“‘为村’平台最近又发布什么了”开头，显然“为村”平台已经成为促进村民交流的重要媒介。

2. 网友奔现：从“相熟”到相认

其实农村并不完全是熟人社会，在人口较少的村庄大家可能会彼此熟悉，但是人口较多的村庄也可能是“陌生人社会”。甘棠社区有2000多人，而且还是由两个自然村合并而来，因此其实很多人相互之间并不认识。2018年，甘棠社区“为村”平台开通后，除学生以及没有智能手机的老人外，多数村民已经加入其中。很多村民先从网络上熟悉，随后在现实中相见。

村民小组组长吴玉霞对此深有认识。有一次，社区安排老年人体检，因为人比较多，村医崔琳请了几个不同村民小组的人帮忙。结束后，大家一起去吃饭，可是坐下后发现互相不认识。吴玉霞说：“满桌人，他不认识我，我不认识他。因为大家都是不同村民小组的人。但是一说名字，马上就熟悉起来了。”这是因为“为村”平台实行实名制，大家通过发帖、点赞、评论已经“彼此熟悉”，已经是“多年的网友”。吴玉霞说：“大家一说名字就有一种一见如故的感觉，都说：‘原来是你啊。’”

顾芸芳对此也深表认同，她在参加甘棠社区2020年“幸福村晚”节目排练时就认识了很多“为村老友”。那年，顾芸芳报名参加了舞蹈节目《红色娘子军》。那年参加排练的村民有200人左右，因为大家不是一个村民小组的，很多都互不认识。顾芸芳说：“但是排练时提起名字，大家都说：‘原来是你啊。’其实记住名字要很长时间，但是因为在‘为村’平台上，这些名字天天见，早就刻在脑海里了。然后一见面，几十个人的名字很快就记住了。如果没有‘为村’平台铺垫，大家熟悉起来要慢很多。”

村医崔琳说：“我们社区是由两个村合并的，在外人看来两个村紧挨着，但对于我们来说，两个村之间还是有一定距离的。我是老立新村的村医，一开始来我这里看病的主要是老立新村的人。但是有了‘为村’平台后，我就经常分享医疗知识，这样认识我的人就多了，很多以前从不来这里看病的老甘棠村的人也都过来了。要是没有在‘为村’平台上的点赞评论，大家不会这么快熟悉。由于我经常在‘为村’平台上发帖，知道我的人多了，对我开展工作很有帮助。比如我经常会去上门上户随访，很多老甘棠村的人就说：

‘你就是崔琳啊,在‘为村’平台上经常看到你。’”

由于经常在“为村”平台上互动,村民们其实已经成为了“熟悉的陌生人”,因为经常在“为村”平台上发帖,每个人的生活都被大家“路过”,彼此在网上早已交融。见面谈起名字时,脑海里的那些帖子就会涌现,从而将“熟悉的陌生人”真正转变为熟人。

二、建构共识:培育社区公共意识

(一)邻里和睦:建构“远亲不如近邻”的社区意识

随着社会的发展,传统乡土社会的邻里之情正在消散,“一家有难,全村帮忙”的景象很多都不复存在。地处城乡接合部的甘棠社区同样面临此种困境。对此,甘棠社区两委通过“为村”平台建构“远亲不如近邻”的社区意识。

村医崔琳作为“为村”平台管理员,在倡导邻里友善方面发挥了重要作用。她在“为村”平台中经常发布一些体现邻里和睦的图片和信息,希望建构和谐的甘棠社区。2019 年 10 月 16 日,崔琳在“为村”平台村友圈发了一条“让她很感动”的帖子,具体内容如下。

简简单单的早餐,却饱含着另一种情怀。前几天跟楼上邻居说仙源的油糍特别好吃,改天去给我带几个,今日邻居早早就发信息给我说已经带回,甚是开心,然后又去“甜姐姐”早餐买胡辣汤,因老板急着送孩子上学,把盐放多了点,怕咸了,说送给我吃,我没答应,毕竟小妹妹也是辛苦挣钱的。我还是付款了,她结果说重新给我做了一碗,并送到我这里。

左邻右舍的和睦相处,一个陌生人的善意举动,清晨就感受到这些,心情愉悦,也有不少感触。生活在社区十几年,楼上楼下相处甚好,相互照应,相互帮忙:一个大冬瓜每家分一份,一筐笋子大家一起剥,一只流浪猫大家一起养,一棵柿子树想吃柿子就摘,上下班回来聊聊天、吹吹牛……邻里之间处得如朋友,如家人。古人云,远亲不如近邻,更多时候我们依靠的不是家人或子女,而是天天见面的邻居。然而也有很多人为了一些私利和邻居成了对头,老死不相往来,其实人生短短,多一些宽容与豁达,内心也便多一份阳光……

请打开你的手机，里面是否存有你邻居的电话，因为有一天，可能你需要的就是他们……

这条帖子也获得了较多阅读、点赞以及评论，很多村民在帖子下面回复并参与讨论。

吴玉霞：这就是对“远亲不如近邻”的最好诠释！

刘要武：远亲不如近邻，珍惜身边的人！

钟迎春：好邻居，多珍惜。

这条帖子发布完以后，看似被新的帖子淹没，但是却在不经意间发挥着作用：甘棠社区两位“绝交”多年的邻居却因这条帖子重归于好。当然，这和“为村”平台管理员、村民小组组长吴玉霞有极大关系，她在其中发挥了重要的作用。

这对邻居就住在吴玉霞家不远处，前几年因为一点小事吵得天翻地覆，从此多年互不理睬，不再讲话，而且似乎要“老死不相往来”。有一天，吴玉霞出门正好碰到了其中一人，吴玉霞便和那人聊了起来。另外一人正好从院门口出来。三人便处于不远不近的距离，彼此说话都应能听到，瞬间气氛很尴尬。吴玉霞也感觉到了不对劲，此时她想这也正好是化解彼此矛盾的一个契机。吴玉霞就和刚才聊天的那人说：“你看到崔琳发的帖子了吧，你看她那里邻居之间还挺友好，互相之间帮忙。远亲还是不如近邻啊，有事的时候亲戚住得远根本来不了，还是要邻居帮忙。比如老人在门口摔倒了，自己抬不动，你喊一下邻居，邻居肯定就来了。”吴玉霞接着说，“你们两家能有多大仇，不就是一点小矛盾嘛，为什么要记那么久。”此番话被另外一个人全都听到了，两人都脸红了。此时，站在吴玉霞对面的那个人说：“其实以前我们两家关系挺好，想想也没有多大矛盾。”另外一人顺势走过来说：“过去的事情过去了。”就这样，多年的矛盾因为崔琳的帖子和吴玉霞的调和化解了。吴玉霞说：“这两家人都是老公常年在外打工，妇女留在家里，要是家里发生什么事，住得近那就是一个照应，喊一句肯定会过来帮忙。”调研中，吴玉霞说：“其实他们两人也想讲话，但是没有一个合适的机会，没有一个台阶下。我把事情给他们说开了，他们也就都把过去的事放下了。现在两个人关系很好，根本不像闹过矛盾。”

(二)公共精神:引导社区建立利他精神

梁卫华经常以“书记公开信”方式和党员干部交流,希望让党员干部树立公正、廉洁的形象,从而更好地团结群众,为群众办实事。

1.“松柳之喻”

梁卫华是一名退伍军人,雷厉风行,作风正派。他希望打造一个作风过硬的领导班子,同时也希望群众看到社区两委倡导的精神和做事的原则。因此,梁卫华在“为村”平台发布了一条有关“松柳之喻”的“书记公开信”,内容如下。

毛主席曾经用著名的“松柳之喻”来形容与基层群众的关系:共产党员要像柳树一样,有强大的适应能力,插到哪里就在哪里活起来。但又要学松树,松树韧劲强,即使到冬天也不落叶子。松树有原则性,柳树有灵活性。

退伍回乡成为“村官”,不禁又想起“松柳之喻”。如何在两点之间找到平衡,做好“村官”工作,思之许久,还是觉得一是要放下身段,沉下心去,将村民当成家人,要像柳树一样和蔼可亲,人人喜爱,形成亲和为民的工作作风。二是要公道正派,挺起腰杆,将农村工作当成事业,要像松树那样坚定信念,忠诚可靠。

只有做到这两点,我们在人民群众中才有人气,处理基层问题才能得心应手。只有不忘“松柳之喻”,才能不负这个时代给我们基层干部的重托。

梁卫华书记说:“村看村,户看户,群众看干部。一个村的领导干部决定了这个村的精气神。领导正派,就能压住邪气,领导要是歪了,那整个村子就都歪了。我写这封公开信一是写给干部看,希望他们公道正派,二是写给群众看,希望群众放心。”

2.公开拒礼

笔者在调研中,很多村民还会提起梁卫华书记在“为村”平台“公开拒礼”的那封信,大家都对梁卫华书记的做法赞不绝口。这封信的具体内容如下。

要教育引导广大党员干部保持为民务实清廉的政治本色,坚决预防和反对腐败，清清白白为官、干干净净做事、老老实实做人。党员干部既要勇于担当，更要廉洁自律，如此才能做好榜样、作出表率。当书记 9 年了，一直想按习总书记的要求当个清正廉洁的好干部，为村民好好服务，为社区发展尽心尽力，努力干好本职工作。我小心翼翼、如履薄冰，生怕工作没有干好，生怕群众误解隔阂。

上级党委对我们基层书记也很关心，不断提高我们的工资待遇，我自己多年来也从未停止自己小家的创业道路，搞运输、养甲鱼，可以说我自己的生活能过了。可就这样，还是有村民朋友一而再、再而三地关心我，生怕书记家日子不能过，今天送点茶叶，明天送点烟酒，让人烦不胜烦。你是真关心我吗？我看不是，你肯定有事想走捷径，让我帮助你，其实你们真的有点看不起我。

我今天和所有村友表态，你家有困难，只要不违反原则，不带来负面连锁反应、合理合法，都可以上“为村”平台“书记信箱”直接诉说，其他两委和区镇领导都可以看见，我代表社区两委表态一定会帮助你，你不用给我送烟送酒。如果你的诉求无法办理或者暂时没有办法满足，也请你理解谅解。社区是大家的社区，不是我一个人的社区。

请今天趁我不在家拿来烟酒的朋友，明天一定取回你的礼品，如果不来，请后天到社区纪委书记处领回，再不来，我就感谢你，你的礼品我们将用于为社区接待工作。

廉政无小事，粒米牵民心，清正廉洁服务百姓，遵纪守法勤政为民。我请所有村友们监督。

这封“书记公开信”获得了 1000 多次浏览量、60 多次评论以及 90 多次点赞。很多村民对梁卫华书记的做法大加赞扬。摘录部分评论如下。

汤仁秋：一个领导干部要以身作则，一心想着老百姓，给人民群众排忧解难的领导就是好领导。

吴文琴：一身正气，清廉为官，为民干事，老百姓需要这样的好领导，为你骄傲。

董玉香：为我们的好书记、好领导点赞！

黄　群:能有一个清正廉洁的好领导是老百姓的福气!

陈春莲:为我们社区好领导点赞,好样的!

王金楼:群众看领导干部做得怎么样,心中有数。

调研中,梁卫华书记主动提到了这封书记公开信。他说:“上梁不正下梁歪,我只想当个干干净净的干部,有什么事情,走正常流程能办到的一定给你办,不能给你办的事情,你给我送礼也不行。有什么事情往台面上说,不要搞其他名堂。”他接着说,“我写这封信是在向村民表决心。我想让群众知道我梁卫华支持什么,反对什么,这样才能建设一个风清气正的社区。风清气正的环境需要领导干部去创造、去引导,我不希望甘棠社区有那种坏风气,我希望用正能量把村民凝聚在一起去干事业。”

3. 子女孝顺:传递孝道文化

孝道是中国传统文化的重要组成部分,然而随着社会发展,孝道却有沦丧之势,而且在农村地区愈演愈烈。这是由于农村地区很多老人没有退休金,同时又失去了劳动能力,因此农村地区很多老人得不到善待的事情常有发生。甘棠社区利用“为村”平台报道本社区孝顺父母的案例,从而宣扬了孝道文化。

调研中梁卫华书记说:“孝道精神要引领,引领靠树立典型。以前是有案例,但是没平台,现在有了平台,就方便开展这项工作。”2018 年 6 月 6 日,梁卫华书记在“为村”平台中发布了一条村民崔之强照顾患病妈妈的帖子,内容如下。

人说久病床前无孝子,但是社区居民崔之强是个不错的小伙,无论工作再忙,每天都抽时间来照顾生病的妈妈,为他点赞。

然而,这条帖子却引起了“轩然大波”,引发了村内关于“村民还是社区该负责养老”的大讨论。一位叫焦皖婷的村民在评论区做了回复。

焦皖婷:很多村里 80 岁以上老人,政府每天派专人护理洗衣洗澡送饭,希望我们村尽快落实。

王忠心@焦皖婷:不可能吧,村干部天天给老年人洗澡,那子女干什么?

焦皖婷@王忠心：我说过是村干部吗？好好看看我说的再发言好吗？我哪一句话说是让村干部去做这些事，我是就事论事，只是把其他村的政策和大家分享一下。

此时一位名叫孙翠娥的村民加入了讨论。

孙翠娥：焦皖婷，你家肯定有老人，但你不想照顾。

焦皖婷@孙翠娥：我家就是有个老人，我不能及时照顾到她，听到有这样的政策，我才提出这点建议。

甘棠社区村医崔琳也加入了讨论行列。

崔琳@焦皖婷：我们甘棠社区已对"五保户"老人集中供养，衣食无忧，我们村医还定期给他们体检，你说的可能是没有子女照顾的吧？

梁卫华书记见村民们吵得不可开交，也加入了讨论。

不要争论了，我来说说，其实我们甘棠社区多年前就已经将五保老人在甘棠敬老院实行集中供养，他们衣食无忧，干部还经常会去看望。其实有子女的还是需要子女赡养，如果不尽义务，我们会追究子女责任。总体来说，赡养老人，子女责无旁贷。相信今后随着社会发展，对老年人的优惠政策会越来越多。

调研中，梁卫华书记说："事不辩不明，虽然这条帖子引来很多争论，但是通过争论，大家清楚了子女应有尽孝的义务，社区只负责'五保户'老人养老。"通过浏览村民评论发现，除以上几条激烈争论的评论以外，更多村民还表示了对崔之强的赞扬，选取部分评论如下。

方永红：为孝顺儿子点个赞！

孙翠娥：百善孝为先，提倡正能量。

邢兰花：现在像这样的儿子很少了。

罗　昆：向他学习，向他致敬！

黄荣花：他是我们学习的榜样！

汤礼平：道德楷模。

笔者在调研中,也会有人提起这次争论以及崔之强孝顺父母的事迹,从中也可以看到,“为村”平台对社区文化的引导发挥了很大作用。

“为村”平台作为一种参与式媒介,赋予每个村民参与的机会。就在宣传崔之强孝顺老人这件事上,除了梁卫华书记,其他村民也加入其中。2018年8月10日,崔建军在“为村”平台“村友圈”发布了一条帖子,具体内容如下。

都说久病床前无孝子,这哥们三年如一日照顾中风母亲进行康复训练,这种美德必须传扬。

这条帖子虽然是普通村民发布,但是依然获得了较高的浏览量和评论量,其中有51人进行了评论,大多数都赞扬崔之强孝顺父母的行为。

甘棠社区“为村”平台总管理员孙洁说:“我们社区‘为村’平台很神奇,很多事情不需要社区两委下行政命令,很多村民就会自觉动起来,宣传崔之强以及讨论孝道这件事就是由村民发起的,最终也收到了良好效果。要将孝道文化融入日常交流中。”

(三)家庭和美:社区为60岁以上老人拍婚纱照

家庭是社区的组成单元,家庭和谐是社区和谐的基础。甘棠社区自开通“为村”平台以来,就注重对和谐家风的引导,其中2019年9月举办的“情暖中秋 和美家庭”为60岁以上老人拍婚纱照活动影响力最大。笔者在调研中,不论社区两委成员,还是村民都会提起这次活动,并都对此次活动赞不绝口。

甘棠社区“为村”平台总管理员孙洁是这次活动的发起人,她回忆说:“因为当时临近中秋节,所以我想做一个和家庭团圆有关的活动,也希望在社区营造一种和谐的氛围。”2019年9月2日,孙洁在“为村”平台中发布了活动公告。公告中的内容也体现了社区两委希望通过这次活动达到的目的,内容如下。

一张照片的意义,存下了现在,也存下了未来,照片留下的都是倒不回的过去。中秋,全家团圆的日子,给你和你爱的人留下最美好的回忆!

然而，活动通知发出去后并没有收到预期效果，连续3天都没有一对老夫妇去拍婚纱照，这可急坏了孙洁，如果这次活动是“0”参加，那么她以后怎么开展活动，怎么推动“为村”平台发展。于是孙洁就偷偷询问了几位关系不错的老人，他们的回复是：“我都这么大年纪了，还让我去穿婚纱，别人会笑话的。”无奈之下，孙洁就对梁卫华说：“要不要让您父母先去拍婚纱照？”梁卫华听说后“十分生气”，直接就说：“怎么不让你公公婆婆去，我爸妈那么大年纪，让他们去拍婚纱照，老头子不得把我骂死。”孙洁对此只能无奈地说：“那就不搞‘为村’平台了，做个活动都不支持。”梁卫华虽然嘴上不支持孙洁，但是想到“为村”平台还要继续做，就说服自己父母去拍了婚纱照。孙洁通过摄影店打听到梁卫华父母已经拍了婚纱照，但是好几天过去了，都不见在“为村”平台上传照片。按照活动公告要求，必须将婚纱照上传至“为村”平台才算完成。最终，梁卫华没有拗过孙洁，只好将父母婚纱照发到“为村”平台。然而，让他没想到的是，这组照片一下子就让甘棠社区“炸开了锅”，全社区老人的积极性都被调动了起来。老人们纷纷去拍婚纱照，最终社区90%的60岁以上老人拍了婚纱照，并上传到了“为村”平台。而且，很多老年人拍着拍着，就拍成了影集。

吴玉霞的父母也参与了这次活动。活动开始时，吴玉霞就动员她父母去拍婚纱照。她说：“这其实也是我父亲一生的心愿，只是老人不好开口。我母亲是农村妇女，对这些没什么要求。”其实，50多岁的吴玉霞自己也没有拍过婚纱照，她父母那时候更没有机会拍婚纱照。但是，吴玉霞的妹妹拍了婚纱照。如今吴玉霞还记得当时她父母看到她妹妹婚纱照时表现出的惊奇。因此，吴玉霞想让父母圆这个梦，然后她就对她母亲说：“这是咱们社区‘为村’平台开展的一个活动。您要是自己去拍婚纱照，那也要几百块钱。现在还能免费，这么好的一个政策肯定要好好利用。”经过吴玉霞努力，她母亲终于同意拍婚纱照了。婚纱照拍完后，吴玉霞很快就将照片上传到了“为村”平台。吴玉霞的父亲是甘棠社区20世纪70—90年代的村民小组组长，村里很多人认识她父亲。很多村民看到“为村”平台上的照片就说：“这不是吴队长吗？”“吴队长还拍得挺好！”随后，很多老人看到吴玉霞父母的婚纱照纷纷去了摄影店。吴玉霞说：“当时很多老人其实都在犹豫，到底拍还是不拍,很多人一看到梁书记的父母,还有我父母发了婚纱照以后,一下子都心动了。很多人直接打电话过来说:'拍得真好看啊,都年轻了好几岁!'有很多思想陈旧的老人,子女做工作根本不动心,一点都不动心,根本想都不想这个事,但是他们看到我们拍了,都很羡慕,随后大家都抢着去拍。除了那些思想陈旧保守的人,村里90%的老人都拍了婚纱照。"那段时间,平台呈现了老人们的"高光时刻",每天都有人上传婚纱照。吴玉霞说:"好不容易拍了,就炫耀一下呗。"

调研中,很多老人对这次活动记忆犹新。老人们说,一辈子都没拍婚纱照,现在老了还拍了婚纱照。有些老人还给孙洁打电话表示感谢。活动临近结束时,孙洁在"为村"平台转发了老人们的婚纱照,并记录了这些美好感受,具体内容如下。

"今天我是最美的。"

"结婚时没穿过婚纱,老了老了还洋气了一次。"

"结婚53年了,都是他听我的。"

"去年拿了分红,今年又能免费拍照,我们越老越值钱了。"

"年轻时因为生活条件不允许,拍婚纱照想都不敢想,现在社区免费给我们拍照,也是弥补了当初的遗憾,圆了一个梦。"

"一张照片将老人们的思绪倒回了属于他们的年代!也记录了属于他们的美好!"

"祝福他们身体健康,全家幸福!"

这次活动持续时间很长,影响力也较大。黄山区周边有很多村民都会来芙蓉市场买菜,大家买菜时就会闲聊:"你们这次活动搞得好,为什么你们社区总是有这些活动,我们啥都没有。"其他村民的反馈也让甘棠社区村民增加了存在感和自豪感。

三、促进行动:媒介促进公共行动

(一)介入创卫行动

2018年,安徽省黄山市黄山区为了改善城市环境,提升城市形象,启动了创建全国卫生城市计划，并于2019年出台了《黄山市创建国家卫生城市工作实施方案》，提出通过开展创建国家卫生城市活动，推动城市基础设施建设，提高城市管理水平和市民健康素养，全面提升城市品位和改善人居环境，为加快建设更加美丽富裕文明的现代化新黄山奠定坚实基础。甘棠社区位于黄山区城乡接合部，虽然是农村社区，但是也被纳入这次创卫工作之中。"为村"平台在此次创卫工作中发挥了信息传达、动员群众、协同治理的作用，尤其在最美庭院评比和旱厕改造过程中发挥了重要作用。

1. 发起最美庭院评比

2019年底，甘棠社区在创建卫生城市过程中遭遇了瓶颈。开展活动以来，虽然社区居民卫生观念在改变，环境治理也有所提升，但是同黄山市政府提出的要求还差很远，对社区两委成员也提出了更多要求，如规定必须每天早晨6:30要到自己"包保"的小区门口捡垃圾，而且要保证维持到晚上。面对压力，孙洁提出以举办最美庭院评比活动的方式促进社区卫生治理。孙洁说："不能总靠干部天天去捡垃圾去维持环境卫生。我们想通过举办活动，一是设置较高奖金激励村民维持环境卫生，二是希望改变村民的卫生观念。"

2020年1月2日，孙洁在"为村"平台发布了最美庭院评比活动报名方案。通知发布后，活动消息很快传开。孙洁说："很多人在说上传照片就能拿3000元，很划算。"有人议论，有人行动。据吴玉霞说："公告发布后，很多想参加的人就开始收拾院子，他们希望把最好的一面展示给大家。"

活动报名结束以后，共收到了15份投稿，当然这些图片质量也是参差不齐。对此，社区两委召开会议进行了初次筛选，剔除了部分没有特色的图片，选取了具有代表性的5个庭院进入投票环节。孙洁说："我们希望入选的庭院最终能够成为我们社区的标杆，所以只能忍痛割爱了。"

参赛村民在"为村"平台发布庭院照片后获得了很多人的点赞和评论，有人赞美庭院，也有人倡议爱护环境，达到了此次活动的预期效果。2020年5月8日，"为村"平台公布了最美庭院评比结果，甘荣花、王玉萍、黄全梅3户的庭院获得了村级最美庭院。随后，几位获奖者分别在"为村"平台发表了"获奖感言"，这些"获奖感言"如同她们的庭院一样再次获得了大家的认可，其中两人的感言如下。

一等奖获得者甘荣花：感谢党和政府及甘棠社区领导的关心和支持！也感谢社区所有支持我的父老乡亲兄弟姐妹们！今后我将更加努力，在做好自家庭院卫生的同时，积极与邻里群众维护好房前屋后环境的卫生，争取做到推窗见绿、出门见景、四季见花！为美丽乡村建设贡献自己的力量。

二等奖获得者王玉萍：美丽庭院，互敬互爱，建好小家，关爱大家，乡村振兴全靠你、我、他……

最美庭院评比活动对甘棠社区居民影响很大，活动虽然结束，但是影响力却没有衰减，而且正在慢慢改变村民的观念和习惯。笔者在调研中问起村民"为村"平台有哪些活动让他们印象深刻，很多村民都会提起最美庭院评比活动。

吴玉霞对此次活动依然记忆犹新，她说："这个活动虽然在网上举行，但是影响到了我们的生活。我在平台上看到立新村的1号庭院那么漂亮，我就骑车去那家看了看。去了以后发现那个庭院确实很漂亮。院子里有一栋两层的楼，还有一块菜地，还有假山，有水井，有水塘，里面还养鱼，很多花花草草，我看到后很吃惊。"

孙洁说："最美庭院评比活动确实影响了很多人，这些变化都是我亲眼所见。这次获得第一名的1号庭院，不仅院子里面漂亮，而且院子周围也干干净净，在获奖者的带动下，邻居都把院子周围环境维持得很好。伍超是我们社区两委委员，他看到在甘棠社区还有那么漂亮的院子以后，回去立即把他家门口，还有他爷爷奶奶家门口堆放的乱七八糟的东西清理掉了。"孙洁说，"甘棠社区地处城乡接合部，有很多村民在庭院旁边乱堆乱放，这是创卫工作中严令禁止的。通过此次活动，很多村民改变了这个习惯，不仅把自己的院子整理好，而且还把院子周围打扫干净。"

这次活动还改变了部分家庭的种植习惯，很多人开始种植花草。很多村民还是延续以前在自留地种植蔬菜的习惯，而且还喜欢种植丝瓜、南瓜等有藤蔓的蔬菜，这就导致秋天这些蔬菜叶子泛黄以后影响到整个社区的环境。创卫期间，社区两委对这件事情也很头疼。很多村民就说："我为什么要拔，这是我的东西。"然而，这件事情在最美庭院评比活动结束后却正在悄然改变。孙洁说："别的地方我不清楚，起码一等奖获得者周围那些村民中的很多人做出了改变。”

吴玉霞参观完1号庭院以后，就对她妹妹说：“1号庭院真是漂亮，你可以去‘为村’平台看看。”让吴玉霞没想到的是，这句无心的话却对她妹妹也产生了影响，吴玉霞说：“以前我妹妹从来不种花种草，但是自从那次活动举行以后，看到那么漂亮的院子以后，就开始种花了。以前她在院子里面只种菜，现在她也开始种花了。”村医崔琳说：“那次活动结束以后，正好赶上春天，很多村民都种起了花。夏天以后，很多村民就开始在‘为村’平台晒图片，都挺漂亮。帖子下面很多人都在点赞和评论。有人就问：‘这是什么花，我也种一点。’我们村有个老婆婆，看到别人在平台上发的花好看，就跑到人家家里要来种子回去种。”

梁卫华书记说：“最美庭院评比为村民们树立了一个环境优美的标杆，别的村民就会效仿，很多人随后就开始种花种草。这次活动对于我们开展创卫工作有很大帮助。”

2. 参与旱厕改造行动

旱厕改造也是黄山市创城评比的重要考核指标，然而在甘棠社区的推进中并不顺利。甘棠社区地处城乡接合部，虽然村民已经没有农田，但是很多村民还有部分自留地用来种菜。旱厕就是这些自留地的肥料来源，因此这项政策在推动过程中就遇到了极大阻力。

(1)发布倡议书

甘棠社区对旱厕改造推动了多次，但始终没有进展，包括梁卫华父母的旱厕也没有改造。有一天，梁卫华再次和他父母提旱厕改造时又遭到了强烈反对。不过，这一次激起了梁卫华的怒火，他拿起锄头就到菜地里把旱厕给砸掉了。由于动静很大，引起了隔壁邻居的围观。他们被梁卫华坚决拆除旱厕的狠劲吓坏了，纷纷拿着东西进屋了。随后，这事很快就在全村传开。梁卫华说：“如果我连自己父母的旱厕都改不掉，那我还怎么推动全村的旱厕改造。”

事后，梁卫华趁热打铁，很快在“为村”平台发了一封“旱厕拆除倡议书”，内容如下。

旱厕拆除建议书

随着美丽乡村建设不断推进,农村厕所问题已经成为乡村振兴道路上必须跨过的一道坎。厕所不仅是日常生活的必备设施,还是一个地方文明程度的标志。由于陈旧观念影响,旱厕普遍存在,严重影响着乡村的生态环境和群众的身体健康。原国家旅游局发布的《厕所革命推进报告》中提到,农村地区80%的传染病是由厕所粪便污染和饮水不卫生引起的。关于农村"厕所革命",不仅写进了政府工作报告,而且是重点办理的民生实事之一。

现在的农村,影响人们生活品质的短板有很多,如果请市民做客,到农村最无法忍受的是什么?旱厕估计排在首位。治城莫忘治厕,治村也是。咱们甘棠社区属于城中村,各村民组基本位于城乡接合部。提到厕所,我相信大部分农户家里都有一个甚至几个水冲式厕所,这通过我们在国庆期间"双创"突击整治中拆除的几十间旱厕以及整个甘棠镇的数据上可以看出,95%以上家庭都有水冲式厕所,旱厕并不是非留不可。"厕所革命"是对传统观念、传统生活方式、环境建设的深刻革命,是推进农村生态文明建设的必然选择。但是还有一部分人没有认识到"厕所革命"的重要性,挑着两个粪桶从家里走到菜地的行程足以让其他老百姓跟着遭殃,当你捧起香喷喷饭碗准备用餐时,臭烘烘的大粪会让你食欲全无,生活在美丽浦溪河畔的自豪感顷刻间荡然无存。消灭旱厕,不仅能改善农村现有人居环境,带给农民实实在在获得感,而且可以让那些在爷爷奶奶家居住的"00后""10后"的孩子们,不再因为厕所而嫌弃自己老家。从这个层面讲,环境改善不仅能提高生活质量,还能改善亲情关系。

"厕所革命"不是小事,美丽乡村建设从"厕所革命"开始,提高生活质量,旱厕非拆不可。

倡议书发出后,在全村引起了"轩然大波",村民们都在议论旱厕到底能不能保住,旱厕拆除最后期限是什么时候。部分村民也在公开信评论区留言,参与了讨论。

崔可友:我觉得有些人家有旱厕,主要是因为他们有菜地,没有了菜地,自然就没粪坑了。

章余洁：老思想根深蒂固，也深受传统农耕生活影响，就如崔可友所言，家里有菜地，不舍得砸旱厕。“厕所革命”任重道远，改革也非一朝一夕之事。只有让每个人深刻认识到利与弊，他们才会理解支持，配合工作，那就好办多了。

王玉兰：旱厕拆除，势在必行。

崔国庆：拆，我也觉得不卫生。

梁卫华说：“我在信中明确告诉村民，我和我父母的旱厕都被敲掉了，旱厕改造必须做，就是希望告诉大家我的决心。我觉得‘为村’平台提升了旱厕改造的效率，如果还是挨家挨户传达，那效率就会低很多。”

(2)收到举报信

甘棠社区负责旱厕改造的是民兵营长伍超，他敢想敢干，拼劲十足。梁卫华书记曾经在“为村”平台表扬伍超为了解决通信故障问题层层追问的精神头。然而，在此次旱厕改造行动中，伍超同志的敢想敢干却变成了“蛮干”，他在旱厕改造过程中把村民的化粪池给填了。第二天，“为村”平台“书记信箱”就收到了一封举报信。群众来信内容如下。

书记您好，你们改造旱厕我不反对，但是你们把我家的化粪池给填掉了，而且还是用混凝土填掉的，我怎么打开啊。

经过调查发现，那家人的“旱厕”其实是化粪池①，上面搭了一些东西，看上去确实像旱厕。当时，伍超认为那就是旱厕，只是征求了户主女儿的同意，没有经得户主同意就直接填掉了，从而出现了工作失误。梁卫华说：“这明显是工作失误，我和伍超沟通后他也回想起当时好像有些不对劲，感觉那个‘旱厕’特别大，填了很多混凝土还是填不满。”

梁卫华很快在“书记信箱”回复，答应以最快速度解决问题。就在社区党委研究解决问题办法时，那家户主又打来电话反映此事。梁卫华觉得需要尽快给村民一个答复，因此有必要在“为村”平台写一封致歉信，告知事情原委并向村民表示歉意。

① 化粪池(septic tank)是指将生活污水分格沉淀，并对污泥进行厌氧消化的小型处理构筑物。

2019 年 11 月 7 日,梁卫华书记在“为村”平台发布了一封公开信。

梁卫华说:“我们干部办错事就应该给人家道歉,同时,我也告诉村民,旱厕改造,决心不改。”这件事过后,村民反而更加积极主动地申请改厕。孙洁说:“书记的致歉信让很多人看到了社区的决心,大多数人觉得与其让强拆,还不如主动上报,还能领取一些国家补贴。”

(二)助力社区抗疫行动

新冠肺炎疫情暴发后,全国各地迅速采取应对措施。甘棠社区的“为村”平台,在征求民意、开展动员、沟通交流等方面发挥了重要作用。

1. 征求民意

2020 年 2 月,为了应对疫情蔓延,很多农村采取了封村措施。社区两委对是否封村一直举棋不定。很多村庄出口少,两头一堵,即可封村。而甘棠社区出入口有 52 个,封村难度极大。无奈之下,梁卫华通过“为村”平台发帖征集民意,内容如下。

> 今天一位老队长打电话建议我们社区和越山村一样封村,我要像越山村书记一样亲自到村口值班站岗。建议有道理,感谢他退休后还在为村民着想,并对我提出了期望。
>
> 其实我也想封村,但是确实很为难,大家帮助我想想办法,如何封村,我有点力不从心。今天汤主任细细数了一遍,我们社区由甘棠立新两村合并,村民小组 9 个,有浦西、玉屏、阳光、六角楼、东西边、边山、新门小区、龙源山庄、高速移民、朝阳共 10 个农民新村,所有村庄全部是开放式村庄,出入口加在一起有 52 个,按每个出入口安排三班倒,每班 2 人,每天就需要工作人员 300 多人。
>
> 如果值班几天,我相信组织党员干部和村民志愿者还可以勉强坚持,可是这场疫情防控工作不是几天就能结束,大家能坚持住吗? 建议虽好,但难以实现。希望村友们帮忙想想办法如何封村。另外我还是建议大家少出门,避免人群聚集就是最好的防疫。

这封书记公开信发布后,很多村民以评论方式对是否封村展开了讨论。支持和反对封村的人对此展开了激烈讨论。

反对者观点如下。

何祝成：老队长建议是好，为大家着想。可是，社区面积大，进出口太多，难以封村，社区领导及网格员对外来人员排查就够累的了。

孙腊生：我们甘棠社区四通八达路口多，怎么封，还是要靠村民们自觉，尽量少出门。

胡珍珠：值班也没用，都是要靠大家自觉，尽量待在家里，这也是为自己健康着想。

…………

支持者观点如下。

王春骏：我个人建议小路禁止通行，在主路设卡，每天派人轮流值班，辅路口派人机动巡查，严防外来人口车辆进出。

董玉香：封路是个好办法。但是我们也要做到不出门，不聚会，出门戴口罩。

胡平安：这个队长的建议希望书记考虑一下。

汤文明：其他村好像都是这样的，封村！

…………

另外，还有村民直接给梁卫华发私信希望封村。而且，就在“为村”平台还处于征集意见时，很多村民小组已经开始了行动。2020 年 2 月 6 日，梁卫华书记在“为村”平台再次发布公开信倡议共克时艰。

听民心、顺民意。虽然上级政府没有要求我们封村，但是村民朋友们意愿非常高，都愿意村庄有管控，虽然咱社区是开放式村庄，但是大家防疫意识很强。

今天六角楼新村和东西边新村主动请缨，组织村民志愿者一起开始在村庄主出入口对来往车辆及陌生人进行管控，特别是东西边新村短短一个小时就有 24 个志愿者报名参加，有党员、群众、退伍军人，效果非常好。

今晚平湖支部会议，讨论新门小区及平湖片封村事宜，虽然他们那里出入口太多,困难比其他村庄繁杂,但我相信群众及党员的智慧,一定也会搞好。

最后倡议所有村友积极报名参加,人人为村,咱村一定会平安过关。

梁卫华说:“其实我也可以下行政命令‘封村’,但那样可能会激起‘民怨’,或许有人会认为,社区在没有征求村民意见的情况下就选择‘封村’,会妨碍到大家自由。所以,我选择在‘为村’平台上先征求意见,告诉村民社区的难处,这样大家反而能理解了。”

2.招募志愿者

甘棠社区决定“封村”后,由于防控人员不足,只能向社区招募志愿者。孙洁在“为村”平台发布了招募公告。没想到村民意愿很高,一天就有300多人报名,远远超出了需求。

吴玉霞作为村民小组组长负责甘棠社区2组的抗疫组织工作,当她拿到志愿者名单时感到很惊讶,仅他们一个村民小组就有80多人报名,而且其中还有很多六七十岁的老年人报名。那时正值正月,湿气重,寒气也重。因此,各村民小组主要挑选了年轻人做志愿者。然而,这也引起了部分老年人的不满,有人就给吴玉霞打电话问:“为什么不用我,我们老了,难道值个班都不行吗?”吴玉霞做出解释后,老年人的情绪才有所平复。吴玉霞说:“这也可以看出我们社区多数人都希望加入抗疫志愿者队伍,为社区做些贡献。”

志愿者到位后,社区两委决定封锁人流较少的路口,在人流多的地方设关卡。然后安排志愿者每天三班倒,早晨、下午、晚上各一班。然而,志愿者值班几天后,梁卫华发现,值班工作很熬人,早晨6点开始到岗,晚上10点结束,有的值班点可能要工作到晚上12点甚至凌晨2点,长期下去会把人累垮。最后,梁卫华决定让所有村民小组把能封的地方全部封上,只留2个出入口。另外,由于封村时间延长,社区两委决定撤掉志愿者,招募退役军人值班站岗。很多村民志愿者得到这个消息后就给孙洁打电话质问为何不让去值班了,孙洁说:“主要考虑到大家太过疲劳,大家先休息,让年轻民兵和退役军人值班。”

随后，梁卫华在“为村”平台“书记信箱”发布了“退役军人召集令”，内容如下。

集结号，疫情严重，现向社区（45 岁以下）退役军人吹响集结号，黄山区城区启动封闭管理，咱社区也有许多卡点，当前需要退役军人重新穿起军装，重新再上阵地，希望大家报名跟帖，再续光荣。

这条书记公开信发布以后，很快引起了村民的关注、转发和评论，评论内容如下。

戴臣荣：报名！

梁卫华@戴臣荣：你已经上岗。

疏丽虹@戴臣荣：你超年龄了。

梁卫华：年龄次要，只要有心。

村民们也纷纷在评论区对退役军人表达了敬意和感谢。

胡平安：感谢退役军人为疫情阻击战做贡献。

汤仁秋：向人民子弟兵致敬，你们在一线辛苦了。

万代娣：退役军人重新上岗，辛苦了。

…………

梁卫华说：“甘棠社区在此次抗击疫情过程中，不论是普通村民，还是退役军人都表现出了很高积极性，困难面前体现出的凝聚力让人感动。”

第四节　数字乡村治理机制

甘棠社区“为村”平台自上线以来，经过不断探索和实践，已经成为村民了解村务、参与村务的重要平台，同时也是社区两委和村民沟通的桥梁和纽带。甘棠社区将基于“为村”平台的治理概括为从“不清楚”到“全清楚”，从“面对面”到“键对键”，从“千张嘴”到“一条心”。从“不清楚”到“全清楚”指社区治理透明度提升，从“面对面”到“键对键”指网络提升了治理效率，从

“千张嘴”到“一条心”指干部和群众形成了治理合力。2019 年,人民日报社举行了第七届中国民生发展论坛暨第十三届中国国际公益慈善论坛,甘棠社区“为村”治理荣获“2019 城乡社区发展治理创新案例奖”。甘棠社区“为村”治理机制是什么呢?笔者依然从主体、交流、意识、行动 4 个层面展开分析。

1. 重构主体

甘棠社区形成了人员众多、层次分明、紧密合作的治理共同体,这是本书三个案例中治理结构最复杂的一个。新中国成立一直到改革开放前,我国乡村治理主体主要是以政府为代表的一元主体。村民委员会的建立标志着我国乡村治理进入到二元共治的阶段。进入 21 世纪以来,随着以新型农业经营主体为代表的农村市场主体发展壮大,乡村治理也进入了多元共治的新阶段①。然而,公众这一重要主体以前总在基层治理中缺席。笔者研究的数字公共媒介通过赋权基层民众的方式让村民真正成为了主体,更为重要的是,促进了多元主体的合作,形成了媒介化合作网络。首先,社区党委书记发挥了重要作用,他是甘棠社区“为村”平台的引入者、设计师、把关人。有学者认为不论哪种创新模式,只有进行充分的社会动员、出现成熟的乡村领导者,并配合完善的制度设计,多元共治才能得以实现②。本案例充分体现了乡村领导者的重要性。社区两委在书记安排下实行了“全员上为村”模式,每个社区干部都被要求在“为村”平台展示以及开展工作。其次,甘棠社区“为村”平台管理团队在平台运营中发挥了重要作用,而且这个团队具有“官办”性质,社区以发放津贴方式资助“为村”平台管理团队。这同冯村“民办”性质的“为村”平台管理团队有很大不同,这就解决了“为村”平台管理团队和村两委的竞争和博弈问题。由 5 名管理员组成的“为村”平台管理团队成为了社区中间组织,他们通过上情下达、下情上达的方式联结

---

① 李长健、李曦:《乡村多元治理的规制困境与机制化弥合:基于软法治理方式》,《西北农林科技大学学报(社会科学版)》2019 年第 1 期,第 78-84 页。

② 王天夫、罗婧:《基层多元共治的路径选择:动员、补位,还是重构?——以巫溪、肃宁、彭州为例》,《河北学刊》2017 年第 2 期,第 177-183 页。

了社区两委和村民。这种新型中间组织之所以能够参与乡村治理，就在于其以公共舆论引导为手段，以公共事务参与为根本，促进了公共性生长和基层社会团结，从而“统合”了乡村社会①。再次，甘棠社区村民在数字媒介赋权下同样成为了治理主体，他们通过“为村”平台向社区反映问题，参与平台日常互动，通过舆论影响和监督社区两委，参与各类线上线下活动。数字公共媒介赋予村民知情权、表达权、监督权，使得他们成为了真正意义上的治理主体，从而也实现了真正的多元共治。

2.强化交流

甘棠社区基于“为村”平台形成了纵向和横向两个层面的沟通机制。在纵向层面，通过“正面”和“负面”相结合的方式向村民展示了社区两委的日常工作，改变了村民对干部的刻板印象。甘棠社区的独特之处在于党委书记不仅展示工作面，还展示生活面，书记将“日常生活”“兴趣爱好”等个人生活展示给村民，塑造了“生动立体”的干部形象，这有利于拉近书记和村民之间的距离。自我呈现（self presentation）又被称为自我表现、印象管理（impression management），是指调整自我以对他人所产生的印象进行控制的行为②。日常生活中的印象管理常常出乎意料，并非总是按照个人主观意志达成目标。给予和流露是戈夫曼拟剧理论的一组概念③。所谓给予，就是有意传达的那部分信息；而所谓流露，就是无意间传达的信息④。本案例中，梁卫华书记身上很多“给予”的信息不知效果如何，反而“流露”的信息却无意间塑造了自我形象。因在培训会上睡觉而发布道歉信的本来目的是向村民致歉，却无意间给村民传递了工作辛苦的正面信息。社区两委还在“为村”平台中发起话题向村民征集意见，比如“龙门水库雾山湖民宿”等话题就成为村民和社区两委对话的渠道。在横向层面，“为村”平台成为了村

---

① 赵泉民：《合作社组织嵌入与乡村社会治理结构转型》，《社会科学》2015 年第 3 期，第 59－71 页。

② 马忠君：《虚拟社群中虚拟自我的建构与呈现》，《现代传播（中国传媒大学学报）》2011 年第 6 期，第 139－141 页。

③ 欧文·戈夫曼：《日常生活中的自我呈现》，冯钢译，北京大学出版社 2006 年版，第 19、97 页。

④ 董晨宇、丁依然：《当戈夫曼遇到互联网：社交媒体中的自我呈现与表演》，《新闻与写作》2018 年第 1 期，第 56－62 页。

民交流的新型公共空间,村民在“为村”平台的交流互动,不仅可以让“熟悉的人更熟悉”,而且也会让“陌生人成为熟人”。“为村”平台在其中发挥了重要的关联作用。

3. 建构共识

我国当代乡村治理经历了从行政控制为主到多中心协同治理的历史跃迁,最终目标和最高价值导向是实现和谐善治。但当前乡村治理陷入公共精神式微、公共意识匮乏的“德性困境”,而乡村和谐善治必须是以德性化为指向的,需要公共精神提供道德支撑①。数字公共媒介为培育公共精神提供了场域。社区两委和“为村”平台管理团队共同引导村民建立社区共同体精神。通过发布“远亲不如近邻”相关内容,营造邻里和睦氛围;通过发布毛泽东主席的“松柳之喻”论题,督促社区干部在群众面前放下身段,同时也要坚定一心为公的信念;社区党委书记在“为村”平台中公开批评送礼行为,营造风清气正的风气;通过正面表扬一位村民孝顺母亲的事迹以及驳斥“社区应该负责老人养老”的错误观点,从而倡导孝道文化;通过发起为60岁以上老人拍婚纱照公益活动,在社区中营造了家庭和美的文化氛围。这是一种基于数字公共媒介的社区文化建设路径。以公共性作为价值追求的社区文化建设是和谐社区建设的灵魂,目的在于发挥文化整合功能,实现社区居民的认同,消弭认同危机以及由此带来的社区公共危机,重构社区居民的公共精神②。这种数字公共文化建设一方面能够促进相互沟通,达成共识,化解矛盾;另一方面,通过参与协作,增强了尊重平等、合作参与的公共意识。

4. 促进行动

人民公社解体后,国家权力开始从农村退场。农村逐渐开始实行村民自治,然而很多村庄始终面临“集体行动困境”。这是因为随着传统宗族势

---

① 王永益:《社区公共精神培育与社区和谐善治:基于社会资本的视角》,《学海》2013年第4期,第101-106页。

② 赵秀芳、王本法:《社区文化与和谐社区公共性的建构》,《湖北社会科学》2014年第10期,第50-54页。

力的衰落以及市场经济的冲击，传统农村道德束缚力被削弱，农民更趋经济理性，村庄内部“自组织力量”薄弱，农民呈原子化分散状态，没有形成一个促成集体行动的内在机制，或者说没有一种“制度”因素能够在部分农民之间达成非正式的契约联系，将农民组织起来形成一致行动的能力，因而导致集体行动的困境①。数字公共媒介在乡村集体行动中发挥了搭建平台、组织动员、信息传递等作用，从而有利于缓解集体行动困境。在甘棠社区，“为村”平台逐渐介入社区“双创”“抗疫”等工作中。最美庭院评比活动不仅促进了村民的线上公共参与，而且还促使很多村民向获奖者看齐，主动清理和美化院内院外环境，不仅配合了“双创”工作，而且改变了村民的卫生习惯。在旱厕改造行动中，社区借助“为村”平台发布“倡议书”以及“道歉信”，有效建立了良好沟通，从而提高了工作效率。在社区抗疫行动中，“为村”平台在发布“倡议书”、招募“志愿者”中发挥了重要作用。在以上集体行动中，数字公共媒介在加强村民间信息交流、维系人情往来、整合集体力量、促进精英加入、达成行动共识等方面能够发挥重要作用②，在一定程度上克服了集体行动困境。

第五节　比较案例分析

甘棠社区的行动者同陶坝村的行动者不同之处在于“为村”平台管理团队。“为村”平台管理团队在“为村”平台发展中具有重要作用。笔者提出假设的零号案例中，冯村“为村”平台几乎是“为村”平台管理团队独立运营。但是甘棠社区的团队和冯村的团队有很大不同。如果说冯村的团队具有“民办”性质，那么甘棠社区的团队则具有“官办”性质，这就使得甘棠社区“为村”治理主体结构发生了重要变化（见图 4－1）。

---

① 许英杰、苏振华：《村庄治理中的集体行动逻辑：基于理性选择制度主义的视角》，《中共浙江省委党校学报》2010 年第 1 期，第 60－66 页。

② 许增巍、姚顺波：《社会转型期的乡村公共空间与集体行动：来自河南荥阳农村生活垃圾集中处理农户合作参与行为的考察》，《理论与改革》2016 年第 3 期，第 45－49 页。

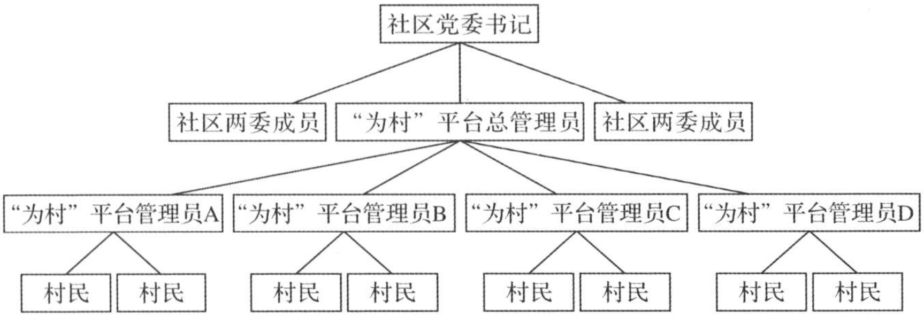

图 4-1　甘棠社区“为村”治理结构

这种“官办”团队虽然独立性和自主性较差,但是却解决了“为村”平台管理团队和社区两委之间博弈的问题。这类中间组织实则搭建了社区两委和村民之间的沟通桥梁。那么这类组织同村民小组组长和网格员的区别在哪里呢?主要有如下两点:一是在村民眼中,村民小组组长和网格员“官”的成分比“为村”平台管理员更浓,村民更愿意接触“为村”平台管理员;二是“为村”平台管理员更加熟悉“为村”平台发布的信息,村民更愿意向“为村”平台管理员咨询。这就使得“为村”平台管理团队具有了“承上启下”功能,这也使得基于“为村”平台的治理结构发生了重要变化。因此,笔者修正为理论模型 T_3(见图 4-2)。

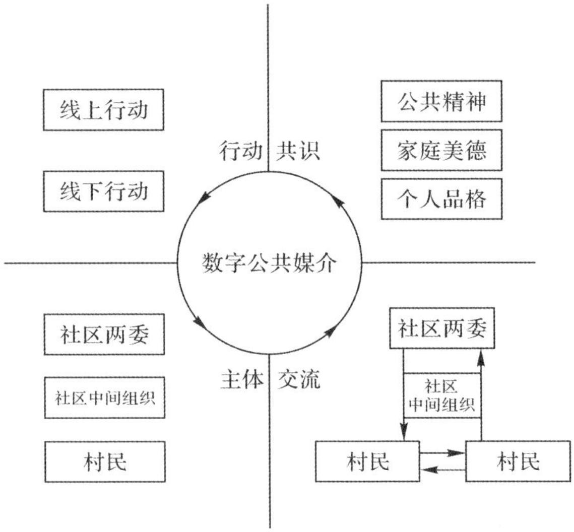

图 4-2　理论模型 T_3

基于数字公共媒介形成了主体、交流、共识、行动4个要素结构模型。这个模型以多元主体入场开始，社区两委采取人际传播、利益激励、举办活动等方式推动村民加入数字公共媒介，理想情景是组建“为村”平台管理团队，配合社区两委共同推动村民加入“为村”平台。当数字公共媒介中的人数达到一定数量时，就会形成公共交流模式，包括社区两委和村民的纵向传播，以及村民之间的横向互动。公共传播为建构共识提供了基础，社区两委和“为村”平台管理团队及村民在建构共识方面均会发挥重要作用，虽然社区两委作为重要主体会有意建构社区公共层面、家庭层面、个体层面的共同体意识，但是“为村”平台管理团队以及村民都可能在此环节成为话题发起者。建构共识在基于数字公共媒介的传播中占据重要位置，对于形成社区公共规则、建构社区认同以及促进公共行动方面均具有重要意义。基于数字公共媒介的公共行动分为线上和线下两种，其与传统公共行动的不同之处在于数字公共媒介具有连接不同地域空间的潜力，可以让留守村民和外出村民都参与其中，从而解决当前农村的集体行动困境。

总之，这种基于数字公共媒介的公共传播能够拓展协商民主，维系基层政治认同，更新权力和决策合法性，重构“多元一体”的治理结构，培养自由而负责任的公民，养成公共理性和公共性。协商和共识导向的公共传播可促成公共议程的多元对话，提振积极信任、积极生活和积极行动，达成共识，揭示问题并推动解决，从而增进社会治理效能①。

① 胡百精：《公共协商与偏好转换：作为国家和社会治理实验的公共传播》，《新闻与传播研究》2020年第4期，第21－38页。

第五章

媒介化整合治理:流动社会的新型治理方式

第一节　数字乡村治理机制模型

笔者使用连续比较法对三个数字媒介治理案例进行比较,建构了一个“理想模型”,下面简单回顾这一“理想模型”的生成过程。

一、理论模型 T_1

本书始于笔者之前对一个以“社区自组织”为主导的冯村“为村”平台研究的反思。该案例中,村两委几乎在“为村”平台中缺席,村民和村两委没有形成基于数字公共媒介的良好沟通,这就导致无法形成民主协商机制。基于冯村构建的理论模型主要从培育公共精神、促进行动以及村民横向互动三个层面进行论述,显然缺失了村两委和村民间的纵向交流。因此,按照指引,笔者选取的第一个案例是村两委主导“为村”平台的小溪村。该案例中,村两委主动进行“党务公开”,向村民展示日常工作动态,遇到重大事宜征求村民意见,遇到工作失误还向村民道歉,显然村两委和村民的纵向交流在数字公共媒介中具有重要意义。笔者基于该案例构建了理论模型 T_1(见图 5－1)。在这个模型中,村两委从强化交流、建构共识、促进行动三个方面影响了村民。强化交流包括村两委和村民的纵向交流以及村民间的横向交流。建构共识包括在社区层面培育共同体意识、在家庭层面营造和美幸福氛围、在个体层面传递田园诗性生活精神。促进行动包括从线上和线下两个层面参与到村庄公共事务之中。不过,虽然小溪村村两委作为主导力量参与了“为村”平台运营,但总体而言,村民处于“被影响”状态,村民的“主体性”没有完全发挥,没有真正成为数字公共媒介的主体力量。

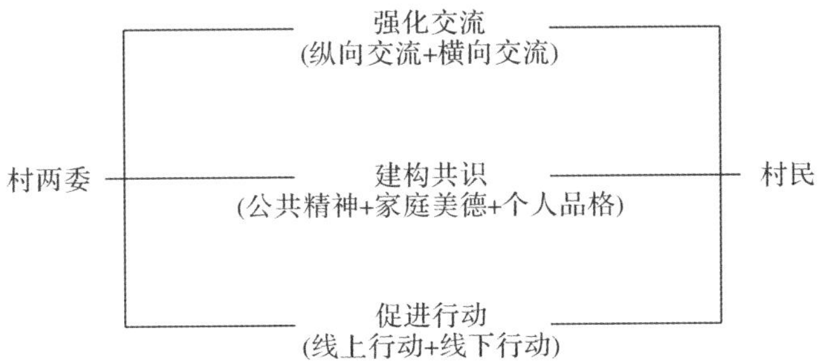

图 5－1　理论模型 T_1

二、理论模型 T_2

根据小溪村的案例指引,笔者选取陶坝村作为第二个案例。同小溪村的“被动”村民相比,陶坝村村民在基于数字公共媒介的传播中更加“主动”,更能体现公共传播的主体性存在。首先,刘齐春作为第一个在陶坝村“为村”平台“书记信箱”给村支书写信反映问题的村民,虽然在村两委看来有些“刁”,但是他的行为改变了村两委的工作方式和作风。他反映的问题得到解决后,在“为村”平台开通了“我给陶坝村干部点个赞”专题,报道村干部解决实际问题、走访慰问、关爱村民等各类社区新闻。他不仅自己发帖,还带动其他村民发帖,使得该专题成为陶坝村村民和村两委沟通的重要渠道。其次,陶坝村村民用自身实践推动“为村”平台上线“议事厅”板块,“让每一个利益相关主体都参与议事”成为现实。陶坝村的100多位村民在“议事厅”讨论了“无偿拓宽主路”事宜,顺利解决了因沟通不畅导致的“老大难”问题。这为基层直接民主提供了样板,为外出村民参与村务提供了可能。再次,陶坝村村民在“为村”平台开通“陶坝村的祖辈们”“陶坝环境靠大家”等专题参与建构村庄共同体意识。类似案例还有很多,在此不再赘述。因此,陶坝村的“为村”平台实践不再是村两委借助“为村”平台影响村民的模式,村民同样作为传播主体在数字公共媒介中发挥重要作用。因此,笔者基于陶坝村的案例建构理论模型 T_2(见图5-2)。在该模型中,村两委和村民都作为多元主体进入了数字公共媒介之中,随后会展开村两委和村民的纵向交流和村民之间的横向交流。基于公共交流,建构共识并促进行动。在此过程中,交流、共识、行动任何一个环节都会促进多元主体进入,随后再开始新一轮公共传播,这对于促进乡村治理具有重要价值。不过在研究中发现,陶坝村村两委和村民虽然都积极参与到了“为村”平台运营并形成了良好互动,但是这二者之间还缺乏一个“中间层”,即本文零号案例冯村“为村”平台管理团队那样的“中间组织”。

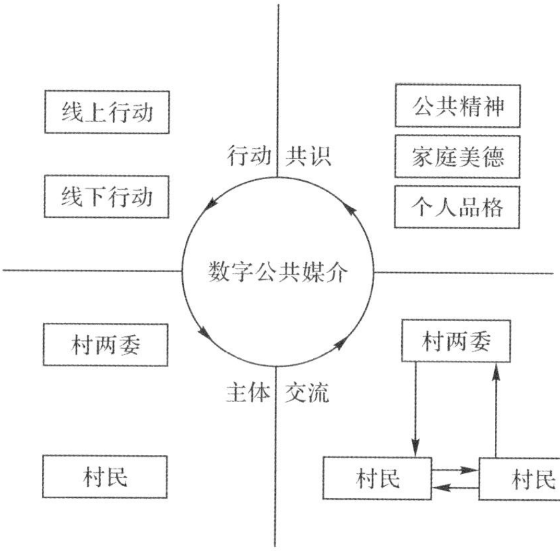

图 5－2　理论模型 T_2

三、理论模型 T_3

根据陶坝村的案例指引，笔者选取甘棠社区作为第三个案例。甘棠社区数字媒介实践中也形成了“为村”平台管理团队，不过和冯村“为村”平台管理团队有所区别。冯村的团队“自治”属性更强，甘棠社区的团队“依附”属性更强。如果说冯村的团队属于“民办”性质，那么甘棠社区的团队就属于“官办”性质。社区两委以任命和发放津贴的方式构建了一个“为村”平台管理团队。这样的“为村”平台管理团队虽然缺乏独立性，但是同样能够发挥“上传下达”的作用。在调研中，甘棠社区的“为村”平台管理员都表示他们成为了“信息集散中心”，很多村民会直接向他们询问“为村”平台上社区两委发布的一些信息。“为村”平台管理员崔可友直接表明自己扮演了“中间人”角色，村民们遇到不理解的问题时会直接向他咨询。社区两委有时也向来电咨询的村民介绍可以就近咨询的“为村”平台管理员。他们之所以能够成为“中间人”，是因为他们每天大量接触“为村”平台信息，使他们成为了社区的“信息达人”和“政策达人”。他们上接社区两委，下连村民，成为了信息“转译人”。因此，基于甘棠社区的案例，构建理论模型 T_3（见图 5－3）。在该理论模型中，社区两委、“为村”平台管理团队以及村民都是数字公共媒介的主体，随后通过强化交流、建构共识以及促进行动等路径形成公共传播。同时，上述环节会再次促进各类主体进入数字公共媒介形成循环。

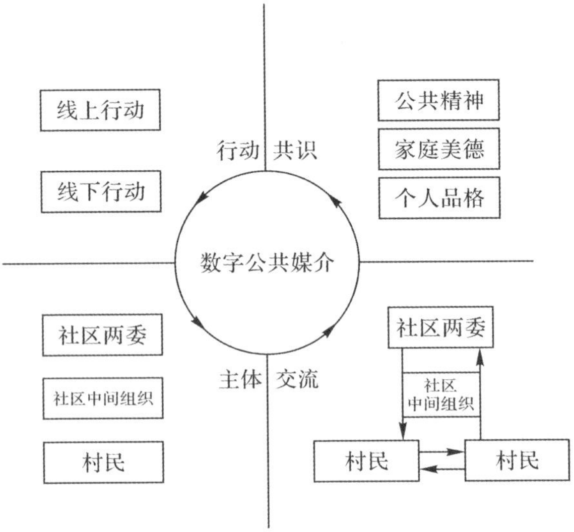

图 5－3　理论模型 T_3

基于对三个案例的比较分析，融合了不同案例的要素，笔者构建了数字公共媒介参与乡村治理的“理想模型”。这个模型融合了不同案例的要素，越是具备其中较多要素的案例，其治理绩效也越好。比如，虽然小溪村、陶坝村、甘棠社区均处于“合作治理模式”象限，但是其治理绩效却不尽相同。从小溪村到陶坝村再到甘棠社区，不论从平台数据指标、媒体关注度看，还是从政府认可度看，这三个村庄都呈递增状态。而这同村（社区）两委参与、村民参与、社区中间组织参与等要素密不可分。笔者在随后各地调研中也进一步验证了该理论模型的适用性。

第二节　“媒介化整合治理”的概念

笔者将数字公共媒介破解乡村治理碎片化困境的机制称为“媒介化整合治理”。这个概念基于媒介化理论和整体性治理理论综合提出。

一、媒介化研究新路径

媒介化理论是近年在欧陆媒介社会学领域兴起的一种理论范式。作为对媒介效果理论的超越,欧陆传播学界经历了从“媒介研究”到“媒介化研究”转向。如果说传统“媒介研究”较多涉及媒介内容和信息对人的影响,那么“媒介化研究”更多涉及“媒介逻辑”对社会以及文化产生的影响。理解“媒介化”可以从“中介化”入手(见表5-1)。这里假设三种互动情景。第一个场景,行动者a和b通过互动生成了实践A;第二个场景,行动者a和b因时空等因素限制须通过媒介进行互动,从而生成实践A;第三个场景,行动者a和b在互动过程中,媒介逻辑发挥作用,使自身成为了行动者c,从而使得实践结果成为实践B。通过对比发现,在第二个场景中,媒介只发挥了渠道作用,它的出现并没有改变实践结果。但是在第三个场景中,媒介携带的“系统性规则”发挥了作用,从而改变了实践结果。因此,媒介就不再只发挥“中介化”作用,而是发挥了“媒介化”作用①。

表5-1　三种互动模式与互动类型②

序号	互动模式	互动类型
1	行动者a—行动者b→实践A	非中介化
2	行动者a—媒介—行动者b→实践A	中介化
3	行动者a—行动者c(媒介)—行动者b→实践B (媒介逻辑→行动者a、行动者b)	媒介化

学术界虽然对“媒介化”达成了基本理解,但是对于很多概念及理论依然存在分歧,比如什么是“媒介逻辑”,“被媒介化”的对象是什么,学界对此依然争论不休,甚至对于“媒介”这个基础概念也要重新定义和理解。基于以上争论带来了媒介化研究路径的分歧。库尔德利和赫普将这种分歧概括为媒介化研究的“两种传统”(two traditions)。一种是“制度化传统”(institutional tradition)。夏瓦是该流派的主要代表人物,他认为媒介不再是传统研究中依附于其他社会变革要素的力量,而是一种独立的“制度性要

① 戴宇辰:《媒介化研究的“中间道路”:物质性路径与传播型构》,《南京社会科学》2021年第7期,第104-112页。

② 戴宇辰:《媒介化研究的“中间道路”:物质性路径与传播型构》,《南京社会科学》2021年第7期,第104-112页。

素”。它可以依照自有逻辑(媒介逻辑)对社会环境进行重构与再表征①,并分配物质性和符号性资源②。因此,“媒介化”就是其余社会组织在“媒介逻辑”作用下进行的转型过程。另一种研究传统是“社会建构传统”(socio-constructivist tradition)。库尔德利和赫普是该流派主要代表人物,他们认为,“媒介化”并非一方强迫另一方服从的逻辑(正如“制度化传统”强调的),而是在双方互动过程中共同建构了一种新的历史情境③。因此这一流派更加关注“媒介的特定角色”,以及“它如何在通过传播建构的社会-文化现实中发挥作用”。媒介化研究意味着“探索作为日常的传播实践变革,以及它如何关联于现实的传播建构过程”④。

开展媒介化研究的这两个流派站在不同角度各执一端。“制度化传统”流派注重宏观研究,强调社会的“结构性要素”。“社会建构传统”流派关注微观研究,强调行动主体的能动性。这两种研究路径虽然各有千秋,但是都存在弊端,现实的媒介化过程中,结构性要素力量和个体能动性可能会交融,而并不是非此即彼。因此,进行媒介化研究需要一种中观研究路径,去考察哪一种新的“社会形式”(social forms)由媒介化传播过程而生成⑤。正如伦比所言,“社会互动实践与模式的改变会塑造出新的社会和传播形式”,而这恰恰是媒介化研究的焦点⑥。因此,诺贝特·埃利亚斯(Nobert Elias)的“型构”(figuration)概念可以为描述这种新的社会形式提供一套基本分析框架⑦。这个概念具有克服社会结构要素和个体能动性两相对立的潜力。按照埃利亚斯解释,型构是个体(individual)与社会(society)之间的中间变

① 戴宇辰:《走向媒介中心的社会本体论? ——对欧洲“媒介化学派”的一个批判性考察》,《新闻与传播研究》2016 年第 5 期,第 47 - 57 页。

② Hjarvard,S.,“Mediatization of society: A theory of the media as agents of social and cultural change”,Nordicom Review,Vol. 29,2008,p. 113.

③ 戴宇辰:《走向媒介中心的社会本体论? ——对欧洲“媒介化学派”的一个批判性考察》,《新闻与传播研究》2016 年第 5 期,第 47 - 57 页。

④ Hepp,A.,Cultures of mediatization,Cambridge:Polity Press,2013,p. 618.

⑤ 戴宇辰:《媒介化研究的“中间道路”:物质性路径与传播型构》,《南京社会科学》2021 年第 7 期,第 104 - 112 页。

⑥ Lundby,K.,Mediatization: Looking for social interaction,in Knut Lundby (Ed),Mediatization: Concepts,changes,consequences,New York:Peter Lang,2009,p. 117.

⑦ 戴宇辰:《媒介化研究的“中间道路”:物质性路径与传播型构》,《南京社会科学》2021 年第 7 期,第 104 - 112 页。

量,是“个体联结的网络”(networks of individuals)①,而“个体联结的网络”既是一个实体结构,同时也是一个过程。按照这一思路,媒介化可以被理解为一段社会过程,或者如克罗茨所言,“基于传播方式的变革的本质是人们如何建构社会和文化现实的元过程(meta-process)”②。因此,考察某个具体社会领域(social domain)的媒介化问题(例如“媒介化政治”“媒介化城市”)就被转译为一个经验性问题,即该型构的行动者有哪些?传播主题是什么?形成的集体行动是什么?最终的传播型构是什么?背后的权力博弈是什么?这一研究路径可以为经验性研究现实生活中的媒介化提供一个基本的分析框架③。

我国的媒介化研究依然处于理论引介阶段,不过还是有不少学者开始基于本土实践展开研究,其中涉及的媒介包括电视、乡镇电影院、县级融媒体、乡村仪式等多种类型。张铮等认为:“安徽乡镇电影院的建设打造了更具活力的乡镇文化空间,丰富了乡镇民众的精神家园,带动了相关文化产业发展,成为乡镇文化与都市文化联合的重要纽带,由此形成了媒介化的治理框架,这是一种未来定义权。”乡镇电影院确实对于基层治理具有重要意义,是一种经由文化的治理。但是否所有经过媒介的治理都可以称为“媒介化治理”呢?同样,将县级融媒体放置在“媒介化治理”下的相关研究也存在此类问题。迪肯和斯坦叶就直言媒介化似乎成为一个“无差异的概念”(a concept of no difference),即一个空的箩筐,所有与媒介效应相关的研究都可以置入其中,冠以“媒介化”名号④。显然,我们不能将所有和媒介效应相关的治理研究都纳入“媒介化治理”领域,治理本身就是一个宽泛的概念,如果再叠加一个更加没有边界的概念,那么媒介化治理也会成为一个没有实际意义的“空筐”。闫文捷等学者以“电视问政”节目为对象,研究了电视问

① Elias, N., What is sociology? London: Hutchinson, 1978, p. 15, p. 130, p. 129.

② Krotz, F., Mediatization: A concept which to grasp media and societal change, in Knut Lundby(Ed), Mediatization: Concepts, changes, consequences, New York: Peter Lang, 2009, p. 24.

③ 戴宇辰:《媒介化研究的“中间道路”:物质性路径与传播型构》,《南京社会科学》2021年第7期,第104-112页。

④ Deacon, D. & Stanyer, J., “Mediatization: Key concept or conceptual bandwagon?”, Media, Culture & Society, Vol. 36(7), 2014, pp. 1032-1044.

政如何体现为治理的实践,“媒介逻辑”如何与政治逻辑相互交织并参与地方治理,且由此渗入公共生活①。该研究通过对两档电视问政类节目的详细分析,解释了“媒介逻辑”和“政治逻辑”之间的相互关系,对于探索中国本土的媒介化以及媒介化治理研究具有重要价值。不过,西方媒介化研究更多置于互联网背景下提出,因为互联网更加具有“穿透性”,更具塑造社会结构的特性。

二、整体性治理理论

整体性治理理论是西方行政学界对新公共管理理论的对立性回应,主张用整合、协调和信息技术解决治理碎片化问题。在了解整体性治理理论之前先简单回顾新公共管理理论。新公共管理理论起源于传统公共行政模式在新时代背景下难以适应经济社会发展的需要。伴随全球化和信息化发展,传统官僚制运作下的西方政府已经无力应付自身机构膨胀、财政开支加大的困境,同时其公共物品供给能力又无法满足不断增强的公共需求。因此,英国撒切尔内阁、美国里根政府率先开始对公共部门进行改革,直接目的就是减少预算赤字和提高政府效率。尽管各国新公共管理运动规模和深度有所差异,但是基本措施一般都涉及分权化、市场化以及民营化。随着社会生活秩序变迁以及西方政府改革向纵深发展,新公共管理理论日渐式微,在实践中表现出来的局限性与弊端愈发明显,遭受到越来越广泛的批评和质疑。20 世纪 90 年代末的英国,由于保守党政府长期实行的新自由主义和新公共管理政策,导致政府公共服务日趋碎片化、政府组织功能逐渐裂解化,在反思和弥补政府治理研究的基础上迫切需要一种能解决现实问题的新治理模式②。

整体性治理理论就是在此背景下诞生的。英国学者佩里·希克斯和帕切克·邓力维是该理论的倡导者和代表人物。根据希克斯的定义,整体性

---

① 闫文捷、潘忠党、吴红雨:《媒介化治理:电视问政个案的比较分析》,《新闻与传播研究》2020 年第 11 期,第 37-56 页。

② 寇丹:《整体性治理:政府治理的新趋向》,《东北大学学报(社会科学版)》2012 年第 3 期,第 230-233 页。

治理就是“以公民需求为治理导向，以信息技术为治理手段，以协调、整合和责任作为治理机制，对治理层级、功能、公私部门关系及信息系统等碎片化问题进行有机协调与整合，不断从分散走向集中，从部分走向整体，从破碎走向整合，为公民提供无缝衔接且非分离的整体型服务的政府治理图式”①。整体性治理理论和新公共管理不仅在方法上有差异，而且有着不同的哲学基础。如果说新公共管理理论遵循经济学逻辑，追求效率至上，那么整体性治理则依照社会学和文化研究等社会学科理论，更加注重全局和“通盘考虑”②。而在具体操作方式上，整体性治理注重对技术的使用，新公共管理的一些治理方式逐渐被改革、终止或者放弃。一个重要原因是20世纪90年代中后期信息技术的作用，由于信息技术发展和数字化时代来临，减少了横向协调和纵向整合成本③。“在一定程度上，整体性治理是从技术角度来理解的，从分散走向集中，从部分走向整体，从破碎走向整合。”④

整体性理论提出之初，重点涉及政府内部机构和部门的整体性运作⑤。但是在发展过程中应用领域逐渐转向政府外部，其中社区就是重要应用层面。我国学者亦对此展开过研究，杨君等认为应该重新塑造政府与社会组织之间的合作关系，“以社会再组织化为路径，发展新型社会组织，建立新社会服务体系等，最大限度地激发社会活力，促进社会深度整合，创新社区治理体制，才能形成协调、整合、分工、合作的治理格局”⑥。曾凡军等认为可以通过“建立整体性治理共同体的方式应对基层治理碎片化困境”⑦。上述研究为笔者从数字媒介角度研究如何破解乡村治理碎片化困境奠定了基础。

---

① 曾凡军:《迈向整体性治理的我国公共服务型财政研究》,《经济研究参考》2010年第65期,第43-46页。

② Bogdanor,“Introduction”, In Bogdanor (Ed). Joined-up government, Oxford: Oxford University Press,2005,p. 1.

③ 胡象明、唐波勇:《整体性治理:公共管理的新范式》,《华中师范大学学报(人文社会科学版)》2010年第1期,第11-15页。

④ 竺乾威:《从新公共管理到整体性治理》,《中国行政管理》2008年第10期,第52-58页。

⑤ 竺乾威:《从新公共管理到整体性治理》,《中国行政管理》2008年第10期,第52-58页。

⑥ 杨君、徐选国、徐永祥:《迈向服务型社区治理:整体性治理与社会再组织化》,《中国农业大学学报(社会科学版)》2015年第3期,第95-105页。

⑦ 曾凡军、潘懿:《基层治理碎片化与整体性治理共同体》,《浙江学刊》2021年第3期,第64-71页。

三、媒介化整合治理

基于以上理论,笔者将数字媒介参与乡村治理的过程和机制命名为“媒介化整合治理”。这一理论的应用场景放置在社区领域,多元主体基于数字公共媒介通过强化交流、建构共识、促进行动的方式实现了治理主体、信息资源、治理理念、集体行动以及地域空间的整合,为破解乡村治理碎片化困境提供了一种媒介化的解决路径。

媒介化整合治理结构是一种“松散而又紧密”的结构,是一种生成于数字化时代、适应于中国当前社会流动性增强的独特组织形式。这种治理结构没有科层制的刚性权力,强调行动者的自由裁量权,村两委和村民之间以媒介化互动、协调、沟通相互依存;但是又不同于社会中的原子化个体,这种治理结构以媒介连接和共同价值作为纽带。虽然也会开展公共行动,但是这背后的逻辑并非权力,而是互动及认同逻辑。媒介化整合治理所形成的网络结构是一种处于自愿和强制之间的中间体或者糅合体。

媒介化整合治理的核心在于借助数字公共媒介,立足于整体主义思维方式,通过媒介化治理结构培育协调、整合以及信任机制,充分发挥多元主体基于媒介形成的强大合力。媒介化整合治理不再以权威和行政命令为协调手段,而是以媒介化沟通为协调手段。整体性治理所要求的协调机制既包括协调行动者之间的利益关系,也包括协调行动者与整个合作网络之间的关系,主要包括信息共享的协调机制、价值协同的协调机制、诱导和动员的协调机制①。本书基于数字公共媒介的媒介化整合治理,在强化交流层面发挥了信息共享的协调机制,在建构共识层面发挥了价值协同的协调机制,在促进行动层面发挥了诱导和动员的协调机制。在乡村治理过程中,行动者之间的目标可能是相融的,也可能是冲突的。媒介化整合治理的协调机制能够化解冲突,强化共同目标,从而增强社区凝聚力。

媒介化整合治理同数字媒介技术发展密切相关。不过在任何时候,技

---

① 胡象明、唐波勇:《整体性治理:公共管理的新范式》,《华中师范大学学报(人文社会科学版)》2010年第1期,第11-15页。

术只是工具,媒介深受政治影响且由政治赋予意义,媒介是在既定的价值体系和制度安排下达成目标的手段。因此,媒介化整合治理的最大障碍可能还是来自政治系统自身的反对[①]。最后需要强调的是,媒介化整合治理作为一种公共管理新范式,并不是在任何时候、任何地点都能发挥作用的万能"膏药",它只是多种基层治理手段的一种选择。基于数字公共媒介的治理是一项长期而复杂的工程,它依赖于基层治理观念的转变,需要具有良好文化素质以及民主意识的基层干部,还需要培育具有良好参政议政意识的公众。即使如此,媒介嵌入基层社会亦需要反复磨合,因此顺利完成媒介化整合治理改革的城乡社区应该更像园丁,而非工程师或建筑师[②]。

第三节　"媒介化整合治理"的本质

在我国开启全面建设社会主义现代化国家的新征程中,推进国家治理体系和治理能力现代化是中国现代化建设的重大战略。中国现代化进程中国家治理的总体战略、乡村治理的历史发展和实践逻辑决定了我国乡村治理现代化的必然取向[③]。但在实践中,对于乡村治理到底由谁来治、治什么、怎么治,不论基层干部,还是村民在认识上普遍存在困惑,最终导致行动上茫然无措、无的放矢。原因在于乡村治理涉及的问题非常广泛和复杂,而学术界对乡村治理却始终缺乏一个兼具统摄性和简约性,从而能够纲举目张地引领和指导实践的理论阐述[④]。

中国人民大学冯仕政教授指出应该以解析"社会"概念为基础,逻辑地、整体地把握当前中国社会治理的核心内容和中心任务。他认为"社会"是伴随现代化进程而发生的一种人类生活形态,社会治理则是"社会"之二重性及其内在张力的必然要求和产物,其核心内容是调整社会性与公共性的关

---

① Bogdanor.,"Introduction", In Bogdanor(Ed), Joined-up government, Oxford: Oxford University Press,2005,p. 1.

② March,G.,Olsen,J.,"Organizing political life", American Political Science Review, Vol. 77(2), 1983,pp. 281-296.

③ 王浦劬:《新时代乡村治理现代化的根本取向、核心议题和基本路径》,《华中师范大学学报(人文社会科学版)》2022年第1期,第18-24页。

④ 冯仕政:《社会治理与公共生活:从连结到团结》,《社会学研究》2021年第1期,第1-22页。

系，中心任务则是争取连结与团结的互动共生，最终形成既有活力又有秩序的公共生活①。中国农业大学叶敬忠教授认为乡村治理的关键在于建设“社会”。他指出，当前我国的社会建设大致有两种概念：一种是针对“五位一体”提出的社会建设，主要指向建设民生；另一种是社会学中与国家、市场两个概念并列的“社会”。中国学术界研究乡村治理，更多讨论的是“为了民生的社会建设”，而针对“为了社会的社会建设”的学术讨论较少。这里的“社会”是指为了提供某项服务而成立的一种群众组织。比如老人协会、妇女互助组、宗族、合作社等就是一个个社会（组织）②。笔者延续以上思路，尝试从重建乡村“社区”角度揭示乡村治理的总体逻辑，以期更加深刻和系统地把握当前中国乡村治理的核心内容和中心任务。笔者将社区作为社会的下级从属概念，而非与社会分离或者分立的概念。换言之，笔者将社区视为地域性社会实体，是宏观社会的微观缩影。社区具有可感知性，社会领域的各种冲突、合作、认同等在社区内能得到真切和深刻感受③。

社区一词源于拉丁语，原意为关系密切的伙伴或共同体。首次将“社区”一词用于社会学研究的是德国社会学家费迪南·滕尼斯。滕尼斯于1887年出版著作《共同体与社会：纯粹社会学的基本概念》，深刻阐明了人类群体生活中两种结合类型——共同体与社会。该书提出人们以有机方式依照其意志相互结合、相互肯定的地域即为共同体④。理解社区，离不开社会这一更高层次的概念形态。作为“共同体”意义上的社区和社会，两者之间存在较为复杂的联系和区别，可以理解为相互交叠，但又不尽相同。滕尼斯认为，社区多是通过血缘、地缘、文化意识等关系建立起来的有机人群组合，是以统一和团结为特征的社会联系和组织方式，其基础是“本质意志”，表现为本能、习惯和记忆；而社会则是依靠法律、制度以及人的理性权衡等

① 冯仕政：《社会治理与公共生活：从连结到团结》，《社会学研究》2021年第1期，第1－22页。

② 王迪：《中国农业大学人文与发展学院院长叶敬忠：乡村治理的关键在建设“社会”》，《民生周刊》2021年第25期，第58－59页。

③ 袁方成：《国家治理与社会成长：中国城市社区治理40年》，上海交通大学出版社2018年版，第28页。

④ 费迪南·滕尼斯：《共同体与社会：纯粹社会学的基本概念》，林荣远译，北京大学出版社2010年版，第2页。

建立起来的机械人群组合,它是有明确目的,并以利益和契约为基础的社会联系和组织方式,其基础为“选择意志”,表现为深思熟虑、决定和概念[①]。滕尼斯认为自然形成的“共同体”不可避免会被人为设计的“社会”所取代。

从德语的“Gemeinschaft”经由英语的“community”,再到中文的“社区”,受到芝加哥学派和英国社会人类学派的影响,滕尼斯最初定义的在社会整体关联方式意义上的概念所指逐渐演化成具体的地域性生活共同体[②]。在针对社区的研究早期中,学者注重从血缘纽带和共同体价值角度对“社区”进行界定。但是随着“社区”一词传入美国,美国学者将社区研究从乡村转向城市,并在研究城市化运动中发现,“社区”与地域有一定相关性,从而赋予“社区”地域方面的含义。其中芝加哥学派社会学家帕克是典型代表。中文“社区”一词是典型的舶来品。1933 年,费孝通等一些燕京大学社会学系的学生在系统介绍和引入西方社会学经典著作时,把英文“community”译为“社区”,此后,该词逐渐成为中国社会学通用术语[③]。我国学者在使用“社区”时加入了对中国实际情况的理解。由于当时中国是传统农业社会,因此“社区”也就具有了明显的地域特点。

然而,随着全球化、市场化、工业化迅猛发展,人类逐渐脱离地域限制,流动成为了社会发展主旋律,随之而来的是传统社区的衰落。社区衰落不仅仅为中国独有,亦是全球普遍问题。西方学术界围绕传统社区究竟是“社区失落”(community lost)、“社区存续”(community saved),还是社区解放(community liberated)曾经有过激烈争论[④]。中国学者对乡村社区也进行过类似研究,因研究对象不同,得出的结论也不尽相同。目前,中国依然处于城市化发展进程中,还会有大量人口从农村向城市迁徙,很多乡村面临凋敝甚至消失的危险。但是乡村不论是作为传统文化存续的根基,还是作为对接国家扶贫行动的空间,均具有重要价值。一些学者从社会学角度对如何重建社区进行了探索。比如中国社会科学院社会学研究所折晓叶的《村

① 肖林:《“‘社区’研究”与“社区研究”:近年来我国城市社区研究述评》,《社会学研究》2011 年第 4 期,第 185 - 208 页。

② 王铭铭:《小地方与大社会:中国社会的社区观察》,《社会学研究》1997 年第 1 期,第 88 - 98 页。

③ 陆军:《营造新型共同体:中国城市社区治理研究》,北京大学出版社 2020 年版,第 1 - 2 页。

④ 夏建中:《社会学的社区主义理论》,《学术交流》2008 年第 8 期,第 116 - 121 页。

庄的再造：一个超级村庄的变迁》和中山大学李翠玲的《社区归来：一个珠三角村庄的公共生活与社区再造》等著作都涉及村庄如何应对社会变迁及如何重生。笔者则从媒介角度切入，研究村庄如何借助数字公共媒介重建社区从而实现乡村善治。

那么如何理解乡村治理视域下的"社区"呢？在此，笔者借鉴中国人民大学冯仕政教授解释"社会"的两个概念"角落里"和"衔接处"。他认为"社会"在现实中的存在可以概括为两个地方，一个是"角落里"，一个是"衔接处"。"角落里"是指人类生活中不那么起眼、容易被忽视的地方。具体来说，它首先包括通常所谓"弱势群体"，即那些因为老弱病残等原因而在生活上表现得比较脆弱的群体。"衔接处"是指那些把人类生活的各个部分关联起来形成一个整体的社会纽带①。其实，对于重建"社区"而言，同样是在"角落里"与"衔接处"。只是在流动性社会背景下，本书中的"角落里"不仅仅包括留守老人和儿童等弱势群体，还包括那些"流落天涯"的外出人员。因此，重建社区就是将他们从"角落里"寻找出来，让他们回归"社区共同体"。数字公共媒介则能够跨越时空，将那些散落天涯的村民重新凝聚在一起，并且能够发挥"衔接处"作用，成为让大家关联起来的纽带。

基于上述理解，媒介化整合治理的本质是借助数字公共媒介重建社区，其核心内容是调整社区性与公共性的关系，中心任务是争取连结与团结的互动共生，最终形成既有活力又有秩序的公共生活。社区性来源于社区的定义。所谓"社区性"，是指一种特殊的"社会性"，即社区中的每个人不论是出于生理需求，还是出于心理需求，不论是为了生存，还是为了发展，都必须与社区中的其他人发生接触和交往的一种属性。传统社会以现实接触体现"社区性"，流动性社会背景下的媒介化接触也能体现"社区性"。一个社区中人与人之间的连接越多，越丰富，则社区性越强。公共性在不同学科有不同定义，中山大学王乐夫教授的有关"公共性"内涵的观点主要集中在以下方面。第一，在伦理价值层面上，"公共性"必须体现公共部门活动的公正与正义。第二，在公共权力运用上，"公共性"主要体现人民主权和政府行为的

---

① 冯仕政：《社会治理与公共生活：从连结到团结》，《社会学研究》2021 年第 1 期，第 1－22 页。

合法性。第三,在公共部门运作过程中,“公共性”体现为公开与参与。第四,在利益取向上,“公共性”表明公共利益是公共部门一切活动的最终目的,必须克服私人或部门利益的缺陷。第五,在理念表达上,“公共性”是一种理性与道德,它支持公民社会及公共舆论的监督作用(哈贝马斯)①。笔者则在哈贝马斯所言的理性和道德层面讨论“公共性”。本书中的“公共性”更多是指人们为了更加顺畅地参与公共生活,个人必须适当“克己奉公”,对他人要保持基本的尊重和宽容,以便通过合作增进共同利益。一个人越是愿意为了公共利益而谦抑自我,则其公共性越强。这样一种交往状态,用社会学术语表述就是社会团结②。

那么,基于数字公共媒介的乡村治理如何体现社区性和公共性、连结和团结、自由和秩序呢?再次回到笔者通过比较分析得出的数字治理型构之中(见图 5－4)。

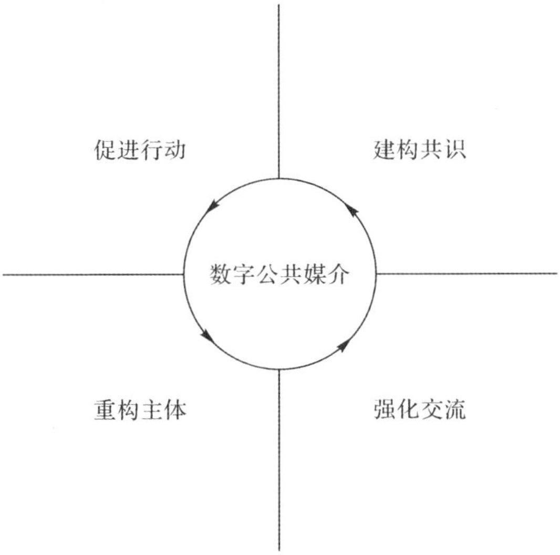

图 5－4　媒介化治理型构

从图 5－4 可知,媒介化整合治理通过重构主体、强化交流、建构共识、促进行动 4 个环节得以实现。其中,“重构主体”和“强化交流”的本质是“媒

---

①　王乐夫、陈干全:《公共性:公共管理研究的基础与核心》,《社会科学》2003 年第 4 期,第 67－74 页。

②　冯仕政:《社会治理与公共生活:从连结到团结》,《社会学研究》2021 年第 1 期,第 1－22 页。

介化连结”,更多体现“社区性”;而“建构共识”和“促进行动”的本质是“媒介化团结”,更多体现“公共性”。

媒介化连结体现社区性包括以下两个方面。①数字公共媒介的重要特性就是可以允许具有社区身份的多元主体进入,“为村”平台认证村民的过程是多元主体进入的过程,实则体现了社区性。对于当前我国流动性社会而言,诸多乡村社区都在面临“衰落”困境,因此社区性正在减弱,这显然不利于乡村治理。没有村民广泛参与的乡村治理不能称为“治理”。而数字公共媒介在促进社区性生成方面发挥了重要作用,尤其将那些散落于“角落里”的村民纳入数字公共平台中,让外出者找到家乡,让留守者心有所属。②数字公共媒介为多元主体之间的交流提供了公共空间,这成为当前流动性村庄中非常重要的一种交往方式。首先,在纵向层面,数字公共媒介强化了村民和村两委之间的交流,“为村”平台中的“村务公开”“书记信箱”让村民可以随时了解村庄党政动态,即使身处外地也可以通过网络向村支书写信反映问题,这种交流有利于化解干群矛盾。其次,在横向层面,数字公共媒介成为新型村落公共空间,可以为村民之间的交往提供场域。在实践中,“为村”平台让外出父母看到留守子女,让外出村民关心留守老人,正是因为“为村”平台让“离散化”村庄重新连结在一起。

媒介化团结体现公共性包括以下两个方面。①建构共识是数字公共媒介参与乡村治理的重要体现,尤其是在建构公共精神和促进社区认同中发挥了重要作用。公共性是一种尊重、包容、体谅的精神。当前我国很多乡村治理陷入困境,公共事务无人参与的根源在于公共性缺失。公共性缺失有诸多原因,其中之一就是村落公共空间的陷落。作为公共领域的核心构成要素和物质载体,公共空间与公共性之间具有内在的逻辑关联性。正如吴业苗教授所说,公共空间是公共性形成和存在的社会基础,也是公共性实现的公共场域[①]。数字公共媒介则为村庄提供了一个新的公共空间,这使得公共性不再是一种抽象的理想追求,而成为可供操作的过程。本书中的三

① 吴业苗:《农村社会公共性流失与变异:兼论农村社区服务在建构公共性上的作用》,《中国农村观察》2014 年第 3 期,第 57 - 64 页。

个案例针对不同地域特性都在建构符合本土特性的公共性①。②数字公共媒介还具有促进公共行动的潜力，可以在一定程度上化解农村集体行动困境。集体行动困境由美国经济学家曼瑟尔·奥尔森在《集体行动的逻辑》一书中通过研究集体行动与集团利益关系而得出，他指出“除非一个集团中人数很少，或者除非存在强制或其他特殊手段以使个人按照共同利益行事，否则寻求自我利益最大化的理性个人不会采取行动以实现集体利益”②。在本书研究案例中，数字公共媒介在促进公共行动中相较传统方式的优势在于，通过平台为公共行动培育行动主体、“制造舆论”，从而提高集体行动效率。具有跨越空间限制的数字公共媒介可以使得留守和外出村民共同参与到线上和线下的公共行动之中，从而培育了行动主体，以实现一种“有钱的捧个钱场，没钱的捧个人场”的公共行动逻辑。其次，各行动主体通过数字公共媒介“制造舆论”，为集体行动奠定了基础。这在一定程度上可以化解农村集体行动困境。

总之，社区性起源于人与人的连结，公共性则有赖于人与人的团结③。人与人的连结容易发生，但并不是所有人在所有场合都愿意为公共利益而谦抑自我。因此，公共性必须基于社区性，但是社区性并不都会产生公共性。本研究案例中公共性需要被策划和动员，这是一种高级形态的社区性，是一种具有秩序感的社区性；而社区性是公共性的原初形态，比公共性更加自然，更有活力，但也更加散乱。离开社区性，公共性会失去源头活水；而离开公共性，社区性则前景莫测。两者之间就是这样一种相辅相成的关系④。

社区性与公共性的关系之所以成为乡村治理的核心内容，是因为它关系到现代社会的一个根本难题，即发展与秩序如何平衡⑤。发展和秩序是人类社会发展过程中普遍追求的两类目标，然而这二者存在悖论。有秩序无发展，秩序难以长久；有发展无秩序，发展难以维持。在这个层面上，发展

① 张诚、刘祖云：《乡村公共空间的公共性困境及其重塑》，《华中农业大学学报（社会科学版）》2019年第2期，第3－7页。

② 曼瑟尔·奥尔森：《集体行动的逻辑》，陈郁等译，生活·读书·新知三联书店1995年版，第2页。

③ 冯仕政：《社会治理与公共生活：从连结到团结》，《社会学研究》2021年第1期，第1－22页。

④ 冯仕政：《社会治理与公共生活：从连结到团结》，《社会学研究》2021年第1期，第1－22页。

⑤ 冯仕政：《社会治理与公共生活：从连结到团结》，《社会学研究》2021年第1期，第1－22页。

和秩序互相依赖。但是,发展却会不断打破旧秩序,建立新秩序。在这个层面上,发展和秩序又相互对立。在传统社会中,秩序占主导地位,而在现代社会中,发展占据主导地位,这就带来了乡村的失序。因此,乡村治理其实是在平衡发展和秩序的关系。扩大社区性有助于释放活力,从而有利于发展。比如三个案例中的村庄都在极力扩大"注册村民"数量,让更多主体参与到平台运营之中,甚至还有村庄将驻村工作队以及村外承包商纳入平台运营之中,这都是为了促进发展。然而,数字公共媒介参与乡村治理不能停留在这一步,还需要进一步增强公共性,从而建构一种既有活力又有秩序的公共生活。

那么媒介化整合治理是如何调整以上三种张力的呢?本研究案例中数字公共媒介为"流动中国"提供了一种独特的连结和团结方式,即"媒介化连结"和"媒介化团结"。"媒介化连结"是指通过数字公共媒介将社区多元主体连结在一起,这种连结方式有别于传统乡村社会那种"机械团结",而更加类似于"有机团结",这种"松散团结"方式有助于保持社区的基本活力。同时,数字公共媒介为村庄提供了一个全新的公共空间,这个空间能够产生公共舆论,发挥监督作用,培育公共精神,成为乡村建构公共秩序的重要领域。乡村也正是在这种"媒介化连结"和"媒介化团结"过程中不断生产"社区性"和"公共性"。基于数字公共媒介的"社区性"和"公共性"都需要被维护和动员,让村两委、村民等多元主体持续互动,同时也需要对社区的公共价值进行持续维护,才能协调"社区性"和"公共性"。因此,媒介化整合治理实则是通过重建"社区"的方式实现乡村善治,内在逻辑是"重新组织起来",其核心内容是调整社区性和公共性的关系,中心任务是保证"媒介化连结"和"媒介化团结"的互动共生,最终形成一种既有活力又有秩序的数字化公共生活。

第六章

数字化治理效能提升对策与建议

笔者不仅对治理绩效良好的加入“为村”平台的村庄进行了深入调研，同时对部分治理绩效不佳的加入“为村”平台的村庄也进行了研究，通过比较提出了数字化治理效能的提升策略，具体包含“针对整体发展规划的对策”和“针对不同治理类型的对策”。

第一节 针对整体发展规划的对策

本节针对所有进行数字治理的村庄提出对策，主要包括“做好顶层规划”“加强基础支撑”“优化媒介设计”“夯实操作路径”4 个方面。

一、做好顶层规划

(一)从国家层面完善数字乡村治理顶层设计

当前，我国针对数字乡村的顶层设计主要面向整体层面，缺乏面向“数字乡村治理”的顶层设计。目前，我国数字乡村治理遇到的很多瓶颈问题需要从国家层面进行顶层设计加以解决。

自国家提出数字乡村战略以来，先后出台了多个支持乡村数字化的发展纲要和行动计划。然而，这些政策主要针对数字乡村整体战略。比如，2022 年 1 月中央网信办、农业农村部等部门联合印发的文件《数字乡村发展行动计划(2022—2025 年)》部署了数字基础设施升级行动、智慧农业创新发展行动、新业态新模式发展行动、数字治理能力提升行动、乡村网络文化振兴行动、智慧绿色乡村打造行动、公共服务效能提升行动、网络帮扶拓展深化行动 8 个重点行动。虽然包含了数字治理能力提升行动，但并未深入指导，仅在“完善农村智慧党建体系”“推动‘互联网＋政务服务’向乡村延伸”“提升村级事务管理智慧化水平”“推动社会综合治理精细化”“加强农村智慧应急管理体系建设”等宏观层面提供了指引性方案。然而，数字乡村治理包含内容丰富，很多问题的解决需要从国家层面完善和创新顶层设计，如此才能构建可持续发展的数字乡村治理体系。建议从以下方面做好顶层设计。

一是将数字乡村治理目标纳入村委任期考核。当前，很多地区的数字公共平台形同虚设，有的村庄仅仅流于形式开展“党务公开”“村务公开”，有的村庄甚至从不在数字公共平台进行信息公开。显然，这需要从顶层设计层面加以解决。国家应出台政策，要求基层政府强化监督考核，做好流程管理，避免数字乡村治理的形式主义、官僚主义作风，如此才能提升基层治理效能①。二是激励村干部持续使用数字化治理平台。在数字乡村治理过程中，如何激发多元建设主体的积极性与联动性，鼓励建设主体主动参与数字乡村的建设、治理和提升需要国家从顶层设计层面给予更多支持②。目前村干部使用“为村”平台的积极性不高，部分村干部依靠爱好和热情在推动，显然这种模式不可复制。因此，应该加强顶层设计，激励村干部持续使用数字公共平台。三是将农民的表达制度化地纳入基层治理体系。国家在乡村的微观权力运行需建立在农民具有民主权利的基础上，倘若过分压制农民的自主性，则会降低农民对组织的认同③。因此，国家应将农民的表达制度化地纳入基层治理体系中，出台政策鼓励各地可以结合自身实际探索多样化、程序化、制度化的表达机制，让农民愿意发声、敢于发声、乐于发声④，从而让农民在数字乡村治理中真正发挥主体作用。

（二）从地方层面做好数字乡村治理整体设计

在地方层面同样需要做好数字乡村治理的整体设计。地方政府应以国家战略为基础，并充分考虑本地区特点，因地制宜地建立数字乡村治理政策体系。

调研发现，治理绩效良好的“为村”平台所在地区均具有整体规划方案。比如，湖南省湘西土家族苗族自治州全域“为村”平台由扶贫办整体规划运营，确立了“为村＋扶贫”发展策略。2017 年，该州启动了 48 个村的“为村”平台工作，取得了明显效果，实现了从“要我脱贫”到“我要脱贫”的跨越。湘

---

① 赵晓峰、刘海颖：《数字乡村治理：理论溯源、发展机遇及其意外后果》，《学术界》，2022 年第 7 期，第 125 - 133。

② 秦国伟、李瑶、任克强：《数字乡村建设的现实矛盾与优化路径：基于多重政策关系视角》，《云南民族大学学报（哲学社会科学版）》2023 年第 1 期，第 104 - 133 页。

③ 陈晓琳、李亚雄：《数字乡村治理的理论内涵、数字化陷阱及路径选择》，《理论月刊》2022 年第 10 期，第 108 - 117 页。

④ 张利明：《乡村建设行动中农民声音的有效表达与责任效力》，《探索》2021 年第 4 期，第 49 - 58 页。

西“为村”平台为湘西贫困村、贫困户接通互联网,使村庄拥有专属于自己的宣传、网销等渠道,快速促进了村庄脱贫产业升级,为脱贫攻坚提供了动力和渠道。四川省邛崃市全域“为村”平台由市委组织部主管,确立了“为村+党建”模式。党的十八大以来,以习近平同志为核心的党中央紧紧把握网络时代发展脉搏,站在中国共产党长期执政的战略高度,谋划和推进信息化条件下中国经济社会的全面发展。邛崃市委深刻意识到了“互联网+党建”的重要性,希望借助“为村”平台凝心聚力。对很多“空心化”的村庄而言,“互联网+党建”显得尤为重要,可以使远在他乡的党员通过互联网平台发挥模范作用,从而有效提升基层治理效能。安徽省黄山市全域“为村”平台由民政局主管,发展初期确立了“互联网+基层治理”思路,注重将“村务公开”“党务公开”“财务公开”作为提高治理透明度、提升群众满意度的重要抓手,建立了“三务公开”制度,坚持能公开的全部公开、能上网的全部上网的原则,鼓励村民积极发帖评论,每年对“积极村民”进行表彰,有效调动了村民的积极性,从而真正形成了基层民众积极参与的治理格局。除此之外,山东省菏泽市的“为村+电商”模式及甘肃省陇南市康县的“为村+乡村旅游”模式也比较有特色,这两种模式不仅着眼于乡村内部治理,还致力于开展对外宣传,以提升村庄知名度,助力乡村产业发展。

总之,地区层面的设计对促进数字公共媒介发挥治理作用的意义重大,这类设计更加贴近当地情况,而且整个地区以共同目标为旨归,可以形成集群力量,从而可更好地发挥数字公共媒介在基层治理中的作用。

二、加强基础支撑

数字乡村治理需要在夯实数字发展基础[①]、培育数字技术人才、加强集体经济支撑等基础层面持续发力,才能使数字技术在乡村治理中发挥重要作用。

(一)夯实数字发展基础

数字化乡村治理的过程,是数字技术在乡村政治社会生活中创新应用

---

① 武小龙:《数字乡村治理何以可能:一个总体性的分析框架》,《电子政务》2022年第6期,第37-48页。

的过程，而数字技术手段的实现又离不开必要的物质载体。因此，加快数字化乡村治理就需要提升乡村信息基础设施供给质量，从而为高质量推动数字乡村治理提供坚实的物质基础保障。

一是要夯实乡村数字治理的硬件设施。加快光纤和5G网络的同步建设，提升移动通信技术面向农村的服务质量[①]。目前，我国数字乡村的基础设施依然不够完善，学者们普遍认为，农村数字基础设施薄弱是数字技术赋能乡村建设的主要困境之一[②]。因此，不论是开展乡村振兴，还是开展乡村治理，改善和提升数字基础设施是重要基础[③]。在乡村信息基础设施供给方面，截至2020年底，全国行政村的光纤和4G覆盖率均超过98%，农村群众的上网用网需求已得到基本保障。但由于现阶段数字乡村建设起步较晚，发展基础依然有待加强，整体发展水平依然有待提高，还需推进以5G、物联网、人工智能等为代表的新型基础设施在乡村地区的建设和应用，构建起城乡一体、互联共享的信息网络基础体系。

二是要解决数字基础的区域不平衡问题。整体而言，我国数字乡村发展的不平衡问题依然比较严峻，尤其是西部偏远地区的数字基础设施还存在很多不足。虽然随着西部大开发战略的实施，我国西部地区的信息化水平得到了大幅提升，但是同东部发达地区还有较大差距。在本书研究案例中，甘棠社区因地处经济相对发达地区，用于"为村"平台发展的资金投入就较大，近年来建立了"数字化为村展厅"。这个展厅不仅可以对外展示"为村"平台发展，也可为村民线下开展公共议事提供场所。然而对于地处中西部地区的小溪村而言，就没有足够的资金投入到这些数字基础设施建设之上。当时，很多村民使用手机数据流量参与"为村"平台活动，这就导致部分村民抱怨做"为村"平台没意义，每天就是花钱买流量为移动公司做贡献。因此，要促进数字技术真正在乡村治理中发挥作用，

① 张成岗、王明玉：《数字赋能乡村治理的行动逻辑及推进路径：以吉林省X村为例》，《行政管理改革》，2022年第9期，第21－30页。

② 杨嵘均、操远芃：《论乡村数字赋能与数字鸿沟间的张力及其消解》，《南京农业大学学报（社会科学版）》2021年第5期，第31－40。

③ 董志勇、李大铭：《数字乡村建设赋能乡村振兴：关键问题与优化路径》，《行政管理改革》2022年第6期，第39－46页。

就需排除自然和社会等阻力,在中西部以及偏远山区加强数字基础设施建设。

(二)培育数字技术人才

当前,缺乏数字复合型人才是制约乡村数字化转型的重要因素,因此培育数字技术人才是促进数字乡村治理的重要解决路径。近年来,随着城市化对乡村持续冲击,大量青年劳动力向城市集中,乡村建设主体多为大龄妇女、留守儿童、年迈老人等当地村民,且年迈老人占大多数,越来越面临"现在靠谁振兴乡村,未来靠谁种田种地"的问题①。其中,乡村数字技术人才供给与需求不相适应的矛盾尤为突出,且已经成为推动数字乡村治理的重要制约因素。因此,吸引和培育数字技术人才是当前亟需解决的重要任务,建议从引入外部人才、培训村委干部、培育本土人才等方面入手。

一是鼓励擅长数字技术或运营的人才返乡。当前乡村人才流失严重,数字技术人才"头雁"尤为缺失②,这同创业就业环境、政策保障体系以及长效激励机制等因素相关。首先要优化乡村就业和创业环境。地方政府要积极实施"返乡工程",鼓励大学生、经营能人、返乡退休干部等精英参与到数字乡村治理之中,促使他们带领村民共建数字乡村治理平台,推动乡村数字化发展。这就要求优化乡村的创业和就业环境,做好各类政策扶持体系,积极引导各类能人返乡,吸引数字技术人才主动支持服务乡村并长期扎根乡村。陶坝村"为村"平台带头人就是从北京返乡的数字技术人才,她擅长数字媒介与社区营造实践。她将自己的专长应用到数字乡村治理之中,从而使得陶坝村"为村"平台在全国脱颖而出。小溪村"为村"平台管理员同样是外出返乡人员,他在广东有多年的打工经历。他将文案策划能力应用到了"为村"平台运营中,从而使得小溪村在全国"为村"平台运营中名列前茅。

二是有序开展面向乡村干部的数字化专项提升计划,努力打造一支满足数字乡村治理需求的基层干部队伍。多数农村的数字乡村治理还需要乡

---

① 文丰安:《数字技术赋能乡村建设现代化:重要性、梗阻及发展进路》,《湖北大学学报(哲学社会科学版)》,2022 年第 5 期,第 134-141 页。

② 张蕴萍、栾菁:《数字经济赋能乡村振兴:理论机制、制约因素与推进路径》,《改革》2022 年第 5 期,第 79-89 页。

村干部的积极参与和推动，对于欠发达地区而言更是如此，应该积极提升乡村干部的数字治理能力。2022年，农业农村部和腾讯公司联合推出了“耕耘者”振兴计划，主要任务是培训乡村数字治理人才。各地政府可根据实际情况，主动提出制约发展的问题，共同协商制定培训课程，从而让“耕耘者”振兴计划真正能促进对乡村数字技术人才的培养。另外，安徽省黄山市甘棠社区计划建立“为村学院”，将面向所有村庄开放，重点培训村级数字乡村治理人才。这个项目将以实际案例演示为支撑，通过现场教学方式培训学员。如果可以顺利实施，这对于培养数字乡村治理人才具有重要的推动作用。

三是积极培育本土化数字乡村治理人才。本地村民是数字乡村治理的真正主体，只有让他们深度参与数字公共平台，才能促进数字乡村治理发展，因此应对农民加强数字化培训。可利用网络教学资源，采用线上教学、线下辅导的方式，推动培训深入实施。经调研发现，乡镇以及村两委是数字化农民培训的最佳责任主体，他们更加了解当地实际情况，不论是制定激励政策，还是设计培训课程都更具针对性。甘棠社区、小溪村及陶坝村均针对本村村民开展过多轮培训。甘棠社区通过赠送农贸市场消费券的形式吸引村民参与，取得了良好效果。陶坝村“为村”平台带头人利用擅长新媒体运营的优势，为村民提供了多场集体教学以及现场一对一培训。内蒙古自治区丰镇市黑土台村村支部书记说：“‘为村’平台是个好工具，只是我们村会用的人很少，那些做的好的村子一般都有一批懂‘为村’平台的人，我们村在这方面有所欠缺。”这样的案例还有很多，因此基层政府和村两委应注重培育本土数字化人才。

四是利用好乡村内部各类特殊人才。在老年人为主体的乡村社会，要弥合“数字鸿沟”，就必须解决数字化建设的适老问题和老年群体的数字化滞后问题①。因此，引导老年人参与数字乡村治理是必由之路，如利用得当，老年人同样是数字乡村治理的重要资源。甘肃省陇南市康县冯村和多

① 陆益龙：《“数字下乡”：数字乡村建设的经验、困境及方向》，《社会科学研究》2022年第3期，第126－134页。

数中西部乡村一样,村内主要以留守老人和儿童居多。但冯村“为村”平台带头人马宝贤将这些老年人团结起来,教他们发帖、点赞、评论,很快这些老年人就成为冯村“为村”平台的重要参与群体。另外,还有很多村庄将残障人士吸纳到数字乡村治理之中,同样发挥了重要作用。甘肃省陇南市巩坝村、陕西省西安市蓝田县焦岱街村、安徽省黄山市甘棠社区的“为村”平台管理员均患有残疾,但他们被村两委挖掘出来,并积极参与到了数字乡村治理之中,因能够将更多时间和精力运用在数字公共平台之中,反而发挥了重要作用。

五是吸纳各类精英通过网络方式参与数字乡村治理。湖南湘西比耳村有一个名为“为村超能陆战队”的数字化治理团队,这个团队以微信群为纽带进行联络,共有 7 名核心成员,其中 2 名居住在本村,另外 5 名分别在北京、深圳、长沙、郴州等地,他们主要在广告公司和旅游公司工作,擅长营销策划和市场推广。这个团队基于村庄的脐橙产业展开了媒介行动实践,带领村民开网店、打品牌、做营销,很快使得比耳村脐橙走出了村庄,获得了《人民日报》、新华社、中央广播电视总台等中央级媒体的报道。从治理层面考察,这个团队推动的脐橙营销实践加强了村庄的公共性,使得村庄凝聚力得到了增强。虽然很多乡村不能直接吸纳优秀的数字技术人才进入村庄工作,但是可以通过“柔性引进”的方式,让数字技术人才为我所用,这也是一种可供尝试的路径。

(三)加强集体经济支撑

如何有效促进村民持续使用数字公共媒介始终是各地农村共同面临的难题。经调研发现,那些集体经济发展良好村庄的村民会更加关注村庄发展以及数字公共媒介发展。因此,应该加强集体经济发展,从而促进村民持续参与数字公共平台。

小溪村曾经是深度贫困村,虽然“为村”平台开通之初互动较为良好,但随着时间推移,同样出现了参与倦怠问题,即村民基于“为村”平台的互动逐渐减弱。不过,由于“为村”平台的助力以及湘西土家族苗族自治州扶贫办的协助,小溪村“为村”平台实践获得了上级的认可和批示。湖南省长沙市一家企业到小溪村,流转了 3000 亩土地种植中药材杜仲。这项产业发展直接带动小溪村80多户农户脱贫，每年每户增收至少3000元。还有一家企业流转了荒置多年的6000亩油茶地，盘活了小溪村油茶产业。随着村集体经济发展，“为村”平台因经常报道村集体经济的消息而再次被村民关注，平台互动再次增强。

甘棠社区同样因集体经济加持，持续推动了村民的互动积极性。甘棠社区是村改居的农村社区，社区两委着眼区位优势，更新观念，破解因城市扩张导致的耕地面积少、集体资源缺、失地农民多等诸多难题，按照“跳出小社区、服务大城区”的思路，围绕盘活集体资产、丰富物业物产、壮大集体经济、带动村民增收，成立黄山区甘棠新城保洁服务有限公司、芙蓉市场服务有限公司，实施孟山香榧种植项目、建设“平民生活”新夜市……全力做好集体经济增收这篇“大文章”。因村集体经济项目众多，社区两委经常在“为村”平台发布相关信息，这就使得村民更加愿意关注“为村”平台的信息。

然而，并非所有村庄都有良好的集体经济基础。很多中西部地区的乡村集体经济较为薄弱，村民就不太关注村庄公共事务，因此久而久之，村民就会对数字公共媒介的信息失去兴趣。内蒙古自治区乌兰察布市的很多村庄普遍存在此类情况。乌兰察布市政府为了落实“互联网＋乡村”发展战略，于2019年在丰镇市、商都县、卓资县、凉城县等地区开通了100多个“为村”平台。然而，由于当地集体经济普遍偏弱，导致村民参与“为村”平台的积极性不高。乌兰察布市察哈尔右翼前旗三岔口乡阿拉善村“为村”平台曾在全国17000多个村庄中名列前茅，最高积分名次曾进入过全国前十。村支书经常会在“为村”平台中动员村民积极发帖，积极评论，经常将村民个人指数排名用截图发到“为村”平台以示鼓励。然而，由于集体经济并不发达，“为村”平台“鸡毛蒜皮”的社区新闻逐渐对村民失去了吸引力。村支书说：“如何吸引村民持续关注‘为村’平台确实需要深入研究，南方那些‘为村’平台做的好的村子一般集体经济发展良好，有的村子在年底还会根据积分给村民发奖金，我们村子很难做到这点，所以吸引力就大大降低。”因此，运营好数字公共媒介的前提是要加强集体经济支撑，只有让村民在平台互动中有所得，如此才能保证村民真正参与其中，这样才能发挥治理合力。

三、优化媒介设计

（一）优化平台积分制度

当前“为村”平台的指数积分制度在发挥正向引导作用的同时，也出现了负向引导作用，因此应该优化“为村”平台的指数积分制度，使其能够真正成为激励村民的治理工具。

“为村”指数是“为村”平台总部设立的用于激励村庄和村民积极参与的积分制度。“为村”积分主要依靠村民发帖、评论获得，村民每发一个帖子、每进行一次评论均会获得 1 个积分，每个村民的积分汇集起来就是村庄的“为村”积分。“为村”平台总部会根据每个村庄的“为村”总积分进行全国排名，并标注星级，高至五星，低至一星，另外还有“实习”等级，从而激励村庄运营“为村”平台。2018 年以前，“为村”平台总部每年会根据“为村”指数评比最优村庄，第一名会获得 1 万元“为村”奖金。设置“为村”指数的初衷是推动基层治理，但在实施过程中很多村民将“为村”指数作为第一目标。这就导致很多村民发帖的目标不是为了政治参与和村庄治理，而仅仅是为了获得较高指数排名。因此，在“为村”平台中随处可见很多村民只发一张图片，再配几个表情符号的例子。这类帖子虽然也是一种参与，亦可见村民对村庄公共事务的关心，但是这同真正的治理参与还有较大差距。山东省菏泽市郓城县武安镇大王村村支书说：“我们村的‘为村’平台只有少数几人发帖质量还不错，多数人喜欢在平台发一些风景图片，再配一些简单文字，就是为了刷积分。”为何村民热衷于刷积分？这同一些村庄的积分奖励政策有一定关系。有些村庄为了在全国“为村”积分榜取得好名次，就会以发放奖品的方式激励村民。村庄在进行积分兑换时通常只看积分总数，并不评估发帖评论质量，这就导致出现了大量的“刷积分”现象。因此，提高基于数字公共媒介的治理效能就必须优化平台积分制度，建议从以下方面解决。①通过人工智能技术识别发帖质量，并对不同质量帖子赋予不同分值。目前，这种技术已经在内容生产领域开始应用，“今日头条”即可通过人工智能技术识别优质评论，并提示用户其评论质量较高，询问用户是否愿意同步分享。②通过平台限制技术，提高用户评论质量。当前很多村民为了换取积分，其评论没有实质内容，很多只是“666666”“赞赞赞赞赞赞”“好好好好好好”等字符。这种风气蔓延定会影响“为村”平台参与治理的质量，可能会出现“劣币驱逐良币”现象，使得那些真正愿意参与的村民逐渐失去热情。虽然改变会影响部分人的参与积极性，但如果不作出改变，就会影响整个“为村”平台的发展以及数字化治理效能。

（二）简化平台板块设置

“为村”平台经过数次改版后，基本确立了当前的板块结构。但是，这种板块设置不能同各地治理实践相匹配，因此建议简化平台板块设置。

“为村”平台主要包括以下板块。①党务板块：“支部风采”“党务公开”“组织生活”“党员日记”“书记信箱”“振兴日记”“为村学习”。②村务板块：“村委风采”“村务公开”“议事厅”“村内活动”。③事务板块：“手机充值”“生活缴费”“办事大厅”“农技咨询”“法律服务”“村有好货”“供求信息”“村内旅游”“便民服务”。④村友圈板块：按照行政划分可浏览本村、乡镇、区县、市州、省区等不同层级区域的相关内容；按照内容类别又划分为治理有效、乡风文明、生态宜居、产业兴旺、生活富裕等板块。这些板块基本涵盖了乡村治理的方方面面，如能合理利用，的确可以有效促进乡村治理。然而，很多村民仅使用少量板块，部分板块甚至从未有人使用。湖南省湘西土家族苗族自治州蜂糖村支部委员石银龙说：“现在‘为村’平台板块的设置确实很细致，但却不实用，大家常用的也就三四个板块，其他一般很少用到。”对此，陕西省西安市蓝田县焦岱镇焦岱街村“为村”平台管理员杨锐说：“我在焦岱街村做过一次调研，村民们反映其实每天浏览的只有少量几个板块，过多的板块设置有时反而会影响使用体验。”

各地村两委也有类似反映。四川省广汉市高坪镇金九村村支书说：“目前，上级部门针对乡村工作的划分很细，‘为村’总部在设置板块时应该是参考了政府工作领域划分，这对部分工作饱满的村庄而言，确实是一种助力。但并非所有村庄都能如此精细化地开展工作，毕竟我国中西部地区还有很多村庄的治理工作依然很粗放，所以目前的板块设置有些超前。”除陶坝村和甘棠社区以外，很多村庄都无法合理利用这些板块的功能，有时这些板块设置还会给村两委工作带来困扰。内蒙古乌兰察布市商都县屯垦队镇刘家坊子村村支书说："'为村'平台板块的设置较多，有时我们开展了一项工作都不知道在哪个板块发布，有时担心发错板块可能会影响工作进展，所以为了方便就直接在村微信群发通知了。"

那么，该如何改变"为村"平台的板块设置以更好地服务于基层治理呢？调研中，不论是村两委成员，还是村民都反映，应该简化"为村"平台板块设置。对此，笔者询问："您认为最应该保留哪些板块？"得票最多的分别是村友圈、党务公开、村务公开、书记信箱。另外，多数村庄"为村"平台的后台数据显示，虽然这 4 个板块在不同村庄的活跃度排序不同，但是基本占据了关注度最高的前 5 位。而且，根据"为村"平台最新推出的"村级事务管理平台"小程序来看，仅设置了"大喇叭""书记公开信""大事记""村民说事""党群服务日记""通知"6 个板块。显然，这与"为村"平台最初"大而全"的设计思路不同。因此，建议针对"为村"平台总部开展一次大调研，依据调研结果精简板块。

（三）增加自设板块权限

"为村"平台板块的设置和布局均由"为村"平台总部决定，但是统一化的板块无法满足各地治理的独特性需求。对此，建议可以面向不同省份、地市、县乡、村庄（社区）开放自主设置板块的权限，各地可增减或者调整板块，以便开展基层治理工作。

第一，授予增加部分板块的权限。数字公共媒介是面向基层治理的平台，因此板块设置应该同当地的治理实践相匹配。如果各地具有自主设置板块的权限，就可根据需求进行相应的设置。2017 年，山东省菏泽市实行"全域为村"后，涌现出众多优秀案例，对此，2018 年菏泽市开始举办"为村故事会"以传播优秀案例。但由于"为村"平台没有"案例收集"板块，因此很多案例没有被及时挖掘并分享。菏泽市"为村"平台主管部门曾提出过相关建议，但是没有被采纳。菏泽市商务局相关负责人表示："菏泽是全国'为村'平台的使用大户，产生了很多创新实践，我们希望这些案例可以直接在平台进行快速传播以发挥引领作用，但是却因为板块设置而受限。其实可以开放自主设置板块权限，甚至将部分权限下放至村一级，这样可以更好配合基层工作。"对此，广东省汕尾市南门社区党委书记也表示："我们社区会开展一些临时性活动，如果可以专设板块，会提高村民的参与积极度。”

第二，授予删减部分板块的权限。调研发现，不同地区对板块会有所偏好。即使是星级指数排名最高的“为村”平台，依然有部分板块闲置。但是利用度不高或者闲置的板块会分散村民注意力，因此，如果授予基层删减板块的权利，可以将部分利用率较低的板块删除，反而可以让平台更加高效地发挥作用。安徽省黄山市黟县宏村镇汤蜀村“为村”平台管理员吴国英说：“其实我们‘为村’平台的‘村友圈’‘党务公开’‘村务公开’等板块使用率还挺高，但是因其他板块的使用率较低，所以我们村的星级排名[①]始终上不去。如果能够授予我们删减部分板块的权利，那我们村的星级一定比现在好，这样对村民也会有更多的正向激励。”

总之，建议“为村”平台总部可以在保留核心板块的基础上，将板块增减的权限下放至基层，这样基层治理主体就可以根据实际情况进行调整，从而更好地配合治理工作。

四、夯实操作路径

从村社层面考察应夯实的操作路径，具体包括“构建党建引领模式”“培育社区自治组织”“激发村民的能动性”“建设‘数字化可沟通乡村’”等方面。

（一）构建党建引领模式

数字公共媒介作为一个公共平台具有多种运营模式，实践过程中形成了“村民主导”“社会组织主导”“村两委主导”等多种模式。调研发现，以村两委主导的党建引领模式运营相对较好，这类模式能够促进基层治理共同体的形成，最终实现有效治理。因此数字公共媒介在介入乡村治理过程中可采取党建引领模式，具体操作如下。首先，村两委应该成为“为村”平台的主导者，尤其是村党支部应该主动在“为村”平台发声，传递党的声音，弘扬社会主义核心价值观，让代表正能量的声音成为基层舆论的主流。比如甘棠社区在运营“为村”平台时，社区党委书记、党委委员乃至普通党员全部参

---

① 在“为村”平台中设置了“星级排名”，其中最高星级是“五星”。只有将“为村”平台中所有板块都定期维护好，才能获得“五星”。

与其中，这种党建集群力量成为“为村”平台的“核心力量”，不仅有利于贯彻党的政策，而且还能够凝聚群众力量，从而构建一种以基层党委为核心的新型共同体。其次，创新数字化党群联动机制。顺应现代化、信息化形势，将党务、村务、财务、村级产业发展项目等各类事项全部通过“为村”平台向全体村民公开，推动村级事务真正实现时时公开、全程发布、透明运行，可增强广大村民对村级事务的知晓率和关注度，提升群众对村两委的信任度。比如，村党组织利用“为村”平台“村务公开”“办事大厅”等功能，将村集体资产情况、各类补助发放和干部任免情况等“晒出来”，确保信息公开透明；利用“议事厅”等功能，在线开展村级事务交流讨论，形成公开决议，村两委督促事项落地落实。陶坝村村两委就创新性地使用了线上“议事厅”功能，解决了积弊已久的瓶颈问题。再次，借助“为村”平台，搭建“指尖党建”，增强党的核心领导。一是创新党员教育管理模式。在该平台建立“党建之家”栏目，让村两委成员在“为村”平台公开亮相，动员基层党员通过实名认证方式进驻“为村”平台，同步完善个人信息，实现对包括流动党员在内的多数党员进行在线管理，可有效解决基层党员干部组织难、教育难、管理难的问题，更好地发挥了农村党员干部在推进乡村振兴战略中的先锋模范作用。乡村治理现代化是实施乡村振兴战略的基础和保证，而实现乡村治理现代化的关键在于党的领导，具体路径在于党建引领①。同样，基层数字化治理转型也需要党建引领。在数字时代，基层党组织被赋予新的使命任务，迫切需要基层党组织在数字化治理改革中提升治理能力。这就要求基层党组织在方向指引、组织保障、动力支持等方面发挥核心作用，推动数字公共媒介在破解乡村治理碎片化困境中发挥坚实的作用。

（二）培育社区自治组织

我国基层治理始终缺乏社会组织的积极参与，根源是我国基层社会组织结构还需完善。研究发现，甘棠社区基于“为村”平台形成的社区自治组织——“为村”平台管理团队在促进数字化治理中发挥了重要作用。因此，

---

① 郭晓勇、张静、杨鹏：《党建引领乡村治理：生成逻辑、价值旨归与优化向度》，《西北农林科技大学学报（社会科学版）》2022 年第 5 期，第 1－9 页。

各地可以基于数字公共媒介培育这类基于互联网的社区自组织，亦可称之为互联网自组织。互联网自组织成为基层社会治理的重要一极并被嵌入了乡村社会结构，这为乡村治理增添了新的主体。互联网自组织之所以能够参与乡村治理，就在于其以公共舆论引导为手段，以公共事务参与为根本，借助社交媒介将村庄多元主体纳入合作治理网络，促进了公共性生长和基层社会团结，从而“统合”了乡村社会。在此过程中，传统行政权力主导的以“强制性秩序维持”为核心的“单一中心”治理结构，转变为多元主体协商整合的新型治理结构。这是一种以村两委主导为基本框架、互联网自组织协同、村民广泛参与的多元主体合作治理模式。这种模式以协调、整合为核心思想，以社会再组织化为实践逻辑，契合当前国家提出的“共建共治共享”的社区发展理念，这为乡村社区治理以及乡村振兴提供了新的观察视角。

互联网自组织为乡村社区治理带来了新的观察视角。社区自组织与社区治理密切相关，作为处于政府治理与市场治理之间的第三种治理机制，社区自组织显现出了不同的优越性，并能够与政府、市场共同协力发挥作用，消弭有限理性和机会主义行为等治理问题①。因此，实现社区参与式治理需要政府有意识、分步骤地向社会授权并培育社区参与的组织化力量②。互联网自组织嵌入乡村社区治理结构可以促进村民发挥主体性、主动性与自主性，让他们能够积极参与村庄公共事务和公共行动。因此，基于互联网自组织的治理是一种以社会再组织化为核心的治理模式。这种模式强调多元主体的协调和整合③。这种模式不是西方意义的“社会中心论”治理模式，也不是“极权式治理”模式，而是一种针对国家与社会的整合治理模式。这种模式基于党建引领模式开展，同时调动了基层社会力量，对于破解乡村治理碎片化困境具有重要的实践价值和借鉴意义。

---

① 曹飞廉、万怡、曾凡木：《社区自组织嵌入社区治理的协商机制研究：以两个社区营造实验为例》，《西北大学学报(哲学社会科学版)》2019 年第 2 期，第 121－131 页。

② 唐有财、王天夫：《社区认同、骨干动员和组织赋权：社区参与式治理的实现路径》，《中国行政管理》2017 年第 2 期，第 73－78 页。

③ 杨君、徐永祥、徐选国：《社区治理共同体的建设何以可能?》，《福建论坛(人文社会科学版)》2014 年第 10 期，第 176－182 页。

(三)激发村民的能动性

村民是数字公共媒介的信息使用者,也是信息提供者,更是促进数字乡村治理的内生动力。只有村民真正参与到数字公共媒介之中,才能有效促进基层治理。本研究涉及的三个村庄之所以取得了良好的治理绩效,其中村民的广泛参与是重要原因,因此激发村民的能动性是提升数字乡村治理的重要举措。通过案例对比发现,激发村民的能动性主要从“政治参与”和“经济激励”两个方面进行。首先,进行“政治参与”,就要赋予村民自由表达的权利。数字公共媒介是可供村民进行公共交流的平台,虽然像“为村”平台这类的媒介具有赋权村民的特性,但是基层政府以及村两委的管理作风亦是影响村民自由表达的重要因素,因此建议给予村民合理表达自身利益诉求的权利,强化村民的话语权。如此,基层群众的政治参与意识才能被唤醒,才能成为乡村治理的“主力军”,从而激发村民参与乡村治理的能动性,提高乡村治理的参与度。其次,进行“经济激励”,要求各地政府及乡村社区通过各类利益激励政策提升村民的能动性。此处所指的“经济激励”包含各类可以为村民带来“利益”的措施。本书所指的利益比较宽泛,包括资金、项目、物品,甚至是对于收益的预期。小溪村在吸引投资商种植杜仲有了集体产业后,“为村”平台就成为村民讨论产业发展、道路建设的重要平台,从而有效地促进了网络社区发展。纵观全国,一些“为村”平台的运营依靠地方政府拨款,一些“为村”平台的运营依靠申请“为村”平台总部支持,还有一些“为村”平台的运营依靠“为村”平台总部的活动奖品激励村民参与,另有一些“为村”平台的运营通过村民众筹资金。以上类型都是依靠可见的利益促进村民参与,还有一些村庄以“为村”平台可带来预期收益激励村民参与。当前,很多村庄在没有获得任何收益的情况下还依然在维护“为村”平台,就是希望未来可以获得一定收益。还有很多村民认为,不期望能够吸引外来投资,关键是要获得当地政府持续关注,政府才是支持村庄发展的关键。其实,政府支持的本质也是利益加持。不过,不论这些利益来自什么渠道,利益都是激励村民积极参与数字乡村治理的关键要素。

（四）建设“数字化可沟通乡村”

乡村治理的效能直接影响着村民的幸福感和满足感，也影响着我国国家治理体系和治理能力的现代化。“治理”的本质在于多元主体在基于共同目标的情况之下，克服彼此间的利益分歧，达成共识并实现最终目标。乡村治理的数字化转型就是多元治理主体之间以乡村公共利益为目标，使用数字媒介在协商基础之上形成合作，以提升治理效能。本研究的数字公共媒介在破解乡村治理碎片化困境中的核心作用实则是为乡村建立一个“数字社区公共领域”，为多元主体之间的交流提供了场域。哈贝马斯曾将破除技术理性吊诡的出路诉诸交往理性，认为信息交往是诉求表达、信息倾听和理解的双向互动与沟通过程①。因此，数字公共媒介与治理关系的核心是“沟通”。笔者基于此提出建设“数字化可沟通乡村”的提议。1977 年，德国学者昆茨曼（R. Kunzmann）提出了“可沟通城市”（communicative city）概念，他认为新的信息技术应该且能够更好地满足城市的信息需求，并且为城市居民提供更多信息，从而使得他们在不断变动的城市生活中更加舒适②。随后，美国学者甘珀特（G. Gumpert）和德鲁克（S. Drucker）完善了“可沟通城市”的特点，他们认为“可沟通城市”可为人们开展社交活动和沟通互动提供空间或机会，基础设施起到顺畅传播的作用，从而营造了一个政治表达自由和公民积极参与的环境③。近年来，中国学者将此概念引入并使用到了中国城市传播实践之中。笔者认为“可沟通性”同样适用于我国乡村社区，今后可以基于数字公共媒介建设“数字化可沟通乡村”。“可沟通性”对于“共同体”的建构以及认同的形成都发挥着重要的作用。破解当前乡村治理碎片化的实质是借助数字公共媒介重建乡村“共同体”。“共同体”这一概念的内涵即为基于沟通的紧密联系。滕尼斯提出这一概念时，西方社会正处于 19 世纪末工业革命时期，机器大工业发展

---

① Habermas，J.，The theory of communicative action：Reason and the rationalization of society，Beacon Press，1985，pp. 25 - 26.

② Kunzmann，R.，“The future of the city region in Europe”，Mastering the city：North European City Planning，1900，2000，pp. 16 - 20.

③ Gumpert G.，Druckers S.，“Communicative cities”，International Communication Gazette，3 - 4，2008，pp. 195 - 208.

促进了人员大量流动,打破了原有的社会结构和交往模式。滕尼斯提出的共同体概念不仅仅是由于地域性聚合,更由于是人与人之间的交流和沟通,以及基于此形成的共同体意识和认同。中国乡土社会和滕尼斯提出的共同体在亲密接触和沟通交往等特征方面具有相似性,因此,“可沟通性”是乡村社区本身应有的特征,是构建“共同体”的重要条件,是应对治理碎片化的核心要素。破解乡村治理碎片化困境,就是要促进村民之间的交往和互动,在当前“后乡土社会”背景下,数字公共媒介成为重要的解决路径。笔者建议各地注重数字乡村建设的“沟通”特性,进行数字乡村建设不能仅仅强调技术对乡村的改造,不能忽略“人”的存在,而应该重视人与人之间的“可沟通性”,因此建设“数字化可沟通乡村”可以作为应对乡村治理碎片化的可期待解决方案。“数字化可沟通乡村”建设涉及国家顶层设计、基层政府职能转变、村两委成员民主意识转变、村民政治参与能力提升、数字化沟通流程再造等多方要素,这个课题亟待后续展开深入研究。

第二节 针对不同治理类型的对策

上述对策面向数字乡村治理面临的共性问题,但数字乡村推进中不能“一刀切”,应该针对不同类型的村庄制定不同的发展模式①。对此,笔者将按照文章绪论部分划分的数字治理模式类型提出对策,分别提出面向“政务发布模式”“公民主导模式”“无效平台模式”类型村庄的对策。

一、面向“政务发布模式”村庄的对策

“政务发布模式”村庄的特点是村两委参与积极性较高,但村民参与积极性不高。因此,这种类型村庄面临的任务即如何调动村民的积极性。那么,村民的积极性为何不高呢?调研发现,主要存在以下几个原因。①村两委和村民之间存在矛盾。这个问题产生的原因有很多,其中最主要是两个:

---

① 沈费伟:《数字乡村的内生发展模式:实践逻辑、运作机理与优化策略》,《电子政务》2021 年第 10 期,第 57 - 67 页。

一是村民受到了不公正待遇，这种情况主要是在利益分配过程中产生；二是村两委和村民之间的联系不够紧密，出现了分层感，村两委和村民“各自为政”，双方已不属同一个集体。②村两委班子权威不足。这主要是因为村庄缺乏集体经济收入，无法带领村民共同致富，导致村两委权威不高、话语权不足[①]。③村两委运营“为村”平台仅仅是为了应付上级部门。多数“政务发布模式”村庄存在此问题。这种情况多出现在“全域为村”地区，比如，山东省菏泽市于 2017 年至 2018 年期间开通了近 5000 个“为村”平台，有些村庄并非根据自身需要开通，而是基于任务指派。这就导致很多村的村两委没有完成思想转变及技能储备，因此村两委对数字化转型缺乏内在动力，最终出现了“怠政”现象，仅是程式化地完成政务信息公开，这就使平台信息太过“干瘪”而导致村民逐渐失去兴趣。对此，笔者认为可以从村两委和村民两个角度解决该问题。

从村两委层面解决上述问题可以从以下方面着手。市县乡各级政府应制定分类指导意见，针对“矛盾冲突型村庄”“权威不足型村庄”“应付差事型村庄”分别提出不同的指导意见。针对“矛盾冲突型村庄”，上级政府部门应该着力调解，以免矛盾扩大；针对“权威不足型村庄”，待换届选举时应注重选拔内生权威较高的村干部；针对“应付差事型村庄”，上级部门应该出台特定的激励政策以及相应的考核方案。

从村民角度解决以上问题可以从以下方面着手。首先，村两委可制定积分激励制度。甘棠社区的村民之所以能够长期保持参与热度，就在于社区两委制定了激励制度，每年年底可使用“为村”积分兑换农贸市场消费券，因此，无需动员，很多村民就会每天发帖、点赞、评论。内蒙古自治区乌兰察布市商都县小海子镇西大井村党支部委员杨万果说：“那些集体经济良好的村庄都通过积分兑换制的方式激励村民参与‘为村’平台。”显然这种方式在促进村民持续使用平台方面具有重要作用。其次，村两委应注重创新政务平台发布形式。比如陶坝村村两委创立了很多专题，这些专题几乎覆盖了

① 赖迪、郭昌满：《创新乡村振兴思维 聚焦镇域经济发展：罗定市罗平镇乡村振兴调研报告》，《广东经济》2021 年第 10 期，第 14－19 页。

各类人群,如“陶坝村的祖辈们”针对留守老人、“陶坝儿童之家”针对儿童、“陶坝青年归去来”针对外出村民。这些板块均从村民视角设置,因此更能引起共鸣。但是很多村庄在发布信息时,仅仅停留于转发上级公文,并未站在本村角度进行解读,显然很难引起村民关注。另外,村两委在“为村”平台发布的信息不仅要有“心”,还要有情、有趣。小溪村村两委在“为村”平台发布的信息就显得更加有趣以及更有人情味。调研中,很多村民提到了这一点。小溪村“为村”平台管理员方远不论在“党务公开”“村务公开”,还是在“村友圈”发布的帖子都能让人感觉到用心及用情。因此,村民喜欢在小溪村“为村”平台互动。陕西省汉中市勉县武侯镇钟楼村支部委员苏建成对此说:“我们的文化水平较低,在发帖这方面确实比不上那些明星村,今后要加强。”

总之,对于这类村庄而言,本质是解决村民的积极性问题。其实,多数村两委都希望可以做好“为村”平台,但是因自身能力问题以及和村民关系问题没有激发起村民的参与热情。不过,如果方法运用得当,通过利益刺激、提高发帖质量等方式,大概率可将“政务发布模式”扭转为“合作治理模式”,而且这类村庄适合开展“行动研究”,即借助研究团队、非政府组织等外力,以提升村民的参与积极性。

二、面向“公民主导模式”村庄的对策

“公民主导模式”村庄的特点是村民参与积极性较高,由非体制内精英主导“为村”平台,村两委参与度较低,甚至有些村的村两委还会和非体制内精英主导的“为村”平台管理团队形成对抗关系。这种模式下村两委和“为村”平台管理团队一般有两种关系。

一是村两委和“为村”平台管理团队形成对抗关系。此类村庄多数因村两委成员年龄偏大,在“为村”平台进入时,将“为村”平台运营任务交给了村两委成员之外的年轻人。但是当“为村”平台运营步入正轨后,尤其是在全国获得较大影响力后,“为村”平台管理团队的独立运行特质开始出现,此时村两委和“为村”平台管理团队之间的矛盾就会显现。这种模式的本质是新媒介赋权“为村”平台管理团队,使得属于“体制外精英”的“为村”平台管理

团队同属于“体制内精英”的村两委处于权力不平衡状态,从而出现了争夺村庄内部影响力和话语权的局面。

二是村两委和“为村”平台管理团队并行发展。此种类型中村两委虽然不支持“为村”平台发展,但是也不会破坏。湖南省湘西土家族苗族自治州老司城村就是此类案例。老司城村“为村”平台带头人赵大周年轻时走南闯北,爱好舞文弄墨,在村内有号召力,在湘西扶贫办推广“为村”平台时,他成为了老司城村“为村”平台带头人。由于老司城村村支书对“为村”平台并不感兴趣,因此“为村”平台实则由赵大周一人主管,且在其周围还形成了一个“为村”平台管理团队,不过村两委并没有阻碍“为村”平台发展。

总之,不论是第一种激烈对抗模式,还是第二种并行发展模式,均不是最佳的合作治理模式。此类“为村”村庄的数量虽然较少,但是在各地均有存在。因此,提升此类模式的治理绩效亦具有重要意义。对于此类村庄,难点不是传统社区治理促进中的“提升公民的参与积极性”,而是提升村两委的参与积极性,及促进村两委和村民之间形成协同关系。对此,建议从以下几点着手解决。

首先,改变村两委治理理念。这类村庄的村支部书记及主任的年龄总体偏大,对互联网的认知有限,担忧互联网舆论对村庄发展造成负面影响,所以会对“为村”平台产生抗拒情绪。因此,改变村两委的治理理念势在必行。当前互联网发展已是时代所趋,村两委必须学会在互联网中走群众路线。因此,基层政府应加强对村干部的互联网治理能力的相关培训。另外,地方政府亦可组织村干部前往运营绩效良好的“合作治理模式”村庄调研,重点研究村两委如何同“为村”平台管理团队配合以形成协同治理合力。

其次,改变“为村”平台管理团队治理理念。虽然“公民主导模式”村庄的村两委不支持平台发展是既定事实,但是并非所有责任全在村两委,“为村”平台管理团队可从以下方面调动村两委积极性。一是主动邀请村两委成员运营“为村”平台的党务和村务板块。部分村两委成员因不擅长或者抗拒运营“为村”平台,就完全放弃了党务和村务板块的内容更新。村支书或村主任应授权其他村两委成员或者大学生“村官”维护这两个板块。二是基于“为村”平台举办的各类活动应该邀请村两委成员参与。此类村庄“为村”平台带头人的互联网运营能力普遍较强,能够调动村内村外各类资源,因此有时即使村两委不支持,依然可以举办各类活动。但是长此以往必会加深矛盾,积重难返。因此,“为村”平台管理团队应主动邀请村两委成员参与各类活动,以缓和矛盾并建立长期合作关系。

再次,上级部门应积极协调化解双方矛盾。治理的最高境界是多元主体间合作,笔者研究的三个案例中,各类主体之间形成了合力,因此在全国“为村”平台运营中名列前茅。如果在村级层面双方无法化解矛盾,那么上级政府应该主动调解双方的矛盾。比如,“为村”平台主管部门可责令村两委定期维护“为村”平台的党务和村务板块。同时,可以要求“为村”平台管理团队举办活动时须获得村两委的支持等。只有双方矛盾化解之后,才能建立起良好的合作共治机制。

三、面向“无效平台模式”村庄的对策

“无效平台模式”村庄是指村两委和村民的参与积极性均不高,因此数字公共平台无法发挥治理作用,治理效能提升难度较大。这种村庄可以分为两类。一类是不具备提升潜力的村庄。这类村庄可以直接关停平台,尤其是那些“空心化”“原子化”严重的村庄,无须强行进行数字化转型。另一类是具有提升潜力的村庄。这类村庄还具备可以完成数字化转型的潜力,但因没有正确的实施方案而没有成功运营“为村”平台,对此,需要同时调动村两委和村民的积极性。建议主要从以下几方面入手。

首先,选调运营“为村”平台优秀村庄的带头人进行指导。安徽省黄山市曾经实施过帮扶计划。甘棠社区“为村”平台总管理员孙洁就曾以挂职村党支部副书记的方式前往黄山市黄村村指导“为村”平台运营。经过半年多指导,这个村庄的“星级指数”曾最高达到五星级,位列全国“为村”平台综合排名前十。不过孙洁结束挂职后,该村庄“为村”平台的运营绩效有所下滑①。因此,须警惕“为村”平台助教撤出后出现运营绩效下滑的情况。“为

① 截至 2023 年 3 月 15 日,黄村村的“为村”综合排名位列全国 36 位。

村”平台助教一定要注重培养本土人才，不能为了获得指导期间的高指数排名，过多直接参与平台运营，而忽略了对当地村民运营能力的培养。

其次，应注重培育区域标杆村庄。调研发现，“为村”平台易发生“整体塌方”现象，即整个乡镇或市县的多数平台均运营不佳。而那些拥有“明星村”的区域则会产生示范效应，带动其他村庄共同发展。因此上级主管部门应注意培育区域标杆村庄，让这些标杆村庄发挥带动示范作用，从而促进整个区域“为村”平台发展。四川省邛崃市推广“为村”平台时就利用了树立标杆的做法。邛崃市是全国较早实现“全域为村”的区域，一次上线了 189 个平台。邛崃市委组织部为了更好推动整个区域“为村”平台发展，采取了树立典型的做法。邛崃市委组织部将表现突出的陶坝村作为典型进行培育。因此，陶坝村很快就成为了“明星村”，随后，在各方共同努力下，以陶坝村案例为支撑的全域“为村”模式于 2020 年入选全国第二批乡村治理典型案例，从而带动了整个区域数字平台的发展。

再次，最根本的还是要激活村庄内生力量。促进“无效平台模式”村庄的发展就要同时增强村两委和村民的内在动力。因此，不论是选派助教直接指导，还是通过典型间接引领，最终还是要调动村庄内生力量。可以重点培育部分积极村民，然后由这些积极村民带动其他村民，同时也可适当进行经济激励，以保证平台启动初期村民有较大动力。另外，如果村庄内生力量不足，亦可吸引外出村民积极参与。湖南湘西土家族苗族自治州比耳村的“为村”平台管理团队只有 2 名成员来自村庄内部，其他 5 名全部在外地工作，通过微信群沟通开展工作同样可以为家乡做贡献。因此，应该激发外出村民参与乡村治理的内在动力。对于这些村民而言，家乡依然是他们的精神寄托。“乡愁”是他们和农村最大的联系[①]。因此，可以通过“乡愁”感化他们，让他们成为数字乡村治理的中坚力量，从而带动家乡发展。

---

① 沈费伟、杜芳：《数字乡村治理的限度与优化策略：基于治理现代化视角的考察》，《南京农业大学学报（社会科学版）》2022 年第 4 期，第 134－144 页。

结　语

社会治理包含的政府、市场、社会三者之中，目前最突出的是社会发育不全面，社区居民主动参与性不足等难题。20世纪80年代后，随着城市化、市场化对我国农村的持续冲击，个人私利化趋势显现，最终影响到了公共领域，从而使乡村失序问题越来越严重。正如阎云翔在《私人生活的变革：一个村庄里的爱情、家庭与亲密关系（1949—1999）》一书中描述，个人利己主义迅速膨胀，无公德个人逐渐形成。私人领域转型不可避免要与公共领域及整个社会转型相关联①。因此，农村出现了公共物品供给“搭便车”、公共事务无人问津、道德沦丧等现象。很多村庄和阎云翔描述下岬村的“既没有传统，又没有社会主义道德，出现了道德与意识形态真空”情况类似。这些问题对我国基层社会稳定及发展带来了严峻挑战。不过，这种情况不只是中国独有，美国同样存在类似情况。美国自建国以来，公众一直有热衷政治活动和公共活动的传统，这种公共参与被认为是美国“民主”的基石。然而，20世纪后半期，这个传统逐渐衰落。越来越多的美国公众不再热心于政党以及投票，对社团生活也丧失了兴趣，甚至不再热衷于篮球、足球等团队体育活动，而是更加喜欢自己一个人独自去打保龄球。在美国年轻一代中，把赚钱视作人生首要目标的比例越来越高。总之，人们变得越来越利己和以自我为中心了。

阿伦特认为人类在公共生活中才能真正实现自由，公共生活才是更加“本真的生活”。这听起来似乎违反常识，我们通常都会感觉公共生活意味着权威、约束，人们在公共生活中需要更多面具以及接受不自由。阿伦特为何有如此判断呢？这是因为我们在公共生活中，自己的言谈和行动暴露在公众视野中，同时为公共利益考虑，用公共理性交流，承担公共责任。在这样的生活中，个人才能充分发挥自己全方位的能力，才是一个大写的“人”，才能充分展现个人自由。阿伦特认为，把自己局限在家庭和私人生活中，那才是“非本真”生活，是一种“低于人”的生活。她肯定不会把当今很多每天“宅”在家里、养宠物、刷网剧、打游戏的生活看作真正自由的生活。阿伦特

---

① 阎云翔：《私人生活的变革：一个村庄里的爱情、家庭与亲密关系（1949—1999）》，龚小夏译，上海人民出版社2017年版，第28页。

认为,在公共空间与不同的人自由而理性地交流,对人的生存至关重要。如果这种公共生活被破坏,不仅会导致政治畸形,还会破坏个人道德。

那么,如何重建公共生活呢?帕特南在《独自打保龄:美国社区的衰落与复兴》一书中似乎有太多"怀旧"色彩,他认为社会资本更有可能在参加社团、俱乐部、邻里下午茶会等非常古典的形式中生长,这才是"深厚、凝重、良好的社会联系"。他将那些在20世纪末兴起的快节奏交往方式形容为"单薄、肤浅、浅尝辄止",暗示这些形式不足以积累社会资本。不过,这个观点在互联网时代可能有些过时了。今天,一方面,人们的联系确实常常退化成了"点赞之交",但是"点赞之交"其实也会加强人与人之间的连结;另一方面,数字媒介促进了人与人之间的高效连接,使"散落天涯"的个体依然能够聚在云端。从积极角度看,社会培育不能仅仅局限于面对面,还需要考虑"键对键"。这些零散的社会交往,就像一分一分地往零钱罐里储蓄,不要小看这些微小互动,这些不经意的社会交流也会提高人们的互助意愿。

党的十九大报告提出要打造共建共治共享的社会治理格局。这是党中央在国家政治、经济治理和改革开放发展到关键时刻,以及社会治理领域出现若干需要面对的挑战时提出的重大改革方向,是当下我国社会治理领域重要的指导原则和创新方向,是各级政府进行社会治理创新的未来目标和行动指南①。基于此,本书提供了一种基于数字公共媒介建构共建共治共享的社会治理格局的新路径。这种方式以数字化公共生活为出发点,以重建社区为路径,为破解乡村治理碎片化困境提供了一种媒介化解决方案。当然,我们也不能过分夸大数字化公共生活,这毕竟是"流动社会"背景下的无奈之举,而且这种数字化公共生活本身也会面临衰落,我们在很多城乡社区中都已经遇到相关案例。但是无论如何,我们都不能否认公共生活对于乡村治理的重要性,这是我们应该始终追求的目标。

① 马海韵:《"共建共治共享社会治理格局"的理论内涵:基于社会治理创新的视角》,《北京交通大学学报(社会科学版)》2018年第4期,第137-145页。

参考文献

一、中文著作

陈向明:《质的研究方法与社会科学研究》,教育科学出版社 2000 年版。

方晓红:《大众传媒与农村》,中华书局 2002 年版。

费孝通:《社会调查自白》,知识出版社 1985 年版。

费孝通:《乡土中国》,人民出版社 2015 年版。

贺雪峰:《乡村治理与秩序》,华中师范大学出版社 2003 年版。

黄怡:《城市社会分层与居住隔离》,同济大学出版社 2006 年版。

何艳玲:《都市街区中的国家与社会》,社会科学文献出版社 2007 年版。

黄宗智:《中国研究的范式问题讨论》,社会科学文献出版社 2003 年版。

李培林:《社会学与中国社会》,社会科学文献出版社 2008 年版。

单菁菁:《社区情感与社区建设》,社会科学文献出版社 2005 年版。

沈原:《市场、阶级与社会》,社会科学文献出版社 2007 年版。

王铭铭:《社会人类学与中国研究》,生活·读书·新知三联书店 1997 年版。

夏建中:《美国社区的理论与实践研究》,中国社会出版社 2009 年版。

俞可平:《治理与善治》,社会科学文献出版社 2000 年版。

阎云翔:《中国社会的个体化》,上海译文出版社 2011 年版。

曾鹏:《社区网络与集体行动》,社会科学文献出版社 2008 年版。

张容南:《一种解释学的现代性话语:查尔斯·泰勒论现代性》,上海人民出版社 2011 年版。

二、中文论文

贝克、邓正来、沈国麟:《风险社会与中国:与德国社会学家乌尔里希·贝克的对话》,《社会学研究》2010 年第 5 期。

卜卫:《“认识世界”与“改造世界”:探讨行动传播研究的概念、方法论与研究策略》,《新闻与传播研究》2014 年第 12 期。

陈柏峰:《“走出乡土”的“后乡土中国”:评陈心想著作〈走出乡土〉》,《学术界》2017 年第 10 期。

曹海林:《村落公共空间与村庄秩序基础的生成:兼论改革前后乡村社会秩

序的演变轨迹》,《人文杂志》2004 年第 6 期。
曹海林:《乡村社会变迁中的村落公共空间:以苏北窑村为例考察村庄秩序重构的一项经验研究》,《中国农村观察》2005 年第 6 期。
常江、何仁亿:《安德烈亚斯·赫普:我们生活在“万物媒介化”的时代——媒介化理论的内涵、方法与前景》,《新闻界》2020 年第 6 期。
曹锦清、李宽:《当前农村研究中的真问题》,《探索与争鸣》2012 年第 11 期。
陈伟东:《社区行动者逻辑:破解社区治理难题》,《政治学研究》2018 年第 1 期。
段京肃、段雪雯:《乡村媒介、媒介乡村和社会发展:关于大众传播媒介与中国乡村的几个概念的理解》,《现代传播(中国传媒大学学报)》2010 年第 8 期。
董磊明、郭俊霞:《乡土社会中的面子观与乡村治理》,《中国社会科学》2017 年第 8 期。
戴宇辰:《“旧相识”和“新重逢”:行动者网络理论与媒介(化)研究的未来——一个理论史视角》,《国际新闻界》2019 年第 4 期。
戴宇辰:《媒介化研究:一种新的传播研究范式》,《安徽大学学报(哲学社会科学版)》2018 年第 2 期。
段尧清:《以数字化转型应对基层治理碎片化》,《国家治理》2020 年第 10 期。
董运生、张立瑶:《内生性与外生性:乡村社会秩序的疏离与重构》,《学海》2018 年第 4 期。
冯建华:《公共传播:在观念与实践之间》,《现代传播》2017 年第 7 期。
冯仕政:《社会治理与公共生活:从连结到团结》,《社会学研究》2021 年第 1 期。
管兵:《维权行动和基层民主参与:以 B 市商品房业主为例》,《社会》2010 年第 5 期。
何包钢、王春光:《中国乡村协商民主:个案研究》,《社会学研究》2007 年第 3 期。
胡百精:《公共传播研究的基本问题与传播学范式创新》,《国际新闻界》2016 年第 3 期。

黄旦:《报纸革命:1903 年的〈苏报〉——媒介化政治的视角》,《新闻与传播研究》2016 年第 6 期。

韩鸿:《发展传播学近三十余年的学术流变与理论转型》,《国际新闻界》2014 年第 7 期。

郭建斌:《“在场”:一个基于中国经验的媒体人类学概念》,《新闻与传播研究》2019 年第 11 期。

贺雪峰、仝志辉:《论村庄社会关联:兼论村庄秩序的社会基础》,《中国社会科学》2002 年第 3 期。

贺雪峰、董磊明、陈柏峰:《乡村治理研究的现状与前瞻》,《学习与实践》2007 年第 8 期。

贺雪峰:《论半熟人社会:理解村委会选举的一个视角》,《政治学研究》2000 年第 3 期。

黄晓星:《社区运动的“社区性”:对现行社区运动理论的回应与补充》,《社会学研究》2011 年第 1 期。

黄宗智:《集权的简约治理:中国以准官员和纠纷解决为主的半正式基层行政》,《开放时代》2008 年第 2 期。

蒋旭峰、袁梦倩:《社区传播与乡土社群文化建构》,《南京社会科学》2013 年第 1 期。

李彬、关琮严:《空间媒介化与媒介空间化:论媒介进化及其研究的空间转向》,《国际新闻界》2012 年第 5 期。

李德:《从“碎片化”到“整体性”:创新我国基层社会治理运行机制研究》,《吉林大学社会科学学报》2016 年第 5 期。

吕大乐、刘硕:《中产小区:阶级构成与道德秩序的建立》,《社会学研究》2010 年第 6 期。

吕德文:《迈向城乡共治的乡村治理新格局:基于 P 县的田野发现》,《广西师范大学学报(哲学社会科学版)》2021 年第 6 期。

李红艳、韩芸:《以“一”贯之:社会化媒体视野下乡村治理秩序的重构》,《现代传播(中国传媒大学学报)》2020 年第 3 期。

李乐:《媒介变革视野中的当代中国乡村治理结构转型》,《新闻与传播研究》

2020年第9期。

李培林:《不见的手:社会结构转型》,《中国社会科学》1992年第5期。

李强、葛天任:《社区的碎片化:Y市社区建设与城市社会治理的实证研究》,《学术界》2013年第12期。

刘威:《"行动者"的缺席抑或复归:街区邻里政治研究的日常生活转向与方法论自觉》,《南京社会科学》2010年第7期。

刘学等:《虚拟社群何以组织化?以卡友驿站平台为例》,《新闻与传播研究》2021年第10期。

林小英:《分析归纳法和连续比较法:质性研究的路径探析》,《北京大学教育评论》2015年第1期。

陆益龙:《百年中国农村发展的社会学回眸》,《中国社会科学》2021年第7期。

陆益龙:《乡土中国的转型与后乡土性特征的形成》,《人文杂志》2010年第5期。

陆益龙:《后乡土中国的基本问题及其出路》,《社会科学研究》2015年第1期。

李周:《乡村振兴战略的主要含义、实施策略和预期变化》,《求索》2017年第12期。

闰彩霞:《后乡土社会背景下乡村振兴的策略与路径:基于内生发展的分析视角》,《兰州学刊》2019年第4期。

邵春霞、彭勃:《谁的"公共领域"?——概念运用的困惑与修正》,《新闻大学》2007年第2期。

孙朝阳:《社区建设中的物品供给:制度困境及其对策》,《政治学研究》2007年第3期。

宋靖野:《"公共空间"的社会诗学:茶馆与川南的乡村生活》,《社会学研究》2019年第3期。

石磊:《寻求"另类"发展的范式:韩国新村运动与中国乡村建设》,《社会学研究》2004年第4期。

邵培仁、展宁:《公共领域之中国神话:一项基于哈贝马斯公共领域文本考察的分析》,《浙江大学学报(人文社会科学版)》2013 年第 5 期。
孙信茹:《田野作业的拓展与反思:媒介人类学的视角》,《新闻记者》2017 年第 12 期。
孙信茹:《微信的“书写”与“勾连”:对一个普米族村民微信群的考察》,《新闻与传播研究》2016 年第 10 期。
孙信茹、杨星星:《媒介化社会中的少数民族村民传播实践与赋权:云南大羊普米族村的研究个案》,《现代传播(中国传媒大学学报)》2012 年第 3 期。
沙垚:《民族志传播研究的问题与反思》,《国际新闻界》2018 年第 6 期。
涂晓芳、汪双凤:《社会资本视域下的社区居民参与研究》,《政治学研究》2008 年第 3 期。
田毅鹏:《乡村“过疏化”背景下城乡一体化的两难》,《浙江学刊》2011 年第 5 期。
田毅鹏:《农村社区治理能力现代化的新取向》,《政治学研究》2018 年第 1 期。
王宝霞:《阿伦特的“公共领域”概念及其影响》,《山东社会科学》2007 年第 1 期。
王方:《从“传统展示空间”到“媒介空间”的呈现》,《传媒观察》2015 年第 7 期。
王汉生、吴莹:《基层社会中“看得见”与“看不见”的国家:发生在一个商品房小区中的几个“故事”》,《社会学研究》2011 年第 1 期。
王颉:《社区研究十年》,《社会学研究》1989 年第 10 期。
文军、吴越菲:《流失“村民”的村落:传统村落的转型及其乡村性反思——基于 15 个典型村落的经验研究》,《社会学研究》2017 年第 4 期。
吴海琳、周重礼:《微信群对乡村公共空间的重构:以 D 村“行政外生型”网络空间为例》,《河北学刊》2020 年第 40 期。
王露璐:《中国式现代化进程中的乡村振兴与伦理重建》,《中国社会科学》2021 年第 12 期。
王丽萍、方然:《参与还是不参与:中国公民政治参与的社会心理分析——基于一项调查的考察与分析》,《政治学研究》2010 年第 2 期。

王雨磊:《数字下乡:农村精准扶贫中的技术治理》,《社会学研究》2016 年第 6 期。

王毅杰、童星:《流动农民社会支持网探析》,《社会学研究》2004 年第 2 期。

王新生、宁乐锋:《现代公共领域及其特性:查尔斯·泰勒的公共领域概念评析》,《江海学刊》2008 年第 4 期。

王小章、王志强:《从"社区"到"脱域的共同体":现代性视野下的社区和社区建设》,《学术论坛》2003 年第 6 期。

肖林:《"'社区'研究"与"社区研究":近年我国城市社区研究述评》,《社会学研究》2011 年第 4 期。

徐勇、刘义强:《我国基层民主政治建设的历史进程与基本特点探讨》,《政治学研究》2006 年第 4 期。

闫冰:《城市社区治理的碎片化及其整合:协同治理的视角》,《郑州大学学报》(哲学社会科学版)2021 年第 54 期。

颜德如、张玉强:《"接点治理":乡村振兴中的公共空间再造——基于上海市 Y 村的空间治理实践》,《理论探讨》2020 年第 5 期。

尹浩:《碎片化社区的多维整合机制研究》,《社会主义研究》2015 年第 5 期。

虞鑫、兰旻:《媒介治理:国家治理体系中的媒介角色——反思新自由主义的传播与政治》,《当代传播》2020 年第 6 期。

姚华、王亚南:《社区自治:自主性空间的缺失与居民参与的困境:以上海市 J 居委会"议行分设"的实践过程为个案》,《社会科学战线》2010 年第 8 期。

杨敏:《公民参与、群众参与与社区参与》,《社会》2005 年第 5 期。

杨敏:《作为国家治理单元的社区:对城市社区建设运动过程中居民社区参与和社区认知的个案研究》,《社会学研究》2007 年第 4 期。

杨瑞:《近代中国乡村改造之社会转向》,《中国社会科学》2012 年第 2 期。

闫文捷、潘忠党、吴红雨:《媒介化治理:电视问政个案的比较分析》,《新闻与传播研究》2020 年第 11 期。

张诚:《失落与再造:后乡土社会乡村公共空间的构建》,《学习与实践》2018 年第 4 期。

周庆智:《基层社会自治与社会治理现代转型》,《政治学研究》2016 年第

4 期。

郑素侠、宋杨:《空间视野下我国信息贫困的分布特征与政策启示》,《现代传播(中国传媒大学学报)》2019 年第 7 期。

赵旭东:《乡村成为问题与成为问题的中国乡村研究:围绕“晏阳初模式”的知识社会学反思》,《中国社会科学》2008 年第 3 期。

钟新、陈婷:《公共卫生危机语境下的国家在场与乡村动员:湖南省双溪村新冠疫情防控传播体系调查》,《国际新闻界》2022 年第 4 期。

郑欣、王悦:《新媒体赋权:新生代农民工就业信息获取研究》,《当代传播》2014 年第 2 期。

周晓虹:《流动与城市体验对中国农民现代性的影响:北京“浙江村”与温州一个农村社区的考察》,《社会学研究》1998 年第 5 期。

赵月枝、沙垚:《被争议的与被遮蔽的:重新发现乡村振兴的主体》,《江淮论坛》2018 年第 6 期。

张琢:《中国基层社区组织的变迁》,《社会学研究》1997 年第 4 期。

三、外文译作

[英]安东尼·吉登斯:《现代性的后果》,田禾译,译林出版社 2011 年版。

[美]博曼:《公共协商:多元主义、复杂性与民主》,黄相怀译,中央编译出版社 2006 年版。

[美]卡罗尔·佩特曼:《参与和民主理论》,陈尧译,上海人民出版社 2006 年版。

[英]登特里维斯:《作为公共协商的民主:新的视角》,王英津等译,中央编译出版社 2006 年版。

[德]斐迪南·滕尼斯:《共同体与社会:纯粹社会学的基本概念》,张巍卓译,商务印书馆 2019 年版。

[德]盖奥尔格·西美尔:《社会学》,林荣远译,华夏出版社 2002 年版。

[德]哈贝马斯:《公共领域的结构转型》,曹卫东、王晓珏、刘北城等译,学林出版社 1999 版。

[加]赫伯特·马歇尔·麦克卢汉:《理解媒介:论人的延伸》,何道宽译,译林

出版社 2019 年版。
[英]安东尼·吉登斯:《现代性与自我认同:晚期现代中的自我与社会》,夏璐译,中国人民大学出版社 2015 年版。
[美]托马斯:《公共决策中的公民参与》,孙柏瑛等译,中国人民大学出版社 2010 年版。
[美]柯克·约翰逊:《电视与乡村社会变迁:对印度两村庄的民族志调查》,展明辉、张金玺译,中国人民大学出版社 2005 年版。
[美]罗伯特·K. 殷:《案例研究:设计与方法》,周海涛等译,重庆大学出版社 2019 年版。
[美]罗伯特·K. 殷:《案例研究方法的应用》,周海涛等译,重庆大学出版社 2020 年版。
[英]齐格蒙特·鲍曼:《共同体》,欧阳景根译,江苏人民出版社 2007 年版。
[西班牙]曼纽尔·卡斯特:《网络社会的崛起》,夏铸九译,社会科学文献出版社 2006 年版。
[美]马尔库塞:《单向度的人:发达工业社会意识形态研究》,刘继译,上海译文出版社 2008 年版。
[英]尼克·史蒂文森:《认识媒介文化:社会理论与大众传播》,王文斌译,商务印书馆 2001 年版。
[德]乌尔里希·贝克:《风险社会:新的现代性之路》,张文杰、何博闻译,译林出版社 2018 年版。

四、英文论文

Shen C. ,"The inspiration of the eighteenth camel: A case study on the participation of third-party organizations in community governance", Open Journal of Social Sciences, Vol. 7, No. 10, 2019, pp. 72 - 85.
Dai. ,"Community governance, welfare service provision and state power in changing Chinese villages", Journal of Asian Public Policy, Vol. 13, No. 2, 2020, pp. 227 - 240.
Liu, G H. , et al. ,"On construction of the volunteer roles in urban

community governance—A case study of Guangming Community of Nanchang City", Open Journal of Social Sciences, Vol. 7, No. 12, 2019, pp. 460 – 468.

Arcuri, G., Jing, J., "The paradigm shifts of community governance in China", Baltic Journal of Real Estate Economics and Construction Management, Vol. 7, No. 1, 2019, pp. 30 – 59.

Zheng, H., Peng, C Y., "Rural community governance under the background of rural revitalization", International Journal of Social Science and Education Research, Vol. 3, No. 4, 2020, pp. 205 – 210.

He, X. L., "The difficulties and strategies of social organizations participating in urban community governance", Open Access Library Journal, Vol. 8, No. 7, 2021, pp. 1 – 6.

Hjarvard, S., "Mediatization of society: A theory of the media as agents of social and cultural change", Nordicom Review, Vol. 29, 2008, p. 113.

Acharya, K K., Zafarullah, H., "Service delivery and development at the grassroots: The evolution and contribution of community-based organisations in Nepal", Asia Pacific Journal of Public Administration, Vol. 39, No. 4, 2017, pp. 276 – 286.

Lundby, K., Mediatization: Looking for social interaction, in Knut Lundby (Ed), Mediatization: Concepts, changes, consequences, New York: Peter Lang, 2009, p. 117.

Nunn, P D., et al., "Beyond the core: Community governance for climate-change adaptation in peripheral parts of Pacific island countries", Regional Environmental Change, Vol. 14, No. 1, 2014, pp. 221 – 235.

McIntyre, T., "Community governance and local decision making: Paper presented to the "diversity and convergence: Planning in a world of change' conference", The Journal of the Local Economy Policy Unit, Vol. 26, No. 4, 2011, pp. 269 – 284.

Wu, X L., Yan, H Q., Jiang, Y X., "How are new community governance structures formed in urban China? —A case study of two cities, Wuhan and Guangzhou", Asian Survey, Vol. 58, No. 5, 2018, pp. 942 – 965.

Sun, X Y., "Governance value, growth coalition, and models of community governance", Chinese Political Science Review, Vol. 4, No. 1, 2019, pp. 52 – 70.